GESTÃO DO PROCESSO SUCESSÓRIO

O GEN | Grupo Editorial Nacional, a maior plataforma editorial no segmento CTP (científico, técnico e profissional), publica nas áreas de saúde, ciências exatas, jurídicas, sociais aplicadas, humanas e de concursos, além de prover serviços direcionados a educação, capacitação médica continuada e preparação para concursos. Conheça nosso catálogo, composto por mais de cinco mil obras e três mil e-books, em www.grupogen.com.br.

As editoras que integram o GEN, respeitadas no mercado editorial, construíram catálogos inigualáveis, com obras decisivas na formação acadêmica e no aperfeiçoamento de várias gerações de profissionais e de estudantes de Administração, Direito, Engenharia, Enfermagem, Fisioterapia, Medicina, Odontologia, Educação Física e muitas outras ciências, tendo se tornado sinônimo de seriedade e respeito.

Nossa missão é prover o melhor conteúdo científico e distribuí-lo de maneira flexível e conveniente, a preços justos, gerando benefícios e servindo a autores, docentes, livreiros, funcionários, colaboradores e acionistas.

Nosso comportamento ético incondicional e nossa responsabilidade social e ambiental são reforçados pela natureza educacional de nossa atividade, sem comprometer o crescimento contínuo e a rentabilidade do grupo.

Joel Souza Dutra
Tatiana Almendra Dutra

GESTÃO DO PROCESSO SUCESSÓRIO

Preservando o Negócio e a Estratégia

gen | atlas

Os autores e a editora empenharam-se para citar adequadamente e dar o devido crédito a todos os detentores dos direitos autorais de qualquer material utilizado neste livro, dispondo-se a possíveis acertos caso, inadvertidamente, a identificação de algum deles tenha sido omitida.

Não é responsabilidade da editora nem dos autores a ocorrência de eventuais perdas ou danos a pessoas ou bens que tenham origem no uso desta publicação.

Apesar dos melhores esforços dos autores, do editor e dos revisores, é inevitável que surjam erros no texto.
Assim, são bem-vindas as comunicações de usuários sobre correções ou sugestões referentes ao conteúdo ou ao nível pedagógico que auxiliem o aprimoramento de edições futuras.
Os comentários dos leitores podem ser encaminhados à **Editora Atlas S.A.** pelo e-mail editorialcsa@grupogen.com.br.

Direitos exclusivos para a língua portuguesa
Copyright © 2016 by
Editora Atlas S.A.
Uma editora integrante do GEN | Grupo Editorial Nacional

Reservados todos os direitos. É proibida a duplicação ou reprodução deste volume, no todo ou em parte, sob quaisquer formas ou por quaisquer meios (eletrônico, mecânico, gravação, fotocópia, distribuição na internet ou outros), sem permissão expressa da editora.

Rua Conselheiro Nébias, 1384
Campos Elísios, São Paulo, SP – CEP 01203-904
Tels.: 21-3543-0770/11-5080-0770
editorialcsa@grupogen.com.br
www.grupogen.com.br

Designer de capa: Rejane Megale

Editoração Eletrônica: Set-up Time Artes Gráficas

CIP-BRASIL. CATALOGAÇÃO NA PUBLICAÇÃO
SINDICATO NACIONAL DOS EDITORES DE LIVROS, RJ

D976g

    Dutra, Joel Souza
    Gestão do processo sucessório: preservando o negócio e a estratégia / Joel Souza Dutra, Tatiana Almendra Dutra. São Paulo: Atlas, 2016.

    Inclui bibliografia.
    ISBN 978-85-970-0450-2

    1. Liderança. 2. Sucesso nos negócios. 3. Administração de pessoas. I. Dutra, Tatiana Almendra. II. Título.

16-32429   CDD:658
                                        CDU: 005

Sumário

Apresentação, ix

Parte I – Bases do processo sucessório, 1
1 Processo sucessório, 3
   1.1   Introdução, 3
   1.2   Estruturação da sucessão, 6
         1.2.1   Mapa sucessório, 9
         1.2.2   Programas de desenvolvimento, 15
   1.3   Vantagens e riscos da estruturação da sucessão, 17
   1.4   Aspectos comportamentais do processo sucessório, 23
   1.5   Maior eficiência da liderança, 26
   1.6   Conclusões, 28

2 Preparação para o ciclo do processo sucessório, 29
   2.1   Introdução, 29
   2.2   Processos utilizados para avaliar pessoas, 30
         2.2.1   Avaliação do desenvolvimento, 32
         2.2.2   Avaliação de *performance*, 34
         2.2.3   Avaliação de comportamento, 36
         2.2.4   Instâncias de avaliação, 39
         2.2.5   Avaliação de potencial, 39
   2.3   Ações gerenciais decorrentes da avaliação, 42
   2.4   Processos colegiados de avaliação, 45
   2.5   Insumos para o processo sucessório, 50
   2.6   Conclusões, 52

Parte II – Mapa sucessório, 53
3 Preparações para a realização do comitê de sucessão, 57
   3.1   Introdução, 57

3.2   Definição das posições abrangidas, 58
3.3   Composição dos comitês, 59
3.4   Levantamento dos potenciais candidatos, 63
3.5   Validação dos candidatos com o gestor, 65
3.6   Agendamento dos comitês, 67
3.7   Análises preliminares, 69
3.8   Conclusões, 76

4   **Comitês de sucessão, 77**
4.1   Introdução, 77
4.2   Estrutura da reunião dos comitês, 78
    4.2.1   Validação dos nomes indicados, 79
    4.2.2   Análise das pessoas indicadas, 80
    4.2.3   Geração do mapa sucessório, 83
    4.2.4   Consolidação das discussões do comitê, 86
4.3   Papéis na reunião do comitê de sucessão, 86
    4.3.1   Mediador, 88
    4.3.2   Redator, 88
    4.3.3   Avaliador, 89
    4.3.4   Presidente, 89
4.4   Bases para a construção do mapa sucessório, 91
4.5   Conclusões, 97

5   **Desdobramentos dos comitês de sucessão, 99**
5.1   Introdução, 99
5.2   Desenvolvimento dos candidatos à sucessão, 99
5.3   Desenvolvimento organizacional, 106
5.4   Desdobramento do mapa sucessório, 108
5.5   Análises do risco sucessório, 110
5.6   Conclusões, 115

Parte III – Preparação de sucessores, 117
6   **Diálogos para o desenvolvimento, 119**
6.1   Introdução, 119
6.2   Processo para o diálogo de desenvolvimento, 120
    6.2.1   Estruturação do diálogo, 120
    6.2.2   Preparação para o diálogo, 121
    6.2.3   Realização do diálogo, 122
    6.2.4   Execução e acompanhamento das decisões tomadas durante o diálogo, 124
6.3   Papéis no diálogo de desesenvolvimento, 125
    6.3.1   Papel da pessoa, 125
    6.3.2   Papel do gestor, 129

       6.3.3   Papel da organização, 135
6.4   Conclusões, 137

7 Ações gerenciais para desenvolvimento de sucessores, 139
7.1   Introdução, 139
7.2   Construção conjunta de um plano de desenvolvimento, 139
       7.2.1   Consciência da necessidade de se desenvolver, 141
       7.2.2   Aquisição de conhecimentos e habilidades através da formação, 142
       7.2.3   Experimentação, 143
       7.2.4   Reflexão sobre o aprendizado, 144
7.3   Preparação de sucessores, 145
       7.3.1   Exposição a desafios, 146
       7.3.2   Ampliação da visão, 147
       7.3.3   Rede de relacionamento, 148
       7.3.4   Orientação, 149
7.4   Conclusões, 149

Parte IV – Aspectos comportamentais e indicadores de sucesso, 151
8 Aspectos comportamentais do processo sucessório, 153
8.1   Introdução, 153
8.2   Desafios na preparação de sucessores, 154
       8.2.1   Insumos para a estruturação do desenvolvimento da pessoa, 155
       8.2.2   Estruturação do processo de desenvolvimento da pessoa, 156
       8.2.3   Acompanhamento e diálogo com a pessoa, 157
       8.2.4   Indicação da pessoa para uma posição de maior complexidade, 158
8.3   Transição da identidade profissional, 159
       8.3.1   As etapas típicas de um processo de transição de carreira, 160
       8.3.2   Transição da carreira técnica ou funcional para a gerencial, 162
       8.3.3   Retorno para a carreira técnica ou funcional, 163
       8.3.4   Gestão da transição de carreira, 164
8.4   Preparação de profissionais a serem sucedidos, 167
       8.4.1   Indicação do sucessor, 168
       8.4.2   Medo de ser substituído, 169
       8.4.3   Aceitar o sucessor, 170
8.5   Conclusões, 171

9 Indicadores de sucesso do processo sucessório, 173
9.1   Introdução, 173

9.2 Formas para mensurar a efetividade dos processos sucessórios, 174
    9.2.1 Expectativas das pessoas, 174
    9.2.2 Expectativas dos gestores, 178
    9.2.3 Expectativas da organização, 179
    9.2.4 Relação dinâmica com o intento estratégico, 179
    9.2.5 Aprimoramento do processo, 180
9.3 Fontes de dados e informações, 181
9.4 Efetividade do processo sucessório, 182
    9.4.1 Limitações conceituais e metodológicas e pontos para aprimoramento, 191
9.5 Conclusões, 192

Parte V – Tendências e perspectivas para o processo sucessório, 195

10 O futuro do processo sucessório, 197
10.1 Introdução, 197
10.2 Desafios presentes na gestão de pessoas, 199
    10.2.1 Pessoas mais exigentes, 199
    10.2.2 Diferenças geracionais, 200
    10.2.3 Despreparo da liderança, 201
10.3 Desafios futuros na gestão de pessoas, 203
    10.3.1 Ciclos de carreiras, 204
    10.3.2 Demografia, 205
    10.3.3 Maior longevidade das pessoas, 206
    10.3.4 Impacto da tecnologia, 206
    10.3.5 Mudança de valores, 208
10.4 Tendências na gestão de processos sucessórios, 209
    10.4.1 Processo sucessório para carreiras técnicas, 210
    10.4.2 Participação de clientes, fornecedores e parceiros estratégicos, 210
    10.4.3 Parcerias para criar situações de desenvolvimento, 211
    10.4.4 Técnicas inovadoras, 212
10.5 Impacto sobre a forma de pensar carreiras, 213
    10.5.1 Transparência nos critérios, 213
    10.5.2 Recompensa em diferentes padrões de relação de trabalho, 213
    10.5.3 Fidelização da pessoa com a empresa, 214
    10.5.4 Diferentes vínculos empregatícios, 214
10.6 Conclusões, 215

Referências, 217

Apresentação

Embora seja uma questão sempre presente nas organizações, o processo sucessório vem sendo estruturado mais recentemente e vem se tornando cada vez mais importante. Afinal, as empresas não podem colocar o negócio ou a estratégia em risco por falta de pessoas preparadas para assumir posições críticas na liderança ou na área técnica. Trata-se, entretanto, de assunto complexo, já que envolve expectativas das pessoas em relação ao desenvolvimento e à carreira: as organizações precisam lidar com o processo sucessório de maneira aberta e transparente, mas, ao mesmo tempo, sem gerar falsas esperanças e ressentimentos. O fato é que a maior parte delas administra a questão de forma intuitiva e a portas fechadas.

No acompanhamento de vários processos ocorridos no Brasil, tanto em empresas de capital nacional quanto internacional, verificamos que as organizações, de forma natural, caminharam para a divisão da sucessão em duas partes, como se fossem dois processos dialogando continuamente. Um deles trata do mapa sucessório e o outro trata do desenvolvimento das pessoas capazes de assumir posições de maior nível de complexidade. O mapa sucessório é um exercício estratégico e visa avaliar qual a capacidade da organização de repor pessoas em posições estratégicas para o negócio. Esse processo é confidencial por gerar um conjunto de informações e posicionamentos fugazes, que não conseguem se sustentar, como, por exemplo: verifico que tenho três pessoas prontas e consigo estabelecer uma ordenação dessas pessoas em função de seu nível de adequação para uma determinada posição, mas no momento de efetivar a sucessão percebo que, por causa de mudanças no contexto, os critérios que foram utilizados no mapa sucessório devem ser alterados. Por isso, as informações do mapa sucessório não devem ser divulgadas, pois podem gerar expectativas irreais.

Ao lado do mapa sucessório, é fundamental o contínuo estímulo, suporte e monitoramento do desenvolvimento das pessoas. O foco do desenvolvimento não é o aumento da eficiência das pessoas em suas posições, mas sim a preparação delas para posições de maior complexidade. Esse processo deve ser claro e transparente; é muito importante construir uma cumplicidade entre a pessoa e a organização no processo de desenvolvimento. Para isso, a pessoa deve saber para o que está sendo preparada. Nesse caso, a informação a ser transmitida para a pessoa não é a de que ela está sendo preparada para a posição x ou y, mas de que está sendo preparada para uma posição de maior nível de complexidade, a qual será definida em função das necessidades da organização que o futuro irá determinar.

A literatura sobre processo sucessório é bem reduzida no mundo todo. Em sua maior parte, trabalha a sua estruturação. Existe, no entanto, um aspecto pouco explorado na literatura que é essencial no processo sucessório: trata-se dos aspectos emocionais na relação entre sucessores e sucedidos, entre essas pessoas e as organizações e a relação dessas pessoas com seus projetos de vida.

Neste livro, não iremos discutir o processo sucessório familiar, ou seja, a sucessão na gestão do patrimônio familiar e a separação entre família e empresa. Nossa discussão ficará restrita ao processo sucessório no contexto da organização, podendo ou não incluir membros da família.

Nosso objetivo com este livro é proporcionar ao leitor ou à leitora uma visão completa do processo sucessório e a condição de conduzir sua estruturação em uma organização. O processo sucessório estruturado, além de oferecer uma visão das fragilidades da organização e identificar e preparar pessoas para posições críticas, tem o condão de desenvolver nas lideranças um olhar mais arguto sobre as pessoas, de criar um pacto sobre aspectos a serem valorizados e desenvolvidos nas pessoas para encarar os desafios futuros, de estimular as pessoas ambicionarem posições mais desafiadoras a partir de seu mérito profissional e aprimorar as políticas e práticas de gestão de pessoas como um todo. Por essa razão, a prática de processos sucessórios prosperou de forma muito veloz nas organizações brasileiras de capital privado e vem crescendo em organizações de capital público e em organizações do terceiro setor (organizações da sociedade civil, tais como: ONGs, fundações etc.).

Para discutir o processo sucessório, organizamos este livro em cinco partes: na primeira parte é apresentada uma descrição do processo de construção e o histórico de sua evolução. No Capítulo 1 são apresentadas as bases conceituais do processo sucessório e a evolução desses conceitos. No Capítulo 2 são apresentadas as etapas do processo de avaliação de desempenho como um importante insumo para o processo sucessório.

Na segunda parte do livro é trabalhada a construção do mapa sucessório. No Capítulo 3 são apresentadas as ações de preparação para a construção do mapa sucessório, descrevendo a formação dos comitês de sucessão e a indicação de futuros sucessores. No Capítulo 4 são descritos os processos e papéis na operação dos comitês de sucessão e no Capítulo 5 são apresentados o processo de consolidação do mapa sucessório e as ações gerenciais decorrentes dessa consolidação.

Na terceira parte do livro são trabalhadas as ações de preparação de sucessores. No Capítulo 6 é apresentada a importância e a forma de estruturar o diálogo de desenvolvimento com os futuros sucessores e no Capítulo 7 são apresentadas as ações para o desenvolvimento de sucessores.

Na quarta parte do livro são abordadas questões avançadas relativas ao processo sucessório. No Capítulo 8 são discutidos aspectos comportamentais do processo sucessório, com ênfase à preparação dos sucessores para gerirem o processo de sucessão, e no Capítulo 9 são apresentados indicadores de sucesso do processo sucessório, onde são analisadas etapas de aperfeiçoamento do processo.

Na quinta parte do livro são apresentados tendências e desafios futuros ao processo sucessório. No Capítulo 10 são propostas reflexões sobre o futuro do processo sucessório e seu caráter vital para tornar ou sustentar uma organização mais competitiva em um contexto cada vez mais exigente.

Gostaríamos de deixar registrado nosso agradecimento aos nossos colegas do Departamento de Administração da FEA (Faculdade de Economia, Administração e Contabilidade) da Universidade de São Paulo e da Growth, Desenvolvimento de Pessoas e Organizações, que contribuíram com importantes reflexões sobre o processo sucessório nas organizações brasileiras. Também gostaríamos de agradecer ao Grupo GEN | Atlas pelo contínuo estímulo na publicação deste livro.

Gostaríamos de registrar também um agradecimento especial à nossa família, que com seu apoio e carinho nos incentivou a iniciar e concluir este livro.

Joel Dutra e Tatiana Dutra

parte I

Bases do processo sucessório

Nesta parte do livro, serão discutidas as bases conceituais do processo sucessório e das práticas e instrumentos utilizados. A sucessão é uma discussão recente em todo o mundo, e no Brasil, em particular, está em seu início. Em 2008, efetuamos um levantamento bibliográfico e encontramos trabalhos acadêmicos sobre sucessão familiar, mas nenhum sobre sucessão nas organizações. Em contraponto, em 2010, em nossa pesquisa sobre as melhores empresas para se trabalhar, 77% tinham experiência em sucessão estruturada. No Capítulo 1, vamos discutir a evolução dos conceitos e práticas do processo sucessório, as tendências da prática nas empresas brasileiras e os resultados obtidos. No Capítulo 2 apresentamos uma visão geral do processo, descrevendo suas etapas e como se articulam entre si. O objetivo desta parte do livro é dar uma visão geral do processo sucessório para preparar o leitor ou a leitora para as descrições detalhadas de cada etapa do processo e as possibilidades de adaptação para cada realidade em particular.

1 | Processo sucessório

1.1
Introdução

A sucessão é um processo que está sempre presente nas organizações, mas que somente nos últimos anos vem sendo estruturado. No trabalho desenvolvido por Ohtsuki (2012) são apontadas três abordagens para compreender como se deu a evolução da reflexão sobre a sucessão:

- **Planejamento de reposição:** um dos primeiros estágios da estruturação do processo sucessório nas organizações é o planejamento de reposição, onde os executivos seniores identificam, entre seus reportes diretos e indiretos, seus sucessores, sem que sejam consideradas as necessidades do negócio ou dos indivíduos. A abordagem centrada na reposição tem como premissas a baixa competitividade do ambiente de negócios; a estabilidade da estrutura organizacional e dos processos internos; a fidelidade do empregado ao empregador em troca de segurança no emprego e a obediência dos empregados às determinações de carreira da organização (LEIBMAN; BRUER; MAKI, 1996; WALKER, 1998).
- **Planejamento sucessório com ênfase no desenvolvimento:** considera a avaliação de pessoas o coração, e o desenvolvimento a espinha dorsal desse movimento, porque, além de tornar a escolha dos candidatos mais objetiva e transparente, permite conhecer as necessidades de desenvolvimento dos indivíduos, propor ações que possam atender a essas necessidades e integrar os processos de planejamento sucessório e de desenvolvimento de liderança. As necessidades de desenvolvimento

e as ações para atender essas necessidades são igualmente orientadas pelo mesmo conceito. As pessoas são desenvolvidas para atuar numa posição específica, com ênfase nos aspectos técnicos do trabalho (METZ, 1998).

- **Planejamento sucessório com ênfase nas necessidades estratégicas do negócio:** para a maioria dos autores estudados, o planejamento sucessório deve ser abordado como um conjunto de normas e procedimentos claros e objetivos, que leve em conta as necessidades estratégicas do negócio e, ao mesmo tempo, integre práticas de gestão de pessoas, formando um sistema de gestão sucessória ao invés de apenas gerar um plano, como é o caso das abordagens anteriores (DUTRA, 2010; LEIBMAN; BRUER; MAKI, 1996; MABEY; ILES, 1992; METZ, 1998; RHODES; WALKER, 1987; ROTHWELL, 2010; TAYLOR; McGRAW, 2004; WALKER, 1998). Nesse enfoque, a abrangência do processo sucessório é determinada pelo nível de importância crítica das posições. São consideradas posições críticas todas as posições de gestão ou técnicas que, se mantidas vagas, poderiam inviabilizar a realização da estratégia do negócio (ROTHWELL, 2010).

Ohtsuki (2012) construiu uma comparação entre essas três abordagens apresentada no Quadro 1.1:

Quadro 1.1 – Comparativo das abordagens sobre sucessão

ESTRUTURAÇÃO DO PROCESSO SUCESSÓRIO	ABORDAGEM		
	REPOSIÇÃO	DESENVOLVIMENTO	ALINHAMENTO COM NEGÓCIO
Premissa	Estabilidade	Estabilidade	Mudança
Objetivo	Identificar *backups*	Desenvolver indivíduos para posições específicas	Desenvolver *pool* de talentos
Posições consideradas	Posições executivas seniores	Todas as posições de liderança	Posições críticas
Critérios de escolha dos candidatos	Informais e subjetivos	Descrição do cargo	Competências estratégicas
Desenvolvimento	Não há preocupação	Para o cargo	Para agregar valor para o negócio
Processo	Rígido e pontual	Rígido e pontual	Flexível e dinâmico
Comunicação	Confidencial	Controlada	Ampla

Observamos pelo relato das experiências ocorridas nos EUA e das experiências acompanhadas no Brasil que a preocupação com a estruturação do processo sucessório ocorre com a profissionalização de grandes grupos organizacionais. O CEO (*Chief Executive Officer*) nos EUA e o Presidente no Brasil tornam-se o elo entre o Conselho de Administração, normalmente composto por representantes dos acionistas e profissionais especializados, e o corpo de executivos. A extrema importância desse elo no diálogo do Conselho com a organização despertou a preocupação com a sua sucessão. No Brasil, mais de 80% dos processos sucessórios estruturados surgiram por demanda do Conselho de Administração.

A preocupação com a sucessão para posições críticas sempre esteve presente nas organizações, mas na maior parte delas é administrada de forma intuitiva e a portas fechadas. A estruturação do processo sucessório ganha importância em um ambiente mais competitivo e as organizações tomam consciência de que não podem colocar o negócio ou a estratégia em risco por falta de pessoas preparadas para assumir posições de liderança ou técnicas.

No acompanhamento de vários processos ocorridos no Brasil, tanto em empresas de capital nacional quanto internacional, verificamos que as organizações, de forma natural, caminharam para a divisão da sucessão em duas partes, como se fossem dois processos dialogando continuamente. Um deles trata do mapa sucessório e o outro trata do desenvolvimento das pessoas capazes de assumir posições de maior nível de complexidade. O mapa sucessório é um exercício estratégico e visa avaliar qual a capacidade da organização de repor pessoas em posições críticas para o negócio. Esse processo é confidencial por gerar um conjunto de informações e posicionamentos voláteis, como, por exemplo: verifico que tenho três pessoas prontas para uma determinada posição e consigo estabelecer uma ordenação dessas pessoas em função de seu nível de adequação, mas no momento de efetivar a sucessão percebo que, por causa de mudanças no contexto, os critérios que foram utilizados no mapa sucessório devem ser alterados. Por isso, as informações do mapa sucessório não devem ser divulgadas, pois podem gerar expectativas irreais.

Ao lado do mapa sucessório, é fundamental o contínuo estímulo, suporte e monitoramento do desenvolvimento das pessoas. O foco do desenvolvimento não é o aumento da eficiência das pessoas em suas posições, mas sim a preparação delas para posições de maior complexidade. Esse processo deve ser claro e transparente; é muito importante construir uma cumplicidade entre a pessoa e a organização no processo de desenvolvimento. Para isso, a pessoa deve saber para o que está sendo preparada. Nesse caso, a informação a ser transmitida para a pessoa não é a de que ela está sendo preparada para a posição x ou y, mas de que está sendo preparada para uma posição de maior nível de complexidade, a qual será definida em função das necessidades da organização que o futuro irá determinar.

A estruturação sistemática da sucessão tem gerado vantagens inesperadas e, muitas vezes, não percebidas pelas organizações. Vamos apresentar essas vantagens ao longo deste capítulo.

A literatura sobre sucessão é bem reduzida no mundo todo. Em sua maior parte, trabalha a sua estruturação. Existe, no entanto, um aspecto pouco explorado na literatura que é essencial na sucessão: trata-se dos aspectos emocionais na relação entre sucessores e sucedidos, na relação entre essas pessoas e a organização e na relação dessas pessoas com seus projetos de vida. Vamos discutir, neste capítulo e nos capítulos finais do livro, a gestão dos aspectos emocionais no processo sucessório.

Para discutir a sucessão, organizamos este capítulo em quatro partes: na primeira parte é apresentada uma descrição das políticas e práticas para a construção e discussão de mapas sucessórios e do acompanhamento do desenvolvimento de pessoas; na segunda parte, vamos discutir as vantagens e riscos da estruturação da sucessão; na terceira, vamos discutir a gestão das emoções que afloram durante o processo sucessório; e, finalmente, na quarta parte, apresentamos a importância da estruturação da sucessão para maior eficiência no aproveitamento das lideranças da organização.

1.2
Estruturação da sucessão

Na maior parte das organizações brasileiras não existe uma estruturação da sucessão. Isso não quer dizer que o assunto não esteja na agenda dos principais dirigentes da organização: a sucessão é sempre uma preocupação quando se pensa na continuidade da organização, de um negócio ou de uma estratégia. A não estruturação do processo faz com que se dependa da sensibilidade dos dirigentes para que a sucessão se torne efetiva. Como é um processo custoso em termos emocionais e de alocação de tempo, pode ser relegado a um segundo plano, o que faz com que, em um momento crítico, a organização se veja ameaçada por não ter preparado alguém.

A estruturação do processo sucessório, entretanto, não é simples. Ela equivale a balizar as expectativas das pessoas e implica em um posicionamento claro da organização sobre qual a contribuição esperada delas. Estruturar a sucessão, no entanto, oferece uma série de vantagens ao permitir um conhecimento mais profundo sobre as pessoas e sobre como elas se desenvolvem dentro da organização. Uma série de problemas que pode estar inibindo o desenvolvimento da organização é revelada nesse processo e pode ser tratada de frente e de forma coletiva.

Um exemplo comum de problema enfrentado nos processos sucessórios é a indicação de alguém para ser preparado para uma posição gerencial. Essa é uma das questões mais complexas na sucessão. Vamos entender o porquê. A posição gerencial é caracterizada pela gestão de recursos escassos, ou seja, o gerente necessita obter resultados tendo que disputar com seus pares os recursos humanos, tecnológicos e financeiros disponibilizados pela organização. Portanto, há uma grande demanda de articulação política na gestão desses recursos. Os gerentes se caracterizam por atuar na "arena política" da organização e não simplesmente por liderar pessoas. Portanto, quando alguém deixa uma posição técnica ou funcional para se tornar um gerente, está efetuando uma transição de carreira. Nem sempre um bom profissional técnico ou funcional tem o perfil para atuar na "arena política", não por problemas de capacidade, mas sim por conta de seus valores: existem pessoas que não valorizam a atividade gerencial e, portanto, têm dificuldade para se desenvolver nessa atividade. Observamos que isso não é algo consciente, por isso é tão difícil de perceber pessoas com as características necessárias para a posição gerencial.

No processo sucessório, é muito difícil identificar essas pessoas. O ideal é criar condições para prepará-las e expô-las a situações que exijam traquejo político, para posteriormente analisar como foi sua atuação, se gostou da experiência, quais são pontos a serem aprimorados etc. A ausência da estruturação faz com que se coloque em posição gerencial alguém que se destaca na posição técnica ou funcional, gerando o risco de se perder um excelente profissional e de se obter um péssimo gerente. Neste caso, a solução é, geralmente, demitir a pessoa, em uma organização privada, ou tirar-lhe espaço político, em uma organização pública.

Outra situação comum é a indicação para uma posição gerencial de um supervisor operacional que lidera muito bem sua equipe, mas não tem contato com a arena política. Nesse caso as disputas por recursos são encaradas pelo gerente do supervisor e não por ele próprio. Ao ser promovido para a posição gerencial, enfrentará uma situação de trabalho que nunca viveu e poderá perceber que não se sente atraído nem à vontade na arena política da organização. Portanto, podemos ter um profissional que é um excelente líder, mas péssimo gerente, porque, ao não conseguir se articular na arena política, não viabiliza projetos e ações necessárias para o desenvolvimento de suas atividades. Podemos, também, ter um excelente gerente que é um péssimo líder. Neste caso temos uma pessoa que consegue transitar na arena política, tem o respeito de seus pares e de seus superiores e, na relação com sua equipe, é um líder despreocupado com o desenvolvimento de seu time, com problemas de diálogo e, eventualmente, um líder que desrespeita seus liderados. Observamos que a maior parte das organizações estudadas tende a tolerar um profissional que é bom gerente e péssimo líder mais do que toleram um bom líder que é péssimo gestor. O processo sucessório estruturado tem como propósito identificar profissionais que podem se tornar, ao mesmo tempo, bons líderes e bons gerentes.

No acompanhamento da estruturação do processo sucessório em várias organizações atuando no país, observamos que, na maior parte delas, ocorreu através de tentativa, erro e ajuste. Embora a estruturação tenha ocorrido dessa forma, houve sempre um respeito muito grande à cultura organizacional. O respeito à cultura é muito importante e é fundamental a escolha de uma abordagem que seja de fácil assimilação pela organização. Foi possível notar que um número reduzido de organizações estudadas havia efetuado um mapeamento das experiências vividas por outras organizações, o que poderia ter evitado alguns equívocos e abreviado o caminho percorrido. Um aspecto comum em todos os casos bem-sucedidos com os quais trabalhamos foi o fato de o núcleo de poder da organização estar profundamente comprometido com o processo e o trabalho ter começado de cima para baixo. Os ajustes foram sendo efetuados a cada ciclo do processo, gerando um aprimoramento contínuo.

Ao analisarmos experiências de organizações brasileiras, ao longo dos anos 2000, foi possível verificar que todas foram caminhando, de forma natural, na direção da constituição de dois processos distintos, que correm em paralelo e estão intimamente ligados: o mapa sucessório e os programas de desenvolvimento para a sucessão. Vamos a seguir descrever esses dois processos, como evoluíram, e o "estado da arte".

1.2.1 Mapa sucessório

O mapa sucessório é um exercício estratégico para verificar:

- Quais são as pessoas em condições para assumir atribuições e responsabilidades em níveis de maior complexidade;
- A capacidade da organização de desenvolver pessoas para assumir posições mais exigentes;
- Apontar as principais fragilidades na sucessão para posições críticas para a sobrevivência ou desenvolvimento da organização.

A discussão sobre o mapa sucessório dever ser, idealmente, um processo colegiado. Esse colegiado é normalmente chamado de comitê de sucessão e constituído pelos níveis responsáveis pelas posições sobre as quais irá se discutir, como, por exemplo: a discussão da sucessão de diretores da organização deve ser realizada entre o presidente e os diretores, a sucessão do presidente deve ser feita entre o conselho de administração ou acionistas e o presidente. Para ilustrar a composição do comitê de sucessão é apresentado o exemplo de umas das organizações pesquisadas na Figura 1.1.

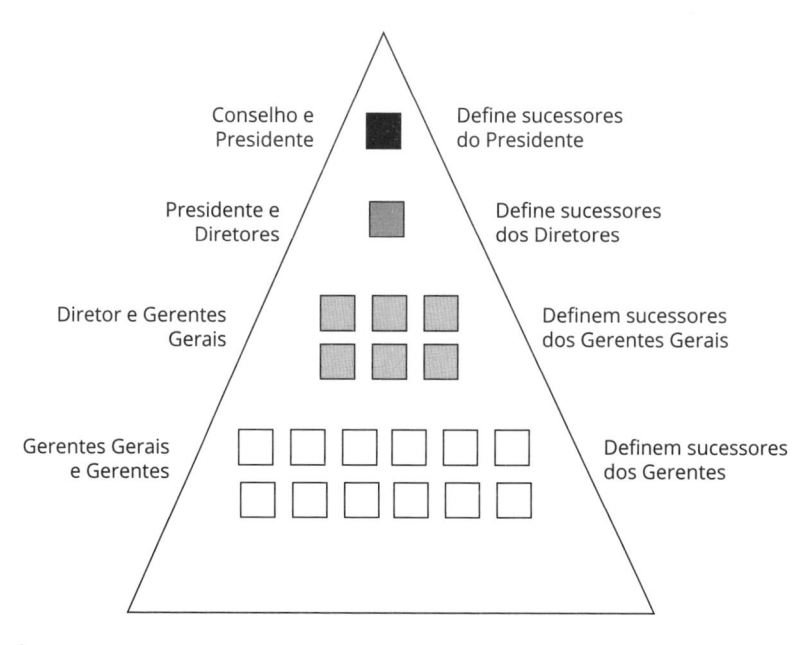

Fonte: Autores.

Figura 1.1 – Exemplo de formação de comitês de sucessão

Para a reunião, devem ser levadas informações detalhadas sobre todas as pessoas cogitadas como eventuais sucessores. Durante a discussão sobre os eventuais sucessores emergem informações fundamentais para orientar o desenvolvimento das pessoas que estão sendo cogitadas como sucessores.

A construção do mapa sucessório deve ser um ritual exercitado periodicamente. Recomenda-se que sejam estabelecidos intervalos nunca superiores a um ano, onde são repassadas as pessoas capazes e em condições de serem preparadas para as posições críticas da organização ou negócio. Esse ritual é composto de várias etapas que podem variar em função da cultura e do desenho organizacional. A seguir, descrevemos as etapas típicas dos processos pesquisados no Brasil:

Etapa 1: Processo de avaliação de todas as pessoas consideradas aptas ou em condições de serem preparadas para ocupar posições críticas dentro da organização ou negócio. A indicação dessas pessoas pode ser efetuada em reuniões gerenciais, pelos gestores individualmente, ou através de sistemas institucionalizados de avaliação, os quais, geralmente, abrangem todas as pessoas da empresa.

Etapa 2: Indicação inicial de pessoas cogitadas para o processo sucessório a partir dos resultados dos processos de avaliação. Essa indicação pode ser efetuada a partir dos resultados da avaliação, entre os quais o coordenador do processo sucessório estabelece critérios de corte, ou em reuniões gerenciais, onde são indicadas pessoas que serão submetidas a uma análise dos comitês de sucessão.

Etapa 3: Reunião dos comitês de sucessão. A constituição dos comitês normalmente é estabelecida por áreas de afinidade, envolvendo um número ideal de sete a nove pessoas. Participam os gestores que irão avaliar pessoas capazes de assumir posições equivalentes às suas na organização e os superiores hierárquicos desses gestores. O ritual estabelecido nesses comitês é uma discussão prévia dos critérios a serem utilizados para avaliar as pessoas indicadas para sucessão, e os critérios passam normalmente pelos seguintes aspectos:

- Nível de desenvolvimento da pessoa, ou seja, o quanto está pronta para assumir responsabilidades e atribuições de maior complexidade;
- Consistência da *performance* ao longo do tempo, ou seja, se a pessoa atingiu de forma consistente os objetivos negociados com a organização;

- Comportamento adequado, ou seja, se a pessoa apresentou um relacionamento interpessoal, uma atitude diante do trabalho e um nível de adesão aos valores da organização dentro de padrões adequados na opinião dos avaliadores;
- Potencial para assumir novos desafios, geralmente analisado a partir de velocidade de aprendizado, comportamento diante de desafios, inovações apresentadas em seu trabalho;
- Aspectos pessoais, tais como: idade, disponibilidade para mobilidade geográfica, conhecimentos específicos etc.;
- Nível de prontidão para assumir posição de maior complexidade. Normalmente, avalia-se se a pessoa pode assumir imediatamente – nesse caso, a pessoa está pronta – ou se ela deve ser preparada para poder assumir futuramente – nesse caso, procura-se avaliar em quanto tempo ela estará pronta.

Nessa etapa, os avaliadores discutem a inclusão de pessoas na análise que não haviam sido pensadas previamente e, se for o caso, pessoas que foram indicadas e devem ser excluídas por apresentarem características ou por estarem vivendo situações que as impediriam de ser cogitadas ou preparadas para o processo sucessório. Após essas ações preliminares, as pessoas são avaliadas uma a uma e o resultado final dos trabalhos do comitê deve ser:

- Indicação de pessoas para o processo sucessório;
- Avaliação de cada possível sucessor quanto ao seu nível de preparo para assumir responsabilidades e atribuições de maior complexidade;
- Indicação de uma ordem de prioridade das posições a serem ocupadas pelos sucessores escolhidos;
- Recomendação de ações de desenvolvimento e acompanhamento para cada um dos sucessores escolhidos;
- Estabelecimento de indicadores de sucesso no desenvolvimento de cada um dos sucessores escolhidos;
- Avaliação de aspectos que possam vir a restringir o desenvolvimento dos sucessores escolhidos e as ações para minimizar ou eliminar esses aspectos.

Etapa 4: A validação do mapa sucessório será sempre efetuada em, pelo menos, um nível acima dos gestores que participaram do comitê de sucessão. Isso é importante para que seja construído o suporte político para o processo de escolha dos sucessores. A validação dos mapas sucessórios é efetuada de forma concomitante com a sua consolidação. A consolidação, por sua vez, deve abranger a organização como um todo e possibilitar que a alta direção visualize as situações críticas, tais como: posições onde não há sucessores internos, níveis de comando onde não há sucessores ou, ainda, uma quantidade muito reduzida de sucessores frente às necessidades da organização ou negócio. Essas informações permitirão uma reflexão estratégica sobre a gestão de pessoas, tais como: aceleração do desenvolvimento, alteração dos critérios de contratação, preparação das lideranças para desenvolvimento de sucessores, mapeamento no mercado de trabalho de pessoas para as posições-chave sem sucessores internos.

O mapa sucessório deve ser um instrumento indicativo para a efetivação da sucessão. No momento em que um processo de sucessão for iniciado, deve ser ponderada a especificidade da situação e a indicação da melhor pessoa para aquela posição, e nem sempre é a pessoa que está em primeiro lugar na ordem de prioridade no mapa sucessório. Nesse sentido, o mapa sucessório é fugaz, serve como exercício para estabelecer a ação sobre as pessoas, prepará--las para a sucessão e construir uma visão das fragilidades da organização em relação a pessoas internas capazes de dar continuidade a programas, estratégias e negócios.

Etapa 5: Ações decorrentes das reuniões dos comitês de sucessão e da construção do mapa sucessório.

Um dos principais resultados do exercício dos comitês de sucessão é a indicação de ações de desenvolvimento para cada um dos sucessores escolhidos. Durante o processo de avaliação, surgem considerações e informações importantes para orientar a construção de um programa de desenvolvimento individual para os sucessores. É importante que haja uma sistematização dessas informações e que fique a cargo da chefia imediata da pessoa o suporte para a realização do programa de desenvolvimento. Algumas organizações instituem responsáveis por programas de desenvolvimento e acompanhamento do desenvolvimento dos sucessores. Em quase 50% das organizações pesquisadas a coordenação do processo sucessório e a gestão das ações de desenvolvimento estão sob a responsabilidade da unidade responsável pela educação corporativa.

Outro resultado é a indicação de riscos para os intentos estratégicos da organização ou negócio e para a efetividade de processos ou projetos críticos. A análise dos riscos pode conduzir decisões sobre a necessidade de se captar pessoas no mercado, acelerar o desenvolvimento de determinadas pessoas e/ou dirigir esforços adicionais na retenção de pessoas críticas.

A seguir apresentamos a Figura 1.2, mostrando as etapas. Recomenda-se que haja um processo contínuo e que essas etapas estejam amarradas a uma agenda anual, na qual cada uma das etapas deva ocorrer em determinado período do ano. Dessa forma, o ritual proposto para a construção do mapa sucessório é absorvido pela organização com naturalidade.

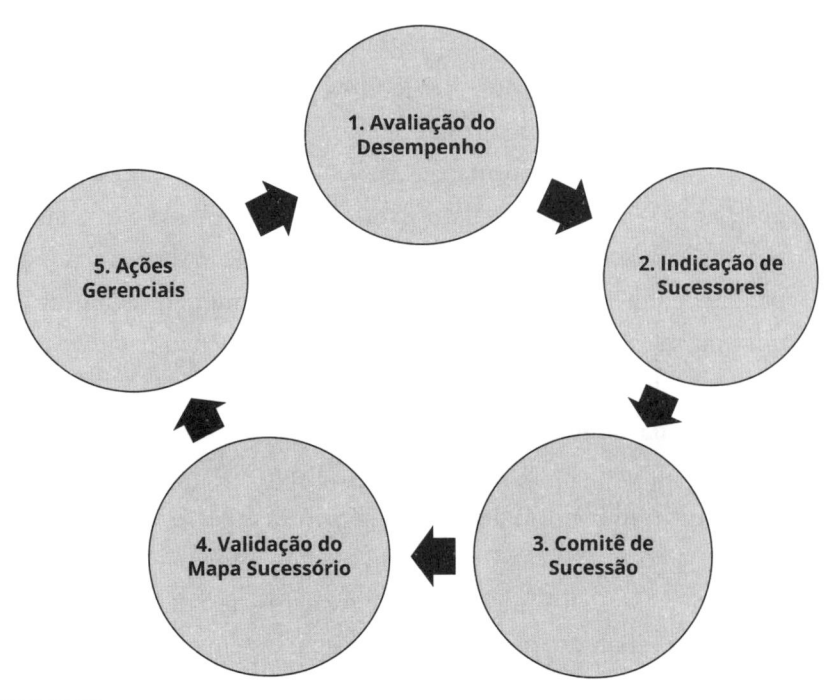

Fonte: Autores.

Figura 1.2 – Etapas para a construção do mapa sucessório

Para a construção do mapa sucessório, temos observado um bom resultado quando os membros do comitê de sucessão fazem uma avaliação prévia das pessoas indicadas, particularmente em relação aos aspectos comportamentais, como o exemplo citado no Capítulo 2 quando tratamos de avaliação de potencial.

No mapa sucessório, para cada posição-chave da organização podem ser indicadas as seguintes informações:

- **Pessoas consideradas aptas ou em condições de serem preparadas:** organizadas em prioridade pelo nível de preparo ou pelo perfil para a posição. Normalmente são associadas, para cada pessoa indicada para a posição, as seguintes informações: idade, tempo na posição atual, formação, idiomas, disponibilidade para movimentação geográfica, nível de desenvolvimento, *performance*, adequação comportamental, avaliação do comitê quanto a potencial e nível de prontidão, recomendações advindas de avaliação externa, histórico na organização, aspirações profissionais e pessoais, programa de desenvolvimento individual contratado entre a pessoa e a organização.
- **Situação da posição:** normalmente são associadas a cada posição-chave as seguintes informações: nível de importância estratégica da posição para o momento da organização, quantidade e qualidade das pessoas indicadas para a posição, disponibilidade de pessoas externas para ocupar a posição, possibilidade de desdobramento da posição em duas ou mais posições e, nesse caso, possíveis ocupantes para as posições desdobradas.
- **Projeção da demanda:** por posições em casos de expansão da organização ou negócio, de forma orgânica ou por aquisição. Nesse caso são considerados normalmente os seguintes aspectos: quadro projetado por negócio, função e local; análise das principais lacunas e ações preventivas; avaliação dos riscos e impactos da falta de pessoas para suportar a expansão, particularmente quando envolve processos de internacionalização; avaliação de fontes de suprimento alternativas.

O mapa sucessório servirá de guia para a tomada de decisões e, no caso de situações inesperadas, permitirá maior velocidade na formação de consenso e posicionamento. O mapa sucessório será detalhado na segunda parte do livro.

1.2.2 Programas de desenvolvimento

Enquanto o mapa sucessório é algo confidencial e deve ser tratado com grande reserva, os programas de desenvolvimento devem ser negociados e bem transparentes. É fundamental construir com as pessoas uma cumplicidade em relação ao seu desenvolvimento. Somente dessa forma haverá comprometimento delas em relação ao processo. O que temos visto nas organizações é a proposta de desenvolver todas as pessoas que se mostrarem em condições e dispostas a fazê-lo, independentemente de estarem ou não no mapa sucessório. Essa postura tem se mostrado efetiva pelas seguintes razões:

- A organização está preparando pessoas que não estão no mapa sucessório no momento, mas poderão estar no futuro;
- Criam-se condições concretas de desenvolvimento. De acordo com nossas pesquisas, esse aspecto é muito valorizado pelas pessoas;
- Constrói-se uma cultura de desenvolvimento das pessoas que se reflete em uma cultura de desenvolvimento da organização;
- A organização prepara-se para o seu futuro e assume uma postura proativa em sua relação com o contexto onde se insere.

Quando tratamos do desenvolvimento profissional, isso quer dizer que estamos preparando as pessoas para responsabilidades e atribuições de maior complexidade. Em pesquisas realizadas ao longo dos anos 1990, verificamos que na maior parte das empresas pesquisadas (DUTRA, 2004), as ações de desenvolvimento estão voltadas para aumentar a eficiência das pessoas em suas posições. Essa forma de pensar é reativa, ou seja, as pessoas são preparadas para o ontem e não para o amanhã. Observamos que as organizações que estruturaram seus processos sucessórios passaram a assumir um posicionamento mais proativo no preparo das pessoas, estimulando-as a assumirem atribuições e responsabilidades de complexidade crescente e, ao mesmo tempo, trabalhando as lideranças para oferecerem as condições concretas para que isso ocorra.

Na lógica de pensarmos a preparação das pessoas para o amanhã, é interessante observarmos como desafiar cada integrante da equipe dentro de sua capacidade. Dessa forma conseguimos estimular toda a equipe. Em nossas pesquisas sobre a liderança no Brasil (DUTRA, 2008) observamos que as lideranças bem-sucedidas tinham como característica o fato de manterem toda a sua equipe desafiada, mas infelizmente constatamos que a maior parte das lideranças pesquisadas se apoiava em uma ou duas pessoas de sua equipe, estimulando o desenvolvimento somente dessas pessoas e marginalizando as demais do processo de desenvolvimento. Constatamos que há uma grande quantidade de pessoas subutilizadas nas organizações: uma capacidade instalada nas organizações que não é utilizada porque está marginalizada das ações de desenvolvimento.

O mesmo raciocínio deve ser efetuado quando pensamos no processo sucessório. Os programas de desenvolvimento voltados para a sucessão devem ser inclusivos e todas as pessoas devem ser cogitadas. Esses programas, entretanto, apresentam características muito particulares. Quando estamos preparando alguém para uma posição gerencial e essa pessoa não tem ainda nenhuma experiência como gerente, estamos diante de uma possível transição de carreira, ou seja, de uma possível mudança de identidade profissional. Por mais que a pessoa queira essa transição, é fundamental verificar se ela tem estrutura para tal e seu nível de preparação.

O processo de desenvolvimento das pessoas para assumirem posições de maior complexidade implica em expor essas pessoas a situações mais exigentes e oferecer o suporte necessário para que consigam obter os resultados esperados. A exposição a situações mais exigentes sem suporte pode gerar frustração e uma sensação de incapacidade, fazendo com que a pessoa se retraia para novas experiências. Ao prepararmos as pessoas para uma situação gerencial, devemos oferecer para essas pessoas projetos ou atividades que tenham tanto demandas técnicas ou funcionais quanto demandas políticas.

As demandas políticas colocarão as pessoas em contato com a arena política da organização; nesse caso, é fundamental que a pessoa receba o suporte necessário para conseguir ler o contexto onde estará se inserindo e conseguir encontrar uma forma de se relacionar com ele que preserve o seu jeito de ser, a sua individualidade. Embora essa constatação pareça óbvia, é algo normalmente esquecido pelos gestores, particularmente quando se está preparando alguém para o processo sucessório.

As discussões para a construção do mapa sucessório são um insumo importante para a construção de um plano de desenvolvimento individual, o qual será sempre de responsabilidade da chefia imediata, que poderá ou não contar com apoio de áreas internas ou especialistas externos. A construção e o acompanhamento dos planos de desenvolvimento não são algo simples de se fazer e são, geralmente, relegados a um segundo plano nas organizações. Uma prática interessante que observamos em algumas organizações foi colocar na agenda das reuniões ordinárias das diretorias e gerências a cobrança das ações de desenvolvimento e os seus resultados. Por isso é interessante, no mapa sucessório, criar indicadores de sucesso para os planos individuais de desenvolvimento, para permitir seu monitoramento de forma coletiva. Essa prática faz com os gestores coloquem em suas agendas, por consequência, o acompanhamento do plano individual de desenvolvimento de seus subordinados.

Outra prática que vale a pena destacar é a análise, nos processos de avaliação e nos processos sucessórios, do plano de desenvolvimento individual contratado entre a pessoa e a organização. A qualidade das ações de desenvolvimento, o cumprimento do plano e os resultados obtidos são insumos importantes para avaliar o nível de comprometimento da pessoa com o seu desenvolvimento. Outra análise interessante é verificar os planos de desenvolvimento individual das pessoas subordinadas à pessoa que está sendo avaliada, verificando a qualidade e o nível de suporte ao desenvolvimento de sua equipe de trabalho. Essas práticas colocam os planos de desenvolvimento individual em um patamar elevado de importância para todos os gestores da organização. Nos Capítulos 6 e 7 vamos aprofundar essa discussão.

1.3
Vantagens e riscos da estruturação da sucessão

Rothwell (2005), ao analisar a realidade americana, desenha um quadro preocupante em relação ao processo sucessório, no qual um quinto dos executivos das maiores empresas estará em condições de aposentadoria nos próximos anos, assim como 80% dos executivos seniores, 70% da média gerencial no serviço público e 50% de toda força de trabalho do governo federal. No caso da realidade americana, esse cenário preocupa porque não há pessoas preparadas para assumir essa lacuna. No caso brasileiro, embora nossa realidade seja diferente por causa de nossa demografia, temos muitos motivos para nos preocuparmos com o processo sucessório.

Com uma população mais jovem pressionando a aposentadoria precoce da população de executivos na faixa dos 50 aos 65 anos, tanto na iniciativa privada quanto no setor público, coloca-se no foco de preocupação a construção do processo sucessório. Como trabalhar a saída dessa população entre

50 e 65 anos e como criar o processo de transferência de conhecimentos e sabedoria para a população mais jovem? Essas questões podem ser respondidas através de um processo estruturado e refletido de sucessão.

Rothwell (2010 e 2005) desenvolveu pesquisas em 1993, 1999 e 2004 sobre a importância da estruturação de processos sucessórios. Nelas, foram apontadas as 13 principais razões para se realizar essa estruturação, as quais o autor sintetiza em seis benefícios:

- Criação de critérios que permitem identificar e trabalhar pessoas que podem oferecer para a organização uma contribuição diferenciada para o desenvolvimento e/ou sustentação de vantagens competitivas. O uso contínuo desses critérios permite seu aperfeiçoamento, constituindo-se em filtros importantes para captação, desenvolvimento e valorização de pessoas que podem fazer diferença. Esses critérios, de outro lado, contribuem para atrair e reter pessoas que se sentem valorizadas e percebem um horizonte de desenvolvimento profissional;
- O processo estruturado permite uma ação contínua de educação das lideranças na identificação e preparo das futuras lideranças. Essa ação educacional continuada permite o aprimoramento das lideranças para a organização, assegurando, ao longo do tempo, lideranças cada vez mais bem preparadas para os desafios a serem enfrentados pela empresa ou negócio;
- Estabelecimento de uma ligação segura entre o presente e o futuro da organização, ou seja, através de um processo estruturado, as transições de liderança são efetuadas sem haver interrupção do projeto de desenvolvimento organizacional, o que oferece segurança para empregados, acionistas, clientes e formadores de opinião no mercado onde a empresa atua;
- Definição de trajetórias de carreira para as lideranças atuais e futuras, sinalizando o que a empresa espera em termos de contribuições e entregas, bem como quais são os critérios para ascensão na carreira. De outro lado, as pessoas sabem o que podem esperar da empresa em termos de horizonte para o seu desenvolvimento e como se preparar;
- Alinhamento entre o desenvolvimento das pessoas e as necessidades da organização. Por meio de um processo estruturado de sucessão, é possível uma negociação contínua de expectativas entre as pessoas e a

organização. Desse modo, é possível alinhar o desenvolvimento das pessoas com as necessidades futuras da organização;
- Adequação da liderança para o futuro da organização por meio da discussão combinada das possibilidades oferecidas pelo mercado e da capacidade futura da empresa para ocupar espaços. A preparação das futuras lideranças permite uma oxigenação contínua, oferecendo diferentes percepções sobre os espaços ocupados e novos espaços para a organização ou negócio.

Em nossas experiências com as organizações brasileiras, verificamos que esses benefícios são também percebidos por aqui. Vale a pena refletir sobre a novidade que os processos estruturados representam para nós. Pudemos verificar que muitas organizações brasileiras foram estruturando seus processos por tentativa/erro/ajuste. Nesses casos, os benefícios começam a ser percebidos após a consolidação do processo na cultura da organização; durante a consolidação, as ações não guardam entre si a necessária sinergia para que todos os benefícios apontados por Rothwell (2005) sejam observados. Entretanto, nas organizações onde o processo já está consolidado, os benefícios são facilmente observados.

Para a estruturação do processo e sua consolidação, Rothwell (2005) aponta dez passos:

Passo 1: Posicionamento do núcleo de poder da organização. O passo inicial é o suporte político das pessoas que comandam a organização, materializado no apoio explícito dos acionistas e/ou presidente. Esse suporte político ocorrerá se o processo sucessório conseguir traduzir as prioridades e principais expectativas dos principais dirigentes da organização;

Passo 2: Estabelecimento das competências exigidas e critérios de valorização das lideranças. A partir desses critérios, é possível identificar pessoas que podem agregar valor para a organização e contribuir de forma efetiva para o desenvolvimento dela;

Passo 3: Criação de processos de avaliação do desenvolvimento que possibilite a orientação do desenvolvimento das lideranças e a formação de consenso em relação às pessoas que podem ser indicadas e preparadas para assumir no futuro posições de liderança;

Passo 4: Implantação de um sistema de avaliação de *performance* no qual as lideranças possam ser estimuladas a aprimorar de forma contínua a sua contribuição para os objetivos e estratégia organizacionais;

Passo 5: Identificação de pessoas com potencial de desenvolvimento e que possam assumir com facilidade responsabilidades e atribuições de maior complexidade;

Passo 6: Estabelecimento de planos individuais de desenvolvimento, construídos com o objetivo de trabalhar tanto lacunas existentes entre a *performance* atual e a esperada quanto lacunas para assumir responsabilidades e atribuições de maior complexidade;

Passo 7: Implantação e acompanhamento do plano individual de desenvolvimento, lembrando que 90% desse processo ocorrem no dia a dia do trabalho executado pela pessoa;

Passo 8: Mapeamento dos sucessores a partir dos processos de avaliação e da resposta das pessoas ao plano individual de desenvolvimento;

Passo 9: Construção do mapa sucessório entre os gestores e dirigentes da organização e de compromissos com a preparação das pessoas indicadas para a sucessão. Rothwell (2005) assinala que aqui está o calcanhar de Aquiles do processo sucessório, porque essa atividade é relegada para um segundo plano. Cabe assinalar aqui a importância da criação de um ritual para a construção do mapa sucessório;

Passo 10: Avaliação contínua dos resultados obtidos com a preparação dos sucessores, principalmente em relação à perda de pessoas que estavam sendo trabalhadas como sucessores; análise dos processos de sucessão ocorridos na organização; avaliação do nível de aproveitamento dos talentos internos para as posições que se abrem na organização e economia gerada pelo aproveitamento interno.

O trabalho de Rothwell é importante por se basear em pesquisas e em sua vivência, e os passos descritos alertam para a necessidade de processos estruturados de sucessão. A experiência em organizações brasileiras e a análise dos modelos de sucessão em filiais com sede fora do país mostram como características importantes dos processos de sucessão que não foram enfatizados por Rothwell (2010 e 2005):

- Separação entre a elaboração do mapa sucessório, atividade realizada de forma coletiva e confidencial, e a realização dos planos individuais

de desenvolvimento, atividade liderada pelo gestor da pessoa e negociada continuamente entre ambos;
- Processos de avaliação individuais, realizados entre o gestor e a pessoa, levando em conta o desenvolvimento, a *performance* e o comportamento e que geram um plano individual de desenvolvimento. Nesse caso, a avaliação é absoluta, ou seja, é a avaliação da pessoa contra parâmetros, conforme veremos no Capítulo 6;
- Processos de avaliação colegiada, nos quais são analisados o desenvolvimento, a *performance* e o comportamento das pessoas e o potencial de cada um. Nesse caso, a avaliação é relativa, ou seja, são pessoas comparadas com pessoas, utilizando-se os parâmetros como um pano de fundo. Nessas avaliações colegiadas, são tomadas decisões sobre as pessoas que devem ser consideradas para o processo sucessório, para aumentos salariais e para promoções. É importante ressaltar que, quando falamos de promoções e aumentos salariais, estamos lidando com recursos escassos e não é possível, na maior parte das vezes, aumentar o salário de todos os que merecem, nem promover todos os que estão preparados para isso.

Os trabalhos desenvolvidos junto às organizações brasileiras mostraram que as características do processo sucessório descritas acima foram sendo encontradas ao longo de uma caminhada na busca de uma prática que conseguisse atender suas necessidades e que, ao mesmo tempo, minimizasse os impactos negativos nas pessoas. Esses impactos negativos nas pessoas são o principal risco dos processos estruturados de sucessão, e muitas organizações aprenderam isso da pior forma, sofrendo os efeitos negativos e tentando minimizá-los.

Para exemplificar a questão dos riscos, vamos relatar dois casos ocorridos em organizações brasileiras. A organização A, um grande grupo de negócios, viveu a necessidade de uma transformação cultural profunda para poder sobreviver e sair da crise fortalecida. O processo sucessório ajudou a organização nesse intento, a companhia trouxe um novo presidente e necessitava rever todo o seu quadro de dirigentes. Cada um foi contatado para discutir seus objetivos pessoais e projeto de desenvolvimento profissional. A partir daí, foi sendo desenhada uma nova estrutura que contemplasse as necessidades da organização e as expectativas dos dirigentes. Algumas pessoas deixaram a organização e as que permaneceram assumiram o compromisso de se preparar para as necessidades futuras dela. Durante 18 meses, a nova estrutura foi gestada e as pessoas, preparadas. Ao final, a estrutura sucessória foi implantada com grande sucesso. Os benefícios gerados foram valiosos: velocidade na absorção de um novo conjunto de valores, já que as pessoas que assumiram as posições-chave eram pessoas legítimas dentro da cultura organizacional e conheciam muito bem o negócio; custo reduzido para implantação da nova estrutura, uma vez que, das posições em aberto, 80% foram ocupadas por pessoal interno; estímulo aos demais níveis gerenciais, por verificarem o aproveitamento das pessoas da casa no processo de transformação organizacional.

Quais foram os problemas enfrentados pela organização? Não havia tradição de sucessão. Sempre que havia uma crise, a organização buscava fora pessoas para equacionar o problema, frustrando as expectativas das pessoas de dentro e gerando uma alta rotatividade de dirigentes. A falta de uma cultura de sucessão tornou o trabalho do novo presidente, o de institucionalizar um processo sucessório durante um momento de crise, mais difícil. Na instalação da discussão sucessória associada à necessidade de enxugamento do quadro (no espaço de três anos, houve a dispensa de um terço dos profissionais), houve perda de pessoas importantes para a organização. Entretanto, o processo sucessório instalado foi o mais adequado para o momento da empresa: esse processo se inicia com a negociação com as pessoas sobre suas novas posições. Essa negociação trouxe serenidade para se efetivar as transformações necessárias, mas muitas pessoas se sentiram preteridas ao longo do processo. Após a transformação descrita, foi estabelecido um processo contínuo de discussão sucessória.

A organização B estava vivendo um momento de consolidação após um período de grandes transformações tanto em sua cultura quanto em sua estrutura organizacional. O presidente executivo foi convidado para presidir o Conselho de Administração B e a participar do Conselho da Holding, e iniciou um processo de sucessão para a sua posição e para todas as posições gerenciais. Inicialmente se estabeleceu um processo transparente, em que todas as pessoas em condições de competir pelas posições seriam contempladas. O início do processo gerou uma grande ansiedade em todos e, para cada posição, foram indicados indivíduos em condições de competir. Para a posição do presidente, foram identificados três diretores; após dois anos e meio, um deles assumiu a posição. Os resultados foram muito bons, houve a continuidade da gestão e a organização B experimentou um grande crescimento após o processo.

Quais foram os problemas enfrentados pela organização B? Foi criada uma grande ansiedade em torno do processo sucessório e, obviamente, havia torcidas organizadas em torno de cada pretendente à posição de presidente. No momento da escolha, havia também a expectativa de que os dois não escolhidos fossem embora da organização, assim como em relação às posições imediatamente abaixo. A saída de pessoas-chave foi minimizada porque, durante o processo, cada pessoa foi sendo trabalhada, e a organização tinha expectativa de um crescimento acelerado com a criação de inúmeras possibilidades para novas posições gerenciais e de direção. A criação de um processo sucessório em que as pessoas são destinadas a posições previamente definidas limita o aproveitamento de talentos. O ideal é que as pessoas sejam preparadas para posições de maior complexidade e não para uma posição determinada, mesmo porque o desenho da organização é muito volátil e deve se acomodar às contingências e à disponibilidade de pessoas. Durante os processos sucessórios, não é incomum repensar a estrutura em função das pessoas disponíveis na organização.

1.4
Aspectos comportamentais do processo sucessório

A literatura sobre o tema não apresenta um aspecto fundamental no processo sucessório, que são as emoções e aspectos comportamentais associados. A literatura e o relato de casos privilegiam a identificação e preparação de sucessores e praticamente não tratam da pessoa a ser sucedida. Verificamos que a preparação de pessoas para assumir posições de maior complexidade é muito exigente em relação ao gestor dessas pessoas. Essa exigência se deve ao fato de que a maior parte das ações de desenvolvimento envolve uma ação conjunta da pessoa e de seu gestor.

O aspecto mais importante do preparo de uma pessoa para lidar com situações mais complexas é colocá-la frente a frente com a situação; isso significa que, quando se está preparando um gerente tático para assumir uma gerência estratégica, é necessário colocá-lo em atividades que impliquem no seu trânsito na arena estratégica, quer seja pela coordenação de projetos estratégicos para a organização, quer seja assumindo responsabilidades de um gestor estratégico. De qualquer modo, o gestor dessa pessoa tem que, de um lado, orientá-la a ler o contexto estratégico da organização e dar respostas para as demandas desse contexto e, de outro lado, preparar seus pares e sua chefia para receber seu subordinado e avaliá-lo em sua capacidade de transitar pelo nível estratégico. Essas duas atividades são consumidoras de tempo e exigem uma grande generosidade do gestor na transferência de sua experiência e sabedoria para o subordinado.

Essa ação de preparação de pessoas para posições de maior complexidade faz com que o gestor se sinta, em muitos momentos, ameaçado, sem o amparo de seus pares e de seu superior e, também, não reconhecido pelo próprio subordinado que está preparando. Lidar com essas sensações, que nem sempre refletem a realidade dos fatos, é muito difícil, particularmente quando o gestor não tem interlocutores para discutir essas sensações. Recomenda-se que, no processo sucessório, haja um trabalho especializado, realizado por pessoal interno ou externo, de suporte aos gestores na preparação de seus subordinados para o processo sucessório. Recomenda-se, ainda, que um gestor não trabalhe ao mesmo tempo mais do que duas pessoas para o processo sucessório, em função do desgaste emocional e do tempo a ser despendido nisso.

Algumas organizações têm discutido como incluir, no processo de valorização dos gestores, o seu sucesso em processos de preparação de seus subordinados para sucessão. A valorização desses gestores é fundamental, mesmo porque nem todos apresentam facilidade para a preparação de futuras lideranças. Os gestores que têm a capacidade de preparar futuras lideranças devem ser diferenciados pela organização e valorizados.

Acompanhamos o relato de casos de empresas australianas e neozelandesas que instituíram grupos de discussão e acompanhamento para os gestores que estão desenvolvendo futuras lideranças, nos quais são discutidas e trabalhadas as dificuldades individuais e é analisada a estrutura oferecida pela organização para facilitar o trabalho desses gestores. Os resultados são muito interessantes no aperfeiçoamento dos processos sucessórios e na preparação das futuras lideranças.

Um raro trabalho explorando a questão comportamental do processo sucessório foi realizado por Goldsmith (2009). Nesse trabalho o autor estabelece um diálogo com o presidente de uma organização que está preparando uma sucessora diante de sua aposentadoria iminente. No diálogo o autor aconselha o residente sobre coisas que deve e não deve fazer. Um exemplo interessante descrito pelo autor é traduzido nas Figuras 1.3 e 1.4. Na Figura 1.3, o autor recomenda que durante o período que resta para o presidente chegar à sua aposentadoria faça o seguinte: abandone gradativamente sua posição de liderança, passando-a para a sucessora; que ajude na preparação e legitimidade da sucessora; e na medida em que sua sucessora ocupe seu espaço na organização, comece a desenvolver o seu novo projeto de vida.

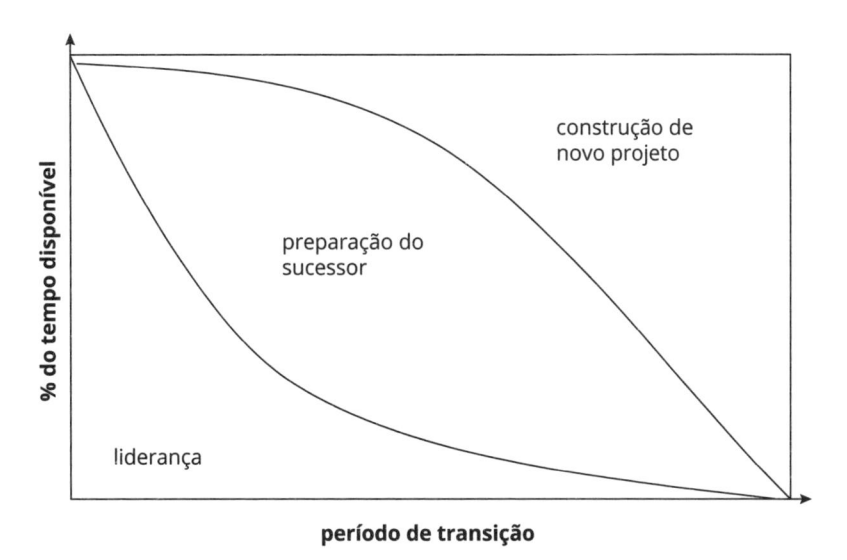

Fonte: Goldsmith (2009, p. 14).
Figura 1.3 – Processo de transição efetivo

Na Figura 1.4, o autor relata o que tem observado na prática das organizações. Os presidentes nessa situação de transição não querem abandonar a liderança. Ao não fazê-lo, não criam espaço para o desenvolvimento de seu sucessor, nem criam o espaço para que o mesmo construa a legitimidade necessária para ocupar a posição. Ao mesmo tempo, esses presidentes não constroem seu novo projeto de vida e, quando deixam sua posição, sofrem com a transição de carreira que necessitam efetuar.

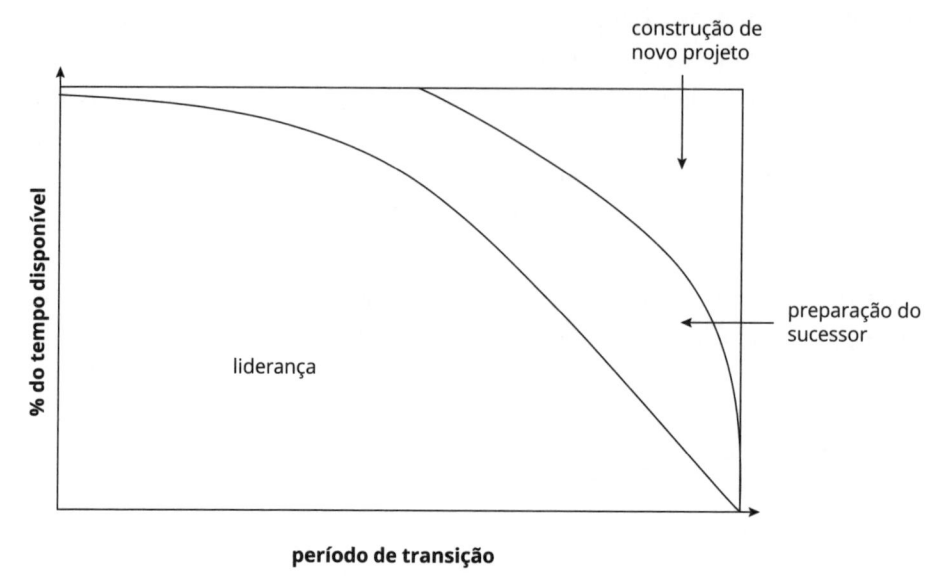

Fonte: Goldsmith (2009, p. 16).

Figura 1.4 – Problemas no processo de transição

As pessoas analisadas pelo autor são inteligentes e bem formadas, mas mesmo assim não conseguem trabalhar bem sua transição. Um amigo psicanalista trouxe uma importante contribuição para compreender esse fenômeno: segundo ele, as pessoas falam o que pensam, mas fazem o que sentem. Muitas vezes em situação de grande pressão emocional, as pessoas não percebem sua incoerência e afirmam que estão preparando seus sucessores com grande veemência, mas, na prática, não conseguem oferecer espaço para o desenvolvimento deles. A sucessão é sempre cercada de grande pressão, o que significa para muitos gestores uma ameaça ao seu espaço político na organização. Vamos aprofundar esses aspectos no Capítulo 8.

1.5
Maior eficiência da liderança

Verificamos nos trabalhos com as lideranças que há, nas organizações brasileiras públicas e privadas, uma tendência dos gestores de levarem para suas novas posições as responsabilidades que tinham no nível anterior (CHARAN et al., 2001). Isso acontece como resultado de dois aspectos: os gestores têm dificuldade de delegar suas responsabilidades anteriores para sua equipe e sentem-se mais confortáveis acumulando as novas e velhas responsabilidades. Esse fenômeno faz com que os gestores tenham dificuldade de atuar plenamente em seus níveis de complexidade, acumulando muitas das responsabilidades que deveriam ser exercidas por seus subordinados. Nas empresas, utiliza-se o termo "nivelar por baixo" para expressar esse fenômeno.

O "nivelamento por baixo" dificulta a preparação de pessoas para o processo sucessório, já que o gestor ocupa o espaço de seu subordinado. Como resultado, o subordinado não percebe com clareza qual é a distância a ser percorrida para ocupar a posição superior. Como o gestor nivela para baixo sua atuação, é comum que o subordinado construa a falsa percepção de estar próximo do nível de responsabilidade de seu gestor. Quando surge uma oportunidade, essa pessoa não consegue compreender por que não foi pensada para ocupar a posição, uma vez que, em sua percepção, já fazia algo muito próximo do exigido.

A estruturação do processo sucessório tem como resultado, além da preparação de pessoas para posições-chave, a possibilidade de reversão desse quadro. Se pensarmos que todas as pessoas estão sendo preparadas para atuar em níveis de responsabilidade mais complexos, podemos dizer que a organização, nesse processo, vai se "nivelando por cima". As principais implicações do "nivelamento por cima" observadas nessas organizações são:

- Gestores mais dispostos e preparados para delegar e desenvolver a sua equipe, como condição para almejarem posições mais complexas;
- Instalação de uma cultura de desenvolvimento das lideranças e maiores desafios profissionais para as pessoas;
- Criação de mecanismos mais elaborados para avaliação e acompanhamento do desenvolvimento das pessoas, particularmente aquelas em condições de assumir maior responsabilidade de liderança ou técnica;
- Um ganho financeiro para a organização, na medida em que ela recebe muito mais contribuição das pessoas com a mesma massa salarial.

Tornar a liderança mais eficiente é um dos aspectos mais relevantes do processo sucessório estruturado, mas, ao mesmo tempo, o menos visível nas organizações, basicamente porque não se tem colocado luz sobre o fato, nem nas discussões profissionais, nem na literatura sobre o tema.

1.6
Conclusões

A estruturação do processo sucessório vem se tornando uma questão crítica para as organizações: sua compreensão e o uso adequado das técnicas existentes para oferecer suporte à sucessão podem trazer um grande número de vantagens e se tornar um diferencial competitivo fundamental.

2 | Preparação para o ciclo do processo sucessório

2.1
Introdução

A elaboração do mapa sucessório e a construção dos planos de desenvolvimento dos indicados para ocupar futuras posições de maior complexidade demandam um constante monitoramento do desenvolvimento dos profissionais e gestores da organização. Na maior parte das organizações pesquisadas, esse monitoramento ocorre a partir dos processos estruturados de avaliação de pessoas. Por essa razão, vamos dedicar este capítulo para analisarmos a avaliação de pessoas e como, a partir delas, são indicados os que serão avaliados pelos comitês de sucessão.

A avaliação de pessoas nas organizações é inerente à relação entre pessoa e empresa, mas cada vez mais esse processo é estruturado com vistas ao aprimoramento da gestão de pessoas. A avaliação estruturada tem sido considerada como essencial para uma gestão de pessoas alinhada com as exigências de um ambiente mais competitivo, onde há uma percepção mais clara da importância das pessoas nos resultados e na produtividade da organização. Atualmente, observa-se a importância da avaliação de pessoas em dois aspectos essenciais. O primeiro é o fato de a avaliação estruturada oferecer bases concretas para decisões gerenciais sobre as pessoas, tais como: movimentação, remuneração, desenvolvimento, carreira, processo sucessório e estratégias de retenção. Nesse aspecto, a avaliação é o elemento dinâmico na gestão de pessoas, já que, a partir dela, são originadas as demais ações.

O segundo aspecto essencial é o fato de a avaliação representar um dos poucos rituais dentro da gestão de pessoas. Quando queremos transformar a cultura organizacional, um aspecto crítico é a criação de rituais. Na gestão de pessoas, a avaliação é um ritual por excelência e, por isso, a cada ciclo é necessário efetuar revisões em relação aos critérios e aos processos utilizados. A maturidade do processo de avaliação é um indicador importante do grau de maturidade da gestão de pessoas da organização.

Neste capítulo vamos trabalhar avaliação de pessoas em dimensões mais naturais, agrupadas, pela maior parte das organizações, na chamada avaliação de desempenho. Vamos trabalhar, também, em uma dimensão mais elaborada, chamada de avaliação de potencial ou talento. As dimensões naturais ocorrem de forma intuitiva quando um líder avalia um liderado para tomar decisões acerca dele, tais como: aumento salarial, promoção, demissão, transferência etc. Essas dimensões naturais podem ser classificadas em função de sua natureza em desenvolvimento, *performance* e comportamento. A avaliação de potencial procura projetar a pessoa atuando em um nível maior de complexidade ou em situações inusitadas de trabalho, ou seja, é uma avaliação com alto grau de incerteza e assentada em percepções de como a pessoa poderia atuar em novas situações de trabalho. Nesse caso, normalmente são avaliações colegiadas e, em algumas organizações, suportadas por instrumentos de diagnóstico e/ou prognóstico sobre as possibilidades de a pessoa ter sucesso. Esse tipo de avaliação é a base para a construção de mapas sucessórios e para a indicação de pessoas para serem preparadas para posições de maior complexidade.

2.2
Processos utilizados para avaliar pessoas

As dimensões naturais da avaliação de pessoas podem ser classificadas em: desenvolvimento, *performance* e comportamento. Quando um líder toma decisões sobre as pessoas, utiliza essas dimensões, que estão misturadas em sua mente, mas nota-se que uma pessoa é valorizada somente se for bem avaliada em cada uma dessas três dimensões.

Falando rapidamente dessas três dimensões:

- Desenvolvimento é entendido como o momento em que uma pessoa tem condições de assumir atribuições e responsabilidades de maior complexidade. O nível de desenvolvimento gera no líder a sua expectativa de desempenho em relação ao seu liderado. Vamos analisar a seguinte situação: o líder tem dois liderados com o mesmo salário e mesmo cargo, mas, ao apertar o acelerador de um deles, este vai de 0 a 100 km/h em 5 segundos; enquanto que, ao apertar o acelerador do outro, este vai a 60 km/h se o líder rezar com fervor. Naturalmente, esse líder irá oferecer ao primeiro um desafio mais complexo que para o segundo.

- *Performance* é entendida como o atendimento de objetivos ou metas estabelecidas pela liderança ou pela organização. A expectativa de *performance* pode ser atendida de duas formas: pelo esforço ou pelo desenvolvimento. Vamos supor que tenhamos duas pessoas que produzem 100 e queremos que produzam 120 no próximo mês. O esforçado irá trabalhar duas horas a mais por dia e entregará 120, enquanto a pessoa que se desenvolve aprimorará seu processo de trabalho e dentro da jornada de trabalho normal entregará 120. Nossa preferência é naturalmente pelo resultado oriundo do desenvolvimento; nossa liderança, entretanto, prefere estimular o esforço. Essa preferência decorre de dois fatos: o primeiro é que estimular o esforço significa pedir que a pessoa faça mais com menos do mesmo jeito, enquanto estimular o desenvolvimento significa pedir que a pessoa faça mais com menos de um jeito diferente. O segundo é que acompanhar o esforço significa trabalhar com o concreto, enquanto que acompanhar o desenvolvimento significa trabalhar com o abstrato. A inexistência de um sistema estruturado de avaliação induz muitos líderes a valorizarem os esforçados em detrimento dos que se desenvolvem.

- Comportamento é composto pelo nível de adesão aos valores da organização, pelo relacionamento interpessoal e pelas atitudes diante do trabalho. A dimensão do comportamento é subjetiva por traduzir sempre a percepção de uma pessoa sobre outra. Ou seja, mesmo utilizando comportamentos observáveis como parâmetros para avaliação da pessoa nesta dimensão, sempre se traduzirá uma percepção particular. Por isso, para essa dimensão algumas empresas utilizam a avaliação por múltiplas fontes, chamada de avaliação 360 graus. Essa dimensão da avaliação é crítica na maioria das organizações e, frequentemente, penaliza severamente as pessoas que se desviam dos comportamentos esperados. Disso decorre o fato de que nas empresas privadas as pessoas são demitidas e nas públicas são enviadas para a Sibéria organizacional.

A seguir, serão abordadas algumas formas de efetuar a mensuração nessas três dimensões:

2.2.1 Avaliação do desenvolvimento

A mensuração do desenvolvimento está intimamente ligada à mensuração da complexidade das atribuições e responsabilidades da pessoa. A seguir são apresentados alguns exemplos de como os níveis de complexidade podem ser medidos:

- O impacto da ação ou da decisão de alguém sobre o contexto onde se insere. Esse impacto pode ser medido: pelo escopo da atuação da pessoa, partindo da responsabilidade por uma atividade até a responsabilidade por um negócio ou por toda a organização; pelo nível de atuação, partindo de um nível operacional até o nível estratégico; e pela abrangência da atuação, partindo de uma abrangência local até uma abrangência internacional;
- O nível de estruturação das atividades desenvolvidas pela pessoa. Quanto menos estruturadas forem as atividades ou responsabilidades, maior será a complexidade;
- Nível de autonomia decisória. A complexidade será maior quanto maior for o nível de autonomia da pessoa em relação a decisões sobre valores de orçamento e faturamento, a ações estratégicas que podem definir o futuro da organização, à velocidade de resposta da empresa a estímulos do ambiente onde está inserida, à construção de parcerias estratégicas etc.

Uma vez definidas as variáveis diferenciadoras, podemos estabelecer a caracterização de parâmetros para os diferentes graus de complexidade, como, por exemplo: uma pessoa atua no primeiro degrau de complexidade quando suas atribuições e responsabilidades são de natureza operacional, têm uma abrangência local, a influência de suas ações ou decisões está restrita às suas atividades, suas atividades têm um alto grau de padronização, estruturação e/ou rotina e têm baixo nível de autonomia decisória.

Ao conseguirmos definir os diferentes graus de complexidade, podemos dizer qual nível caracteriza melhor o conjunto de atribuições e responsabilidades de uma pessoa. Eventualmente, podemos ter uma pessoa em transição de um nível de complexidade para outro. Dessa forma é mais fácil visualizar o desenvolvimento de alguém. É comum elegermos rótulos para classificar as pessoas sem notar qual é, de fato, o nível de contribuição delas. As organizações acham que as pessoas se desenvolvem aos soluços, como, por exemplo: um analista júnior vai dormir uma bela noite, é abençoado e acorda analista pleno. Trata-se de um milagre do dia para a noite, a pessoa merece um novo nível na estrutura salarial da organização e ganha um novo *status*. De fato, o que ocorreu é que o analista júnior foi desenvolvendo atribuições e responsabilidades de complexidade crescente até assumir a envergadura de um analista pleno. Nesse momento a organização o reconhece, esse reconhecimento acontece *a posteriori* e a organização assume o risco de perder a pessoa por retardar o reconhecimento.

A escala de complexidade permite a construção de referências mais precisas para avaliar o desenvolvimento da pessoa e auxilia no diálogo da liderança com as pessoas. Além disso, permite que seja verificada a eficiência de ações de desenvolvimento. Será que as ações de desenvolvimento permitiram à pessoa adquirir condições para lidar com maior complexidade? Ao responderemos essa questão, podemos verificar a eficiência das nossas ações de desenvolvimento.

Ao longo de várias experiências para mensurar o desenvolvimento, foi possível verificar bons resultados ao utilizarmos os estudos de Mihalyi Csikszentmihalyi (1975), com um referencial psicanalítico, e de Gillian Stamp (1989), mais tarde traduzido para a gestão de pessoas. Esses autores verificam que o desenvolvimento harmonioso de uma pessoa ocorre quando ela enfrenta desafios compatíveis com a sua capacidade. Desse modo, ao aumentar sua capacidade, está apta a enfrentar desafios maiores, e ao enfrentar desafios maiores, é estimulada a aumentar sua capacidade.

Entretanto, quando a pessoa é desafiada em um nível superior à sua capacidade, entra em um estado de apreensão que a conduz para um estado de ansiedade. No caso de a pessoa ser desafiada em um nível inferior ao da sua capacidade, é levada à frustração, que a conduz, também, para um estado de ansiedade, como mostra a Figura 2.1.

Figura

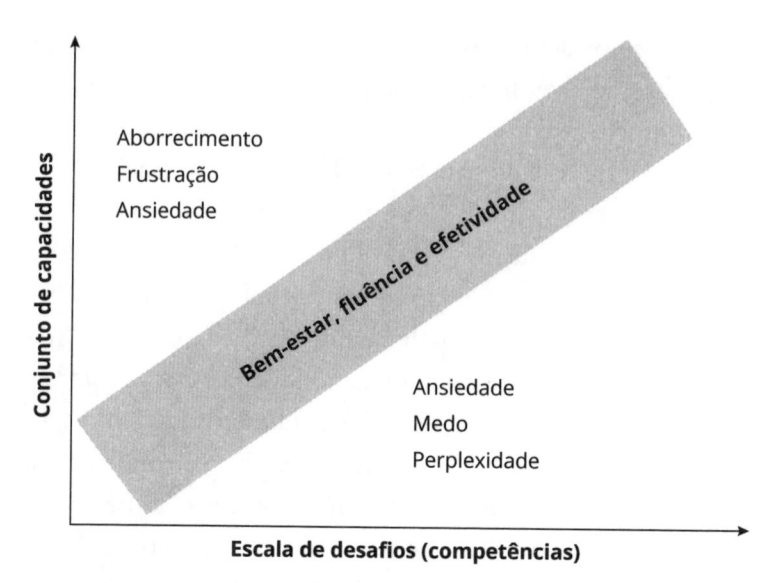

Eixo Y: Conjunto de capacidades
Eixo X: Escala de desafios (competências)

Região superior esquerda: Aborrecimento, Frustração, Ansiedade
Faixa diagonal central: Bem-estar, fluência e efetividade
Região inferior direita: Ansiedade, Medo, Perplexidade

Fonte: Stamp (1989).

Figura 2.1 – Relação entre desafios e capacidade

Na medida em que a pessoa atua em um nível maior de complexidade, maior é a exigência de formação e experiência. Os estudos de Gillian Stamp (1989) demonstraram que a pessoa amplia sua percepção do contexto através da experiência e da formação. Por isso, podemos efetuar essa associação.

2.2.2 Avaliação de *performance*

A avaliação de *performance* ou de resultado é a mais presente em nossas organizações, particularmente aquelas onde a excelência operacional é a principal orientação estratégica. Normalmente esse tipo de avaliação está respaldado por objetivos ou metas previamente negociados com as pessoas, tanto no nível individual quanto no nível da equipe. O resultado pode ser atingido pelo esforço da pessoa ou equipe ou pelo desenvolvimento da pessoa ou da equipe. Como vimos anteriormente, o desenvolvimento é efetivo. Na medida em que uma pessoa atua em um nível maior de complexidade, isso se torna um patrimônio da pessoa. Ao contrário do que ocorre com o esforço: a pessoa esforçada de hoje pode não ser a pessoa esforçada de amanhã, ou seja, o esforço não é efetivo, e por isso recomenda-se que seja atribuída à *performance* uma remuneração contingencial, ou, em outras palavras, uma remuneração variável.

A obtenção de resultados pode ser efetuada através do esforço da pessoa ou de um grupo de pessoas e/ou através do desenvolvimento da pessoa ou de um grupo de pessoas. Vamos analisar isoladamente esses dois pontos. O resultado obtido através do esforço ocorre quando não há qualquer melhoria no processo de trabalho ou nos instrumentos utilizados para obter o resultado, bem como não há alteração ou inserção de conceitos e/ou forma de abordagem no trabalho executado. Nesse caso, o resultado adicional é obtido através de uma maior dedicação em termos de maior número de horas de trabalho ou maior esforço físico. O resultado através do esforço não se sustenta no tempo, já que sua obtenção sempre depende de uma dedicação extraordinária das pessoas.

O resultado obtido através do desenvolvimento advém de um aprimoramento do processo de trabalho ou dos instrumentos utilizados para a sua realização e, também, pode advir de uma nova forma de abordar o trabalho, ou da alteração, ou da inserção de conceitos utilizados para a realização do trabalho. Naturalmente, os resultados são obtidos através de uma combinação do esforço e do desenvolvimento. A questão principal aqui é o que está sendo estimulado quando pensamos na avaliação da *performance*: o esforço ou o desenvolvimento?

A *performance* normalmente é mensurada através de metas estabelecidas entre a pessoa ou grupo de pessoas e sua liderança. A construção dessas metas e o suporte que a pessoa recebe da organização e de sua liderança define o foco no esforço ou no desenvolvimento. O foco no desenvolvimento ocorre quando a meta representa, para a pessoa, um desafio, e a pessoa recebe suporte em sua capacitação para enfrentar o desafio e suporte em termos de equipamentos, orientação e condições de trabalho. O resultado obtido através do desenvolvimento é o que mais interessa para a organização, porque esse resultado é mais efetivo. O resultado obtido através do desenvolvimento oferece à organização uma mudança do patamar de *performance*, ou seja, é um resultado que se sustenta no tempo.

A forma de mensurar a *performance* pode ser efetuada a partir do trabalho realizado ou através de metas previamente negociadas. A forma mais efetiva é através de metas previamente estabelecidas e reavaliadas continuamente. No passado havia muita confusão entre objetivos e metas, mas nos últimos dez anos consolidou-se no mercado o uso de meta para designar os resultados a serem obtidos pelas pessoas ou grupos. As metas para atuarem como um referencial de mensuração da *performance* devem apresentar características SMART (AGUINIS, 2009, p. 97), como explicado no Quadro 2.1.

Quadro 2.1 – Regra para o estabelecimento de metas: SMART

A meta deve ser:	
eSpecífica	ou seja, determinar claramente o que e quando deve ser realizado; o alvo
Mensurárel	passível de mensuração objetiva, quantitativa
Atingível	deve ser realista em termos de número e alcance
Relevante	deve contribuir para os objetivos estratégicos da organização e representar fortemente o que a pessoa/grupo deve agregar/contribuir
limitada no Tempo	indicar claramente quando o objetivo/meta deve ser aferido (não só em seu final, mas durante o processo)

Fonte: Aguinis (2009, p. 97).

2.2.3 Avaliação de comportamento

O comportamento é uma dimensão difícil de ser avaliada. Enquanto nas dimensões desenvolvimento e *performance* podemos minimizar a subjetividade, na dimensão comportamento não é possível. Essa dimensão é totalmente subjetiva, já que é sempre a percepção de uma pessoa sobre outra. Mesmo com tentativas de criar comportamentos observáveis, verificamos que não há redução da subjetividade. Apesar disso, a avaliação do comportamento é fundamental. A maioria das organizações penaliza fortemente os desvios comportamentais.

No mercado, o termo *comportamento* é utilizado para expressar a relação que a pessoa estabelece com:

- **A organização:** através da adesão aos valores da organização, essa categoria de relação é importante porque traduz o quanto a pessoa age e/ou está disposta a agir de acordo com esses valores;
- **As demais pessoas:** traduzindo o relacionamento interpessoal e o quanto a pessoa respeita o outro;

- **Seu trabalho:** é a atitude da pessoa diante do trabalho, ou seja, o quanto a pessoa é comprometida com o que faz e com os acordos assumidos com a organização.

Os parâmetros construídos para avaliar o comportamento não têm como propósito pasteurizar o comportamento das pessoas, mas sim orientar o comportamento de forma a agregar valor para a própria pessoa, para a organização e para as demais pessoas. Esses parâmetros devem valorizar e abraçar a diversidade.

Essas três categorias são independentes. Podemos ter na organização pessoas com bom relacionamento interpessoal, mas sem nenhum compromisso com o que fazem. Podemos ter, ao contrário, pessoas com um alto nível de comprometimento com o que fazem e sérios problemas no relacionamento interpessoal. Por isso, essas três categorias são importantes para balancear o conjunto de parâmetros a serem utilizados para avaliar o comportamento.

Para estabelecer parâmetros orientadores do comportamento das pessoas, são usados comportamentos observáveis, ou seja, enunciados que permitem um diálogo sobre o comportamento da pessoa em sua relação com a organização e as outras pessoas. Para observarmos um determinado comportamento, é necessário visualizar vários aspectos dele, como, por exemplo: podemos dizer que uma pessoa é comprometida com seu trabalho quando essa pessoa é assídua, cumpre os compromissos que assumiu, demonstra satisfação com seu trabalho, apresenta-se disposta a enfrentar novos desafios etc.

Desse modo, para construirmos instrumentos para avaliação do comportamento é importante definir um conjunto pequeno de comportamentos a serem observados, porque cada comportamento exigirá um conjunto de observações. Recomenda-se que esse número não ultrapasse o de sete comportamentos a serem observados. Sete comportamentos podem se desdobrar em 20 a 30 aspectos a serem observados. Um número excessivo de observações torna o exercício da avaliação do comportamento trabalhosa e desestimula sua prática.

A mensuração do comportamento, diferentemente da mensuração do desenvolvimento ou da *performance*, é subjetiva, porque será sempre a percepção de uma pessoa sobre o comportamento de outra. Posso, por exemplo, achar que uma determinada pessoa é comprometida e, com as mesmas evidências, outro avaliador achar que a pessoa não é comprometida. Por isso, a escala recomendada para avaliar comportamentos observáveis é a frequência com a qual a pessoa apresenta o comportamento.

Por se tratar de uma avaliação com caráter subjetivo, encontramos muitas empresas empregando avaliações por múltiplas fontes, popularmente chamada de avaliação 360 graus. Esse tipo de avaliação é efetuado por aqueles que conhecem a pessoa a ser avaliada e podem opinar sobre o seu comportamento. Há uma gama muito grande de possibilidades no uso desse tipo de avaliação (REIS, 2000; HIPÓLITO; REIS, 2002), e normalmente, quando são envolvidos pares, subordinados e/ou clientes (externos ou internos), são escolhidas três ou mais pessoas, para que possam ficar anônimas. Em algumas organizações, os resultados desse tipo de avaliação vão somente para a pessoa avaliada, pois dessa forma seus avaliadores não ficam constrangidos com o fato de estarem gerando futuros problemas para ela.

A avaliação por múltiplas fontes é efetiva quando o foco é o comportamento, mas não é efetiva quando o foco é o desenvolvimento. Essa constatação é importante porque durante quase toda a década de 1990 esse tipo de avaliação foi considerado uma panaceia para mitigar a subjetividade das avaliações. Quando avaliamos o comportamento de alguém, não precisamos conviver diariamente com essa pessoa. Por exemplo: eu me encontro com uma pessoa três vezes ao longo de um ano e nas três vezes a postura dela é arrogante, prepotente e mal educada. Logo, eu não preciso encontrá-la uma quarta vez (e talvez nem queira) para formar uma opinião em relação ao seu comportamento para comigo.

Quando avaliamos o desenvolvimento, é diferente. Lembrando que a pessoa se desenvolve quando assume atribuições e responsabilidades de maior complexidade e, para fazê-lo, necessita ampliar sua percepção do contexto. Vamos supor que tenhamos uma pessoa a ser avaliada e essa pessoa atue em um determinado nível de complexidade. O fato de atuar nesse nível de complexidade pressupõe que tenha um nível de compreensão de seu contexto.

O líder dessa pessoa, por suposto, atua em um nível maior de complexidade e, portanto, tem um nível de compreensão do contexto maior que o da pessoa avaliada. Por isso, o líder visualiza oportunidades de desenvolvimento para a pessoa que esta não consegue visualizar.

De outro lado, o subordinado da pessoa avaliada atua, por suposto, em um nível menor de complexidade e, portanto, tem um nível menor de compreensão do contexto, fazendo com que tenha dificuldade de visualizar o tamanho dos desafios enfrentados pela pessoa avaliada, como, por exemplo: o quanto o subordinado de uma pessoa pode determinar se esta atende ou não as demandas da organização em termos de visão estratégica ou de visão sistêmica. Do mesmo modo, os pares têm dificuldade de perceber a entrega do colega e os clientes conseguem perceber a entrega daquilo que recebem, mas os clientes não recebem toda a entrega da pessoa para a organização. Por isso, a avaliação por múltiplas fontes não é efetiva para avaliar o desenvolvimento da pessoa e, normalmente, essa avaliação é efetuada entre líder e liderado.

2.2.4 Instâncias de avaliação

A partir da análise de diferentes realidades, foi possível verificar que a avaliação ocorre em duas instâncias. À medida que os processos de avaliação amadurecem, caminham para serem realizados em duas instâncias. A primeira é a avaliação efetuada entre líder e liderado, a partir de parâmetros previamente estabelecidos, contratados entre líder e liderado ou definidos pela organização. Seu uso é unicamente dedicado ao desenvolvimento da pessoa avaliada e, desse modo, mesmo que nos processos de autoavaliação e avaliação do líder haja divergência, a avaliação será facilmente conciliada, porque seu objetivo exclusivo é o desenvolvimento da pessoa avaliada.

A segunda instância é a avaliação efetuada para definir remuneração, promoção, movimentações, sucessão, retenção etc. Na quase totalidade das organizações, nunca haverá dinheiro suficiente para aumentar o salário de todos os que merecem, nem para promover todos os que têm condições. Por isso, as avaliações nessa instância não são mais comparações de pessoas contra parâmetros, mas, sim, de pessoas contra pessoas. Na primeira instância, temos uma avaliação absoluta; na segunda, temos uma avaliação relativa. Os parâmetros utilizados na primeira instância são uma base para as decisões na segunda instância, mas, claro, são necessários parâmetros adicionais. Normalmente, as avaliações na segunda instância são efetuadas em colegiados, ou seja, não é o líder avaliando seu liderado, mas um conjunto formado, na maior parte das empresas pesquisadas, pelo líder, seus pares e sua chefia.

2.2.5 Avaliação de potencial

Esse tipo de avaliação implica em imaginarmos uma pessoa atuando em uma realidade mais exigente ou diversa daquela vivenciada por ela. A partir do refinamento dos critérios e processos de avaliação, podemos predizer o desempenho futuro de uma pessoa em uma mesma posição, mas o mesmo não acontece quando pensamos na pessoa em situações profissionais diversas. A dificuldade de predizer o sucesso ou a adequação da pessoa em uma situação inusitada em sua carreira é o que tem motivado e conduzido as organizações a investirem em instrumentos, referenciais e parâmetros para auxiliar nesse tipo de decisão. Essa decisão é fundamental para suportar projetos de crescimento ou expansão do negócio, reduzir o risco sucessório, viabilizar projetos de internacionalização e assim por diante.

Pela dificuldade de se fazer uma avaliação de potencial e pelo impacto de decisões dessa natureza para a organização e para a pessoa, normalmente essa avaliação é feita de forma colegiada, envolvendo as chefias imediata e mediata, pares e pessoas responsáveis por processos e/ou projetos estratégicos para a organização.

Ao longo dos últimos 20 anos, procurou-se levantar e estruturar critérios utilizados pelas organizações para auxiliar na identificação de potenciais, os quais serão apresentados a seguir. Mas há uma questão de ordem quando tratamos de critérios para avaliar potencial. No estabelecimento de critérios, a primeira questão que surge é se a pessoa é um potencial ou está potencial. Inicialmente, parece ser uma questão semântica, mas ao nos atentarmos mais, verificamos tratar-se de uma questão essencial. Caso encaremos a pessoa como sendo potencial, ela sempre será e quem não é nunca será. Ao assumirmos que a pessoa é um potencial, passamos a criar estigmas, rotulando pessoas que são potenciais e pessoas que não são potenciais. Embora as principais teorias que embasam essa discussão proponham que a pessoa é potencial, recomenda-se que a encaremos como estando potencial e, desse modo, é possível estabelecer as bases para que ela entre nesse estado e para que ela saia desse estado, ao mesmo tempo em que criamos critérios transparentes para o acesso à condição de potencial para as pessoas interessadas.

As teorias mais utilizadas pelas empresas que atuam no Brasil são oriundas dos trabalhos de Elliott Jaques (1967, 1988, 1990 e 1994) e Gillian Stamp (1989, 1993, 1993j, 1994j e 1994a), que trabalham o conceito de "*work level*", e Lombardo e Eichinger (1996 e 2001), que trabalham o conceito de agilidade do aprendizado.

Um primeiro passo para a avaliação de potencial ou talentos é definir quem são essas pessoas para a organização ou negócio. Em pesquisa efetuada com as organizações que atuam no Brasil, foram encontrados os seguintes itens utilizados para essa definição:

Lista de itens utilizados pelas organizações para identificar potenciais:

- Estabilidade emocional diante de pressão;
- Disposição para inovar e para assumir riscos;
- Trânsito entre pares do superior hierárquico;
- Respeito e referência entre pares pelo comportamento e pelo conhecimento técnico;
- Investimento em seu desenvolvimento;
- Velocidade de crescimento;
- Adesão aos valores da organização;
- Construção de parcerias internas e externas;
- Desenvolvimento de subordinados e pares;
- Entrega das competências estabelecidas pela organização;
- Solidez de caráter (exemplos: defende princípios éticos, é coerente e consistente e comunica-se com respeito).

Um ponto comum a todas as organizações pesquisadas foi o fato de que a pessoa, para ser considerada em estado de potencial, deve ter total adesão aos valores da organização. Esse aspecto é fundamental e mesmo em organizações onde o sistema de avaliação de potencial não é formal.

Um indicador forte para identificar pessoas em estado de potencial é o quanto a pessoa lida com níveis extraordinários de pressão em sua posição atual. A importância desse indicador é que, se a pessoa vier a assumir posições de maior complexidade, terá que enfrentar situações de maior complexidade.

Além dos itens utilizados para identificar quem está no estado de potencial, são utilizados outros parâmetros que chamamos de auxiliares, mas que se mostram de grande relevância na escolha de potenciais. Esses fatores são listados a seguir:

- Idade;
- Disponibilidade para mobilidade geográfica;
- Domínio dos conhecimentos específicos necessários para a posição (para posições táticas e tático-operacionais);
- Expectativa de evolução profissional.

Observou-se, nas organizações pesquisadas, uma confusão na distinção entre pessoas em estado de potencial e as pessoas críticas, ou chamadas por algumas organizações de pessoas-chave. Potencial e pessoas-chave são formas diferentes de encarar as pessoas na organização. As pessoas críticas e pessoas-chave são pessoas que a organização respectivamente não quer e não pode perder. Para observarmos a diferença de perspectiva, é apresentada a seguir uma lista de critérios utilizados pelas organizações para definir uma pessoa crítica ou pessoa-chave:

- Domínio de conhecimento/tecnologia crítica;
- Domínio da história da organização;
- Desenvolvedor de lideranças;
- Referência para o mercado e para *stakeholders*;
- Domínio de processos críticos;
- Modelo de competências;
- Experiência internacional;
- Capacidade para assumir desafios em diferentes áreas.

2.3
Ações gerenciais decorrentes da avaliação

As ações gerenciais decorrentes da avaliação de pessoas são fundamentais para conferir legitimidade ao processo e para garantir a coerência e consistência dessas ações. Como todas as ações saem de uma mesma base de reflexão, criam entre si uma sinergia que assegura os resultados almejados com consistência, gerando nas pessoas uma percepção de coerência e justiça.

As ações gerenciais podem ser agrupadas em função de sua finalidade nos seguintes itens:

- **Processo sucessório:** o processo sucessório, como ação gerencial decorrente da avaliação, oferece como principal ganho uma maior eficiência da liderança, conforme vimos no Capítulo 1. Vários autores vêm trabalhando as dificuldades de transição entre os diferentes níveis de complexidade gerencial. Podemos destacar os trabalhos de Elliott Jaques (1967, 1988, 1990 e 1994), de Rowbottom e Billis (1987) e de

Stamp (1989, 1993 1993j, 1994j e 1994a), que estabelecem níveis de complexidade gerencial, trabalhando basicamente o processo decisório; o trabalho de Thompson e Dalton (1993), que discute as dificuldades típicas na passagem da pessoa para um nível de complexidade maior em sua carreira; e o trabalho de Charan (2001 e 2008), que descreve os níveis de complexidade gerencial e as dificuldades típicas no processo de ascensão profissional;

- **Retenção:** a avaliação permite dar foco às ações de retenção, mas o principal aspecto envolvido é sempre o diálogo com as pessoas-alvo;
- **Remuneração, carreira e desenvolvimento:** há uma estreita ligação entre a remuneração, a carreira e o desenvolvimento. Se considerarmos o desenvolvimento como a absorção de atribuições e responsabilidades de maior complexidade, a carreira como os degraus de complexidade e as faixas salariais expressando diferentes níveis de complexidade, verifica-se que todos estão muito interligados. A avaliação vai permitir definir se uma pessoa está sub-remunerada por atuar em um nível de complexidade acima da faixa salarial na qual está enquadrada, ou se está super-remunerada por atuar em um nível de complexidade abaixo da faixa salarial. Essa percepção permite estabelecer critérios para priorizar os aumentos salariais. Todavia, a análise da remuneração é mais profunda. Caso a pessoa esteja em um processo intenso de desenvolvimento, a remuneração fica para um segundo plano, porque a pessoa sabe que a remuneração irá acompanhar seu crescimento profissional.
- **Movimentação:** A movimentação das pessoas na organização é o aspecto mais delicado nas ações gerenciais decorrentes da avaliação de pessoas. O primeiro aspecto é a decisão de desligar uma pessoa. Normalmente, quando surge esse posicionamento do comitê, o gestor é instado a posicionar-se quanto a um desligamento imediato ou à possibilidade de a pessoa ser recuperada. Caso a pessoa possa ser recuperada, haverá um acompanhamento muito próximo com metas de curtíssimo prazo. Outro aspecto é quando, ao contrário, temos uma pessoa com grande potencial para assumir posições de maior complexidade e o gestor não se sente à vontade para abrir mão da pessoa para outra atividade ou área na organização. Finalmente, outro aspecto da movimentação é a necessidade de se criarem condições objetivas de desenvolvimento quando a pessoa, em sua posição, não tem mais

espaço para crescimento profissional. O fato de se realizar a avaliação de forma colegiada cria um processo educacional em relação à movimentação de pessoas. No tempo, há um aproveitamento ótimo das pessoas em função de suas potencialidades e capacidade de trabalho.

Um resultado importante da avaliação é o diálogo entre o líder e liderado. Uma das principais razões do fracasso de processos de avaliação é a falta de diálogo entre lideranças e membros de sua equipe. Muitas organizações investiram na preparação de seus líderes no que chamamos de *feedback* (retroalimentação), mas a falta de efetividade não é explicada pela forma de abordar ou pelo planejamento prévio das reuniões de *feedback*. A explicação para a falta de efetividade é dada pelo foco e, normalmente, a base para a conversa é um conjunto de fatos e dados sobre o cumprimento de metas, comportamentos, compromissos da pessoa com ela própria, sempre olhando para o passado. Raramente o diálogo se dá a partir dos desafios que a pessoa terá que enfrentar no futuro ou dos compromissos que está assumindo em relação ao seu desenvolvimento futuro e à sua carreira. Com essa preocupação, algumas organizações trocaram o termo *feedback* por *feedforward* (alimentação para o futuro). Mas a tendência é que as empresas substituam a palavra *feedback* por diálogo. A ideia é preparar as lideranças para um diálogo sobre o desenvolvimento da pessoa. Esse desenvolvimento deve ser voltado para os desafios que enfrentará no futuro próximo e para seus propósitos de desenvolvimento e carreira.

O diálogo entre líder e liderado deve ser um processo contínuo, entretanto há necessidade da criação de rituais para que em determinados momentos ele ocorra de forma estruturada. Esses rituais são importantes porque a principal queixa das pessoas nas organizações pesquisadas era a falta de diálogo com suas lideranças. O diálogo estruturado sempre será suportado por algum tipo de avaliação do líder em relação ao seu liderado e do próprio liderado em relação ao seu trabalho e comportamento. Quando o diálogo se dá a partir de um processo de avaliação estruturado, os parâmetros utilizados para a realização do diálogo são legítimos para a organização como um todo e as decisões decorrentes do diálogo ajudarão no alinhamento e na conciliação de expectativas entre a pessoa e a organização.

O resultado do diálogo deve ser um compromisso do liderado em desenvolver-se e trabalhar suas fragilidades para fazer frente aos desafios, esforçar-se para alcançar as metas estabelecidas e buscar seus objetivos de carreira e/ou aprimoramento profissional. Outro resultado do diálogo é o compromisso do líder em oferecer as condições objetivas para que o seu liderado consiga realizar seus compromissos.

O líder tem um papel importante na concretização dos compromissos dos membros de sua equipe. Na medida em que o líder cria as condições para que os compromissos virem realidade, os resultados de sua equipe aparecem naturalmente, além dos membros da equipe se sentirem valorizados, realizados e reconhecidos. O papel do líder é facilitar o alcance das metas pelos membros de sua equipe e criar o espaço e os recursos necessários para o desenvolvimento das pessoas e para mitigar suas fragilidades. O líder deve atuar sustentando uma equipe de alta *performance* e, ao mesmo tempo, estar atento às necessidades de cada membro de sua equipe.

A forma de concretizar os resultados do diálogo é a construção de um plano individual de desenvolvimento no qual a pessoa é responsável pela gestão, e cabe ao líder ajudar a pessoa na construção de seu plano, conciliando os interesses da pessoa com os interesses da organização ou negócio e criando as condições objetivas para a concretização do plano. Esse tema será aprofundado na Parte III deste livro.

2.4
Processos colegiados de avaliação

Como vimos anteriormente, a avaliação tem duas instâncias. A primeira instância implica em uma comparação da pessoa frente a parâmetros. Embora seja um processo subjetivo, o resultado da avaliação será traduzido na construção de um diálogo de desenvolvimento.

Caso haja um equívoco na avaliação, seu efeito é diluído e a pessoa avaliada e sua liderança podem fazer os acertos de rumo necessários para repará-lo. Na segunda instância, a avaliação implica em uma comparação de uma pessoa com outras e as decisões decorrentes podem ter um grande impacto sobre a relação da pessoa com seu trabalho e com a organização. Um equívoco tem a possibilidade de gerar graves consequências para a pessoa e para a organização. É por essa razão que o segundo tipo de avaliação, que estamos chamando aqui de segunda instância, é realizado de forma coletiva.

Reunir líderes para avaliar pessoas e tomar decisões sobre elas não é um processo fácil. Em razão disso, é um processo evitado na maior parte das empresas brasileiras, realizado apenas quando há o amadurecimento da gestão de pessoas que cria as bases e a pressão para que ocorra. Essa pressão é exercida quando as pessoas avaliadas são esclarecidas e exigentes, quando há um processo mais transparente de valorização e carreira e/ou quando as lideranças se sentem ameaçadas quando não decidem sobre as pessoas de forma conjunta.

A organização, quer privada ou pública, nunca terá recursos suficientes para aumentar o salário de todos os que merecem, nem para promover todos os que estão em condições de exercer trabalhos mais complexos. Com recursos escassos, há necessidade de priorizar quem será aumentado ou promovido, mas com base em que critérios? Caso não existam critérios legítimos, essas decisões serão sempre alvo de disputas políticas e as pessoas com maior influência ou habilidade para se locomover na arena política serão privilegiadas e privilegiarão suas equipes.

Em algumas organizações, essas decisões ficam na mão do presidente, apoiado por equipe técnica. Naturalmente, a equipe técnica que irá subsidiar as decisões do presidente torna-se alvo de constantes críticas. O presidente, por seu lado, acaba assediado por seus diretores e gerentes que buscam benesses para si e para sua equipe. A formação de colegiados faz com que, dentro de limites orçamentários e regras de conduta para valorizar e reconhecer as pessoas, os próprios gestores decidam quem privilegiar e por que motivo. Ao terem que tomar essas decisões, tornam-se mais propensos a definir coletivamente regras para os auxiliarem a tomar essas decisões e conseguir, posteriormente, justificar seu posicionamento para as suas equipes.

Na pesquisa, foi possível observar que inicialmente as lideranças querem criar uma quantidade enorme de critérios para poder avaliar as pessoas nas mais diferentes perspectivas possíveis, o que torna o processo moroso e difícil. Em um segundo momento, percebe-se que não são necessários tantos critérios e que é possível criar uma sinergia entre os mesmos. Aqui o processo torna-se mais ágil, porém mais complexo, exigindo mais preparo das lideranças para argumentar a favor de sua equipe. Finalmente, há um entendimento mais uniforme por parte da liderança, da organização e das próprias pessoas sobre o que valorizar.

Como uma técnica para combinar variáveis de natureza diferentes, as empresas brasileiras utilizam uma matriz de dupla entrada. O mais comum é agrupar as pessoas nessa matriz em nove quadrantes, cada um apresentando um tipo de endereçamento. O nome mais comum é *"nine box"*, embora algumas empresas chamem de "nove quadrantes", ou *"nine blocks"*.

Algumas pessoas atribuem poderes mágicos às técnicas e, pelo fato de aplicarem o "*nine box*", acreditam que todos os seus problemas de análise estão resolvidos. São apresentados a seguir dois exemplos dessa técnica e é possível verificar que, dependendo do que colocamos como variáveis nos eixos, as análises dos quadrantes variam muito.

Trago primeiro duas experiências, uma de uma empresa de capital francês que adaptou para o Brasil o modelo da matriz e outra de uma empresa brasileira no ramo de construção civil. Em ambos os casos, no eixo x (abscissa) é colocada uma escala de atendimento de competências e comportamentos e, no eixo y (ordenada), é colocada uma escala de *performance*, ou seja, em que nível a pessoa alcançou suas metas. A empresa brasileira foi motivada a buscar essa escala porque suas lideranças valorizavam basicamente o alcance de metas sem levar em conta como as pessoas as alcançaram. A partir da implantação da matriz houve uma mudança gradativa da atitude das lideranças e das pessoas em relação aos critérios de valorização. A seguir, é apresentado na Figura 2.2 o exemplo da empresa francesa:

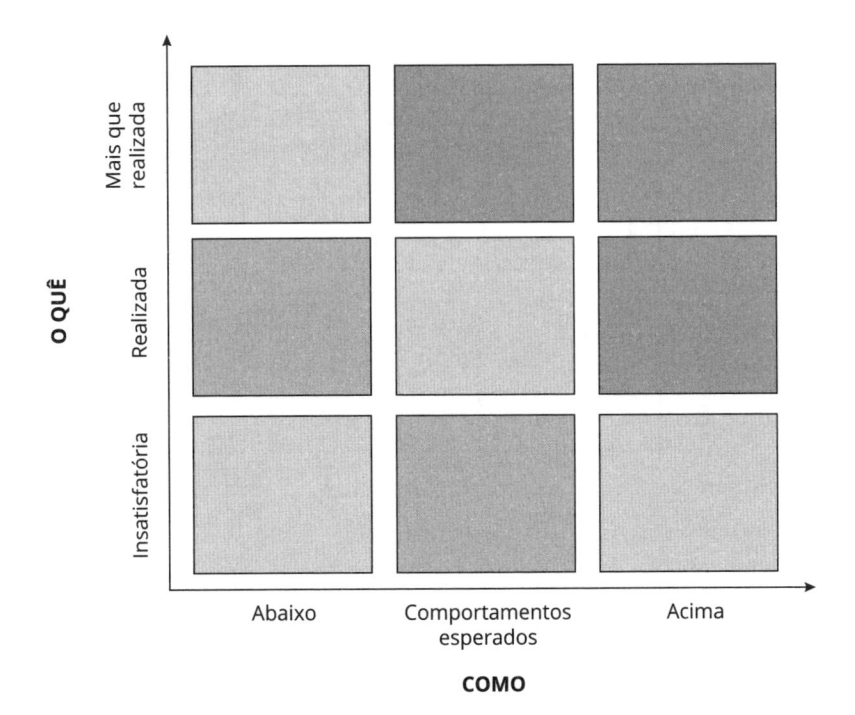

Fonte: Autores.

Figura 2.2 – Exemplo de matriz de avaliação

Nessa matriz é interessante observamos as extremidades do gráfico. No caso de uma pessoa que está acima no "como" e no mais que realiza no "o quê", quais seriam as recomendações em termos de desenvolvimento, carreira, processo sucessório, retenção e remuneração? Com um olhar mais desavisado, poderíamos pensar em uma pessoa pronta para maiores desafios, mas isso pode não ser verdade, já que não temos informações suficientes para esse encaminhamento. Podemos ter uma pessoa excelente na sua *performance* e em seu comportamento e sem condições de assumir posições de maior complexidade. De qualquer modo, uma pessoa nesse quadrante é um exemplo a ser seguido e, portanto, muito importante para a organização. Provavelmente é uma pessoa que a organização não quer perder.

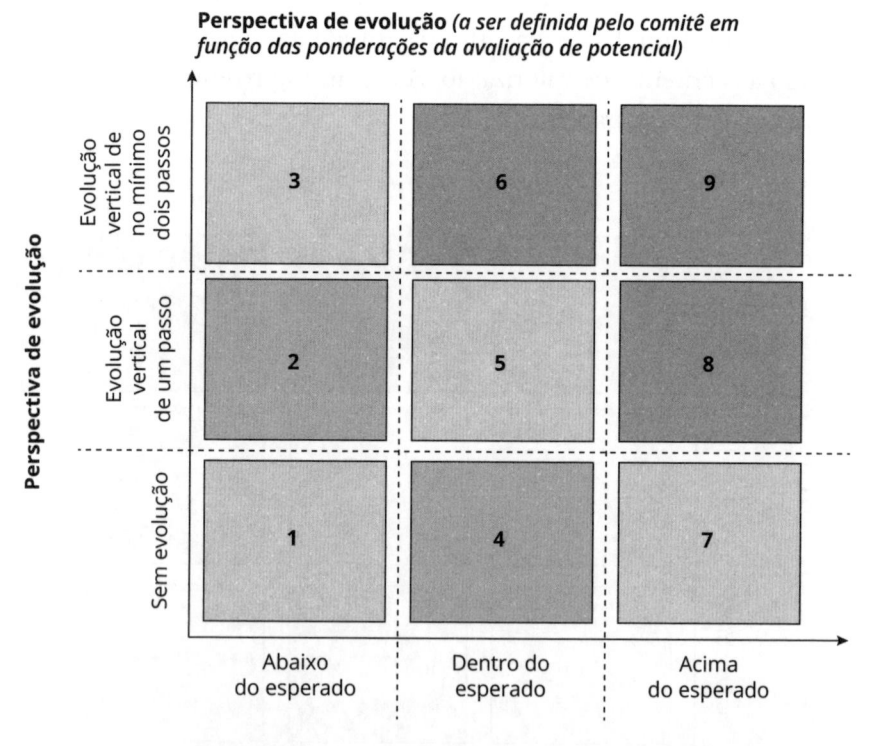

Perspectiva de evolução *(a ser definida pelo comitê em função das ponderações da avaliação de potencial)*

	Abaixo do esperado	Dentro do esperado	Acima do esperado
Evolução vertical de no mínimo dois passos	3	6	9
Evolução vertical de um passo	2	5	8
Sem evolução	1	4	7

Desempenho *(a ser definido pelo comitê em função das avaliações de competência, comportamento e do alcance de resultados)*

Fonte: Autores.

Figura 2.3 – Exemplo de matriz de avaliação

Quando analisamos o quadrante onde a pessoa mais do que realiza no "o quê" e fica abaixo no "como", temos uma situação que inspira cuidado. Nesse quadrante podemos ter uma pessoa que, embora traga bons resultados no curto prazo, compromete-os no longo prazo, ou cria um ambiente negativo ou ruim à sua volta, ou trata as pessoas com desrespeito etc.

Outro exemplo é de uma empresa do setor industrial que trabalha no eixo x (abscissa) o desempenho, envolvendo o desenvolvimento, a *performance* e o comportamento.

Na matriz apresentada na Figura 2.3, as pessoas caracterizadas na coluna acima do esperado são as mesmas que na Figura 2.2. Estão caracterizadas no quadrante mais do que realiza no "o quê" e acima no "como".

No exemplo apresentado na Figura 2.3, o eixo y (ordenada) mostra qual é a perspectiva, na opinião do comitê, sobre o quanto a pessoa pode crescer na organização. Essa perspectiva é construída com base na avaliação de potencial.

Na matriz apresentada na Figura 2.3, quando temos uma pessoa no quadrante nove, trata-se de uma pessoa que está acima em todos os parâmetros em sua atual posição e pode crescer até dois degraus na estrutura organizacional. Essa pessoa deve ser indicada para o processo sucessório.

O exemplo de matriz apresentado na Figura 2.3 engloba todas as avaliações no mesmo espaço, tornando a análise da pessoa mais completa e profunda. Na pesquisa realizada encontramos seis empresas que utilizavam matrizes parecidas. Em três delas tivemos a oportunidade de preparar as lideranças para as reuniões de comitês e acompanhamos algumas delas. No preparo das lideranças, a ênfase era no preparo prévio para a reunião. Nessas reuniões, o líder está com seus pares e seu superior hierárquico avaliando as pessoas, mas também sendo avaliado. Os comitês são arenas políticas em que os participantes estão disputando espaços e vivendo uma grande exposição. Os critérios utilizados para avaliar os membros da equipe são, também, utilizados para avaliar os avaliadores. Os colegiados tornam-se um ambiente complexo para as lideranças, estimulando um preparo prévio para evitar exposições negativas.

Um líder que negligencia na avaliação de sua equipe e atribui aos seus subordinados as notas máximas terá muita dificuldade para se explicar para seus pares e seu superior. Se eu, por exemplo, entro na reunião e falo que toda a minha equipe é dez, meu colega pode me dizer que então a dele é quinze, truco nove. Minhas posições têm que estar muito bem fundamentadas, mesmo que meus argumentos sejam rebatidos no comitê.

Como funciona a maior parte dos comitês: os gestores, através de sua experiência e dos embates vividos em outras reuniões, têm um conjunto de parâmetros para defender se uma pessoa está dentro do esperado ou acima. As decisões sempre são tomadas comparando-se as pessoas. Se eu convenço meus pares que meu subordinado de nome João é acima do esperado, há uma tendência para que ele seja utilizado como parâmetro para avaliar os demais. Mas vamos supor que, no meio do processo, o subordinado de um colega de nome Antônio é visto como melhor que o João. Há uma alteração nos critérios e todas as pessoas avaliadas até então serão novamente avaliadas no novo padrão.

Foi possível observar que nos processos colegiados com maior maturidade há um padrão de exigência mais elevado. Nossa explicação para esse fato é que em um processo mais maduro há mais foco na cobrança e nos critérios de valorização, fazendo com que as pessoas apresentem melhor desempenho.

Nos seis casos analisados que usam matrizes semelhantes à Figura 2.3, as lideranças preparam-se para os colegiados efetuando previamente as avaliações de suas equipes, um diálogo com cada membro de sua equipe, a análise crítica de sua equipe e um exercício de posicionamento de cada um nos quadrantes da matriz. Desse modo, quando chegam aos comitês, estão bem preparados. Durante a realização dos comitês, um líder pode perceber que foi muito rigoroso na análise de um membro de sua equipe, ou que foi pouco rigoroso. Essa percepção ajuda em um complemento ao diálogo que já havia mantido com a pessoa e o auxilia a recalibrar as ações de desenvolvimento e o rigor da cobrança em relação à sua equipe.

A organização deve procurar criar rituais para a avaliação colegiada os mais alinhados possível à sua cultura e, assim procedendo, há uma maior chance de serem assimilados por todos.

2.5
Insumos para o processo sucessório

A partir dos processos colegiados de avaliação, surgem os insumos para a discussão do processo sucessório. Temos observado um resultado mais efetivo quando as organizações estabelecem dois momentos de discussão. O primeiro é uma avaliação colegiada, como os exemplos já apresentados, e o segundo é a reunião de um comitê de sucessão que analisará com maior profundidade as pessoas indicadas a partir dos processos colegiados de avaliação. Essa separação em dois momentos é importante porque, na avaliação colegiada, estão sendo observadas todas as pessoas subordinadas aos membros do colegiado, enquanto no comitê sucessório estarão sendo avaliadas somente as pessoas indicadas como prontas para assumir posições de maior complexidade.

Normalmente, a indicação de pessoas para serem avaliadas pelos comitês sucessórios é o resultado de várias ações. A primeira é o processo de avaliação que indica pessoas a serem pensadas para posições de maior complexidade, a segunda é a indicação das chefias que conseguem estabelecer filtros mais precisos sobre quem indicar e, também, a informação de avaliações efetuadas através de instrumentos e entrevistas com especialistas para detectar pessoas com potencial.

É importante que os critérios para indicar pessoas para serem avaliadas nos comitês de sucessão sejam transparentes e legítimos. Caso contrário, isso pode gerar constrangimentos e mal-estar na organização. É fundamental que esses critérios sejam um estímulo para que as pessoas persigam seu aprimoramento.

Na maior parte das organizações, os comitês sucessórios descem na estrutura organizacional. Os diretores são avaliados pelo presidente e alguns membros do conselho, os gerentes são avaliados pelos diretores em conjunto com o presidente e assim por diante. Existem, entretanto, rituais interessantes. Em uma das empresas pesquisadas, o presidente, diretores e gerentes ficam reunidos durante três dias e avaliam todas as pessoas da empresa. Outra empresa que tem vários negócios efetua uma rodada de avaliações dentro da estrutura e depois reúne todo mundo para efetuar avaliações cruzadas por função. Desse modo, todo pessoal de finanças é avaliado pelas pessoas de finanças, todo pessoal de tecnologia da informação, todo pessoal de segurança do trabalho e assim por diante. Nesse último exemplo, os comitês de sucessão por função permitem a troca de experiências, aperfeiçoamento dos padrões de valorização na função, descoberta de pessoas interessantes para intercâmbio entre unidades de negócio e a construção de ações conjuntas de desenvolvimento de pessoas.

Outro insumo importante da avaliação é o acompanhamento das pessoas que estão sendo preparadas para assumirem posições de maior complexidade. Nos processos de avaliação colegiada, as pessoas que foram submetidas a desafios são avaliadas em relação aos resultados e a como são vistas pelos avaliadores. Nesse momento, em algumas das organizações pesquisadas é decidida a manutenção ou não da pessoa no radar sucessório.

2.6
Conclusões

Neste capítulo procuramos caracterizar e apresentar exemplos e técnicas de avaliação de pessoas como um importante insumo para indicação de pessoas ao processo sucessório e para o acompanhamento do desenvolvimento das pessoas indicadas a assumir posições de maior complexidade.

Nos próximos capítulos vamos trabalhar a construção do mapa sucessório e a estruturação de ações de desenvolvimento de profissionais e gerentes para assumirem posições de maior complexidade.

parte II

Mapa sucessório

Conforme abordado anteriormente, podemos pensar a sucessão como dois processos combinados: o mapa sucessório e o desenvolvimento das pessoas capazes de assumir posições de maior complexidade. Vamos dedicar esta parte do livro para aprofundarmos a discussão sobre o mapa sucessório, detalhando todas as etapas para sua realização, pessoas envolvidas, papéis e principais resultados obtidos. Vamos apresentar, também, como nossas organizações amadureceram o processo de construção do mapa sucessório, apontando as principais dificuldades encontradas, e como foram superadas.

O mapa sucessório é um exercício estratégico para definir que pessoas estão em condições de assumir atribuições e responsabilidades em maior nível de complexidade; verificar a capacidade da organização de desenvolver pessoas para assumir posições mais exigentes e para novos desafios; e apontar fragilidades em relação à ocupação de posições críticas para a sobrevivência e desenvolvimento da organização. Essas questões ganham importância em um ambiente cada vez mais competitivo na busca por pessoas talentosas.

Normalmente, é construído a partir de reuniões colegiadas que chamaremos de comitê de sucessão e que algumas organizações chamam de comitê sucessório. O comitê é a alma do processo sucessório, um ritual para discutir pessoas para posições críticas para o negócio e/ou organização. Pelo fato de discutir o futuro da organização e das pessoas, esse ritual traz em seu bojo uma grande complexidade política para sua realização e, ao mesmo tempo, torna-se um importante exercício para discutir a estratégia organizacional e para trabalhar sua viabilização.

Ao observarmos como as organizações estruturam a construção do mapa sucessório, foi possível verificar que existem três etapas típicas na construção de um mapa sucessório. Essas etapas são construídas em função da realização dos comitês de sucessão:

- A primeira etapa engloba toda a preparação para a realização dos comitês de sucessão e envolve a indicação de pessoas para serem analisadas e a organização de dados sobre elas;
- A segunda etapa é a realização dos comitês para a construção dos mapas. Normalmente são reuniões estruturadas e com resultados previamente definidos;
- A terceira etapa são as ações gerenciais decorrentes das recomendações oriundas dos comitês. Essa etapa envolve ações para minimizar os riscos para o negócio e/ou organização e a estruturação do desenvolvimento das pessoas abrangidas.

Essa parte do livro foi estruturada em função dessas etapas, cujo passo a passo é descrito em detalhes, seus papéis e resultados.

No Capítulo 3, vamos trabalhar a preparação do mapa sucessório. O aspecto mais delicado é a indicação de quem será considerado como potencial para ocupar posições de maior complexidade. Caso os critérios não sejam claros e legítimos, haverá muita frustração e um grande desconforto para os gestores indicarem pessoas de sua equipe ao processo sucessório. Pela característica dessa etapa, percebemos que muitas organizações deixaram de lado suas iniciativas de estruturar o processo sucessório por não saberem como lidar com os conflitos e desconfortos que ela pode gerar.

No Capítulo 4, vamos apresentar a dinâmica do comitê de sucessão. As reuniões dos comitês, se não forem bem estruturadas e realizadas em uma dinâmica previamente pactuada, podem se tornar uma arena de disputa política feroz, onde uma série de problemas de relacionamento e de disputas por espaços vem à tona.

No Capítulo 5 são discutidas as ações pós-realização dos comitês. Em pesquisa realizada em 2010, verificamos que a maior parte das empresas pesquisadas descuidava muito dessa etapa. O mapa sucessório era validado em instâncias superiores, discutidas as fragilidades da organização, tomadas as decisões para minimizar as fragilidades e indicados os cuidados com as pessoas a serem desenvolvidas. As ações paravam por aí. Não havia um trabalho para a construção de ações de desenvolvimento para as pessoas indicadas como possíveis sucessoras, ações para retenção dessas pessoas, acompanhamento do desenvolvimento dessas pessoas, nem monitoramento das decisões tomadas em função do mapa sucessório. Por isso, decidimos na estruturação deste livro dedicar um capítulo a esse tema.

Ao colocarmos essas três etapas juntas, observamos o desenho de um ciclo. Ao apresentarmos essas três etapas como um ciclo, torna-se mais claro o processo de construção do mapa sucessório. Atualmente, na maior parte das organizações analisadas, esse ciclo é definido como uma sequência lógica de atividades e dentro de um cronograma no qual pode definir de forma detalhada como elas serão realizadas, quais são os papéis de cada um, os resultados esperados e sua importância na construção do mapa sucessório. Esse ciclo é validado inicialmente pela alta administração e divulgado para toda a organização. Observamos, também, que o patrocínio da alta gestão é fundamental para evitar o uso do processo sucessório nas disputas por espaço político.

A divulgação do processo sucessório como um ciclo que se repete periodicamente é importante para que as pessoas percebam que, ao se desenvolverem, podem ser indicadas para o processo sucessório, e o fato de não terem sido indicadas para a sucessão em determinado ciclo não significa que não possam ser indicadas em um ciclo futuro. A compreensão de que há um ritual na indicação de sucessores ajuda as pessoas a perceberem que os indicados *estão* sucessores, e não *são* sucessores, como visto no capítulo anterior. Isso minimiza a existência de duas síndromes: a do "príncipe herdeiro" e a do "patinho feio". No caso da do príncipe herdeiro, temos uma pessoa que foi indicada para o processo sucessório e pode se sentir como o futuro sucessor e não trabalhar o seu desenvolvimento, ter problemas ao se relacionar com os demais membros da equipe e ainda se frustrar e/ou sair da organização ao não assumir de fato a posição em maior nível de complexidade quando ela surgir. Essas pessoas podem ter uma grande frustração ao serem excluídas das indicações futuras para o processo sucessório. Essas exclusões são comuns porque houve uma mudança de contexto, por ter surgido alguém melhor preparado, ou porque o profissional não demonstrou a evolução esperada. Em todos esses casos, é muito importante o contínuo diálogo e a transparência de critérios. No caso da síndrome do "patinho feio", os profissionais que não são indicados para o processo sucessório podem se sentir preteridos e desmotivados, achando que, como as pessoas que vão assumir as posições já estão definidas, eles não têm chances de crescimento na organização.

Procuramos oferecer um exemplo de desenho do ciclo de construção do mapa sucessório representado na Figura II.1. Esse desenho espelha nossa experiência com algumas das empresas pesquisadas e deve, porém, ser adaptado a cada realidade. O ciclo está estruturado didaticamente em três etapas: Preparação dos Comitês de Sucessão, Execução dos Comitês de Sucessão e Ações de Desenvolvimento.

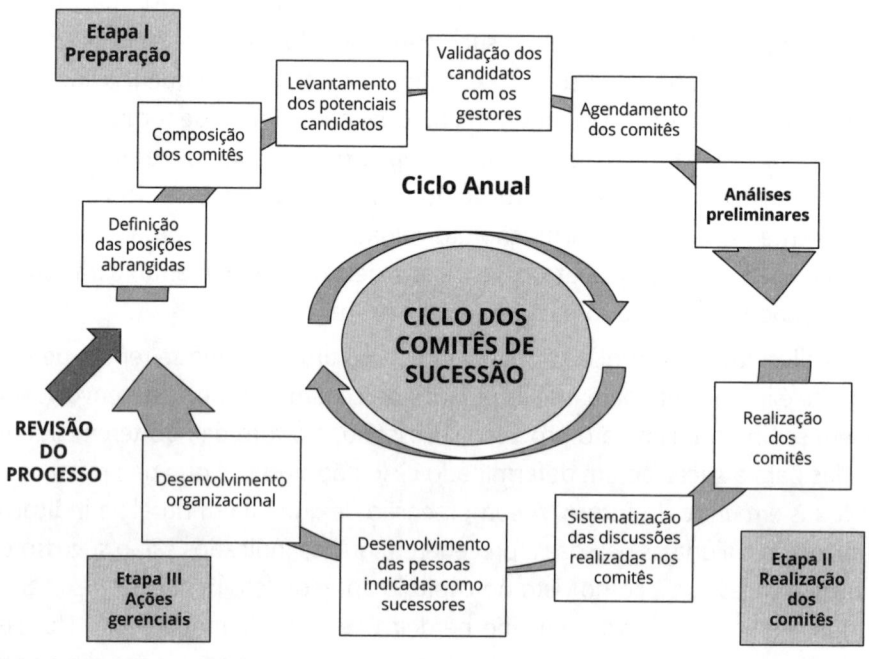

Fonte: Autores.

Figura II.1 – Ciclo de funcionamento para construção do mapa sucessório

Em nossa pesquisa de 2010, das 150 melhores empresas para se trabalhar, 115 possuíam processos sucessório estruturados, 106 construíam mapas sucessórios e, dessas, 66% o faziam anualmente. Recomendamos ciclos anuais em decorrência das constantes mudanças de contexto e pelo fato de se constituir em um ritual. Os rituais são de extrema importância para que novos processos sejam incorporados à rotina e à cultura organizacional, por isso uma periodicidade definida *a priori* é tão importante.

3 | Preparações para a realização do comitê de sucessão

3.1
Introdução

Conforme abordamos no Capítulo 2, a discussão da sucessão pode ser efetuada no mesmo processo da avaliação ou como uma atividade posterior. Gostaríamos de enfatizar nossa recomendação para que sejam dois processos distintos, particularmente quando a organização está iniciando a implantação de um processo sucessório estruturado.

Nossa recomendação se deve ao fato de percebermos um ganho expressivo na qualidade das decisões quando os processos são separados. A separação da discussão sucessória do processo de avaliação permite uma preparação mais acurada. Essa preparação fará toda a diferença na qualidade das discussões e decisões. Por essa razão, dedicamos este capítulo às preparações para a reunião dos comitês de sucessão.

A partir de nossas observações, verificamos que um tempo adequado entre o processo de avaliação e a reunião dos comitês de sucessão seria de três meses. Durante esse tempo as reuniões dos comitês podem ser preparadas.

As organizações trabalham com diversas composições de comitês e, por essa razão, as atividades de preparação se misturam e podem acontecer em paralelo. Entretanto, para organizarmos a discussão sobre o processo de preparação, agrupamos as atividades em seis categorias:

- Definição das posições abrangidas;
- Composição dos comitês;

- Levantamento dos potenciais candidatos;
- Validação dos candidatos com os gestores;
- Agendamento dos comitês;
- Análises preliminares.

3.2
Definição das posições abrangidas

Um primeiro ponto a ser analisado é a abrangência do processo sucessório estruturado. A maior parte desses processos no Brasil foi demandada pelo Conselho de administração com o objetivo de analisar as fragilidades e riscos do negócio. A abrangência inicial do processo estruturado de sucessão foi pensada para posições críticas no nível estratégico e tático da organização, priorizando-se os negócios mais ameaçados ou críticos para o futuro da organização. Com o sucesso do processo, assistimos essa abrangência crescer horizontalmente, abrangendo outros negócios e outras localidades, e verticalmente, abrangendo outros níveis hierárquicos ou de complexidade, como veremos nos Capítulos 9 e 10.

Verificamos, também, que em organizações mais complexas, com diversos negócios e atuando em diferentes localidades, a utilização de estratos do organograma não são suficientes, e nesse caso recomenda-se que a abrangência seja desenhada pensando nos níveis de complexidade, pois, segundo Dutra (2010), o desenho organizacional, representado através do organograma, é cada vez mais volátil e sofre alterações de tempos em tempos acompanhando as necessidades do contexto interno e externo a organização. Por conta disso, algumas posições podem ser extintas, se aglutinar, se dividir, e novas posições podem surgir. Sendo assim, pautar a escolha dos potenciais sucessores apenas nas posições torna o mapa sucessório bastante frágil. Os candidatos selecionados precisam ter condições de assumir as atribuições do nível de complexidade gerencial para o qual estão sendo preparados.

A definição da abrangência é importante para que o processo de avaliação possa gerar os insumos necessários para a escolha de pessoas a serem pensadas para a sucessão. Um exemplo é quando pensamos na sucessão de gerentes de nível tático. Os sucessores para essas posições podem vir de posições gerenciais de nível operacional ou de áreas técnicas ou funcionais. Durante o processo de avaliação é importante identificar pessoas com características técnicas, comportamentais e vocacionais para uma posição gerencial de nível tático.

Em organizações complexas ou com processos sucessórios mais amadurecidos, é comum pensarmos em processos sucessórios cruzados, ou seja, pessoas que estão ascendendo em um determinado negócio ou área da organização podem ser pensadas para outro negócio ou área. Nesse caso, a identificação no processo de avaliação será de pessoas que têm condições de serem pensadas em posições de maior complexidade, independentemente do negócio ou área onde atuam.

Ao analisarmos a evolução do processo sucessório nas empresas brasileiras, verificamos que tendem a privilegiar no primeiro momento os níveis de complexidade gerencial estratégico e tático. Iniciam abrangendo os níveis de presidência e gerentes estratégicos, posteriormente envolvem os níveis de gerentes tático-estratégicos e gerentes táticos e, finalmente, estendem-se para gerências operacionais, coordenações e chefias. Em algumas organizações de base tecnológica observamos uma tendência de levar a discussão sobre sucessão para os agrupamentos técnicos, mas como veremos no Capítulo 10, o processo sucessório para os agrupamentos técnicos tem uma dinâmica particular.

3.3
Composição dos comitês

A configuração dos comitês de sucessão é realizada em função da abrangência do processo sucessório. A lógica da composição dos comitês é envolver as pessoas que ocupam posições para as quais se buscam sucessores e sua(s) chefia(s) imediata(s).

Vamos imaginar que em uma organização temos quatro níveis gerenciais além do presidente: diretores, gerentes executivos, gerentes e supervisores. Nesse caso, o comitê para discutir as posições de diretoria seria composto pelo presidente e pelos diretores, e os candidatos analisados seriam os gerentes executivos. Os comitês para discutir as posições de gerentes executivos seriam compostos pelo diretor da área e os gerentes executivos abaixo dela, os candidatos analisados seriam os gerentes e assim sucessivamente. Desse modo, podemos ter o número de comitês, conforme mostra a Figura 3.1.

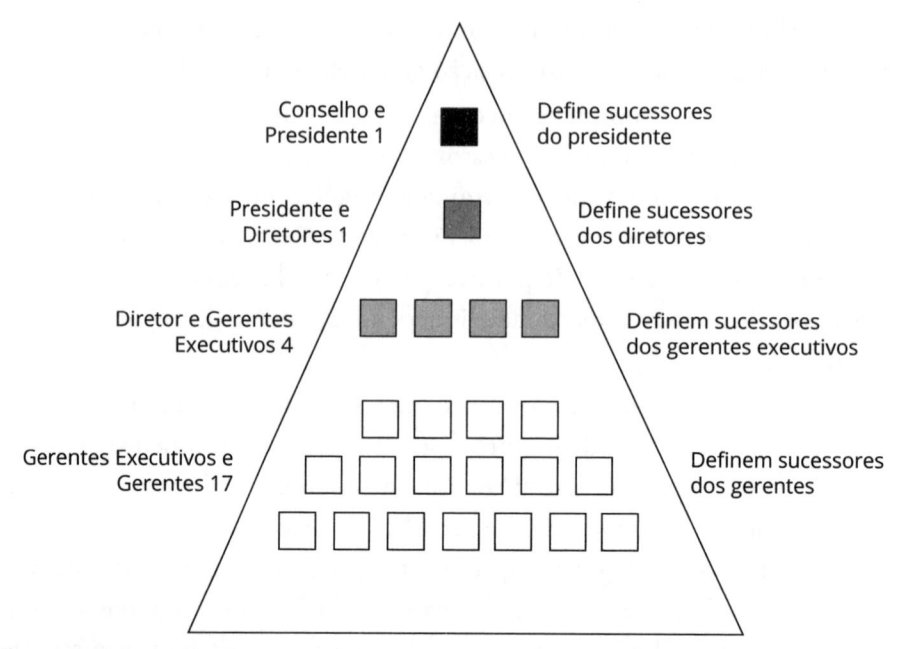

```
                        Conselho e        ■      Define sucessores
                        Presidente 1             do presidente

                     Presidente e         ■      Define sucessores
                     Diretores 1                 dos diretores

                  Diretor e Gerentes  ■ ■ ■ ■    Definem sucessores
                     Executivos 4                dos gerentes executivos

               Gerentes Executivos e   □ □ □ □   Definem sucessores
                    Gerentes 17       □ □ □ □ □  dos gerentes
                                       □ □ □ □
```

Fonte: Autores.

Figura 3.1 – Exemplo de dimensionamento de comitês de sucessão

Como vimos no Capítulo 1, nossa recomendação é para que os resultados do comitê não sejam divulgados, já que o mapa sucessório é uma fotografia do momento vivido pela organização e sua divulgação poderia gerar expectativas que não serão atendidas. A composição dos comitês auxilia nesse processo, na medida em que são pessoas que ocupam as posições que discutem a sucessão.

Os processos sucessórios são, normalmente, organizados por áreas de gestão de pessoas, nas organizações privadas pelos grupos responsáveis pela educação corporativa, e nas empresas públicas pelos grupos responsáveis pelos processos de movimentação de pessoas. Pelo fato de participarem de todo o processo de organização, costumam integrar os comitês de sucessão, porém, sem responsabilidade e autoridade deliberativa, seu papel é de mediar e garantir que os comitês operem dentro dos parâmetros preestabelecidos.

A composição típica de um comitê será:

- Ocupantes das posições a serem sucedidas;
- Chefia(s) imediata(s) dos ocupantes das posições a serem sucedidas, normalmente com o papel de presidente do comitê;

- Profissional da área de gestão de pessoas. Nesse caso normalmente são duas pessoas, uma com o papel de facilitar o processo e outra com a função de registrar as discussões e decisões.

Em organizações com o processo mais maduro é comum incorporar convidados ao comitê de sucessão. As pessoas convidadas podem complementar as análises sobre os indicados por serem clientes internos ou externos, por serem de áreas ou processos complementares ou por estarem em posições que podem receber o indicado como sucessor. Sugere-se que o profissional convidado possua o mesmo nível de complexidade que os ocupantes das posições a serem sucedidas ou de seu chefe imediato, para poder se expressar livremente. A composição típica do comitê de sucessão é apresentada na Figura 3.2.

Composição dos Comitês

Chefe do candidato a sucessão — Pares do chefe do candidato a sucessão — Profissional convidado

Facilitador — Presidente do Comitê — Apoio e registro

Fonte: Autores.

Figura 3.2 – Composição típica de um comitê de sucessão

A sucessão da posição de presidente ou de presidentes é discutida no Conselho de Administração. Normalmente, nos conselhos é definido um comitê para pensar a sucessão, seus componentes discutem com o presidente ou os presidentes a sua sucessão e posteriormente apresentam para o conselho como um todo.

Em organizações formadas por diferentes negócios, observamos algumas experiências interessantes de criação de comitês funcionais, ou seja, todos os diretores financeiros da organização formam um comitê para analisar os profissionais da área e indicar sucessores. Os comitês funcionais típicos são:

- Atividades-meio: finanças, tecnologia de informação, gestão de pessoas e jurídico;
- Atividades-fim: engenharia (operações, manutenção, processos, segurança etc.), gerência de produto, pesquisa etc.

Para ilustrar as relações entre comitês de sucessão ligados a um negócio ou organização e os comitês funcionais. apresentamos a Figura 3.3.

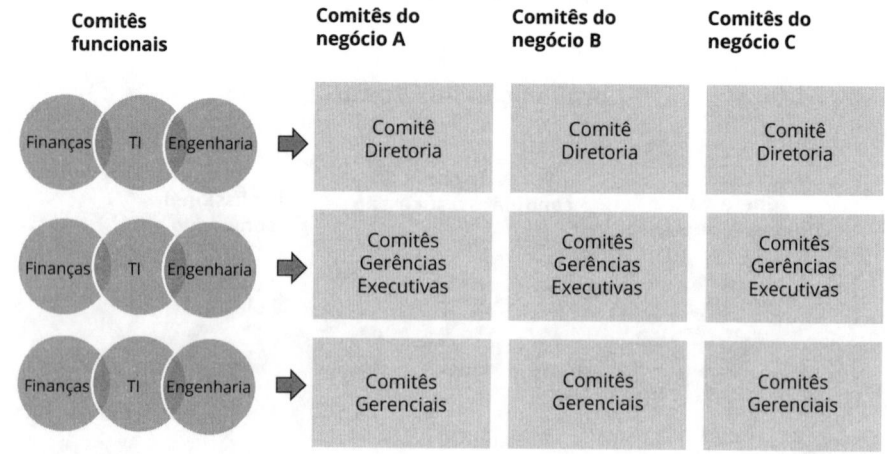

Comitês funcionais	Comitês do negócio A	Comitês do negócio B	Comitês do negócio C
Finanças / TI / Engenharia	Comitê Diretoria	Comitê Diretoria	Comitê Diretoria
Finanças / TI / Engenharia	Comitês Gerências Executivas	Comitês Gerências Executivas	Comitês Gerências Executivas
Finanças / TI / Engenharia	Comitês Gerenciais	Comitês Gerenciais	Comitês Gerenciais

Fonte: Autores.

Figura 3.3 – Relacionamento entre comitês do negócio e funcionais

A Figura 3.3 mostra a relação entre os comitês de sucessão em cada negócio e os funcionais. Os comitês em cada negócio possuem dinâmicas próprias de sua realidade e cultura. Os comitês relacionados à diretoria e gerências seniores ou executivas de cada negócio e os funcionais são normalmente coordenados de forma corporativa. O corporativo das organizações é muito variado, depende das relações acionárias e de afinidade entre os negócios.

A organização dos comitês funcionais está ligada a públicos que são estratégicos e há interesse em retê-los dentro do grupo de negócios e/ou empresas. Por exemplo, há um grupo de gerentes técnicos que conhece profundamente os negócios da organização, é de difícil reposição e alinhado com a cultura, portanto haverá um natural esforço de otimizar sua alocação nos diferentes negócios, empresas ou localidades.

Os comitês funcionais podem envolver diferentes grupos e níveis. Em uma das organizações analisadas, os profissionais de finanças e tecnologia de informação eram considerados críticos. Formaram comitês funcionais nessas duas áreas, havia um comitê reunindo todos os diretores financeiros para verificar a sucessão para posições de diretoria financeira para os diferentes negócios do grupo e havia um comitê reunindo as gerências seniores para verificar a sucessão para essas posições para os diferentes negócios. O mesmo ocorria para tecnologia de informação, em que havia um comitê de diretores e outro composto por gerências seniores.

3.4
Levantamento dos potenciais candidatos

Este é o conjunto de atividades mais delicado na etapa de preparação. A indicação de pessoas que serão discutidas nos comitês de sucessão gera uma ansiedade em quem ambiciona crescer na organização e apreensão nos gestores que terão que justificar seu posicionamento junto à sua equipe.

O processo de levantamento de candidatos a serem sucessores pode ser tratado de forma confidencial, não sendo revelados os nomes indicados. Entretanto, em uma organização onde há transparência de critérios de valorização e se estimula o diálogo entre gestor e os membros de sua equipe, não faz sentido manter essa informação confidencial. Nossa recomendação tem sido a de manter confidencial o resultado do mapa sucessório, mas de abrir a informação de que a pessoa está sendo cogitada para posições de maior complexidade, embora não haja como dizer qual será essa posição e quando a pessoa será promovida ou receberá um desafio maior.

Por essa razão, os critérios utilizados para a escolha dos candidatos devem ser coerentes e consistentes, para que sejam legítimos. A compreensão de que essa escolha não é definitiva faz com que a pessoa que não foi escolhida nesse momento busque melhorar seu posicionamento para que possa ser escolhida no futuro. Quando os critérios são legítimos, permite-se ao gestor dialogar com as pessoas sobre suas escolhas e os parâmetros utilizados.

Um filtro ocorre durante o processo de avaliação. Os critérios utilizados focam as pessoas que estão acima do esperado em suas posições e que são percebidas com potencial para ocupar posições de maior complexidade. Outro filtro ocorre quando o gestor da pessoa a indica para o processo sucessório. Os dois filtros podem ser complementares ou não. Na maior parte das empresas pesquisadas, esses dois filtros são distintos. Uma pessoa pode ser indicada pelo processo de avaliação e o gestor não validar a indicação. Nesse caso necessita justificar sua posição, ou uma pessoa pode não ter sido indicada no processo de avaliação e ser indicada pelo gestor para o processo sucessório.

A clareza de critérios e a transparência em sua aplicação são importantes para legitimar a escolha de uma pessoa para o processo sucessório em detrimento de outra. Esses critérios estimulam as pessoas a assumirem o protagonismo de seu desenvolvimento e carreira e oferecem suporte ao gestor para efetuar sua escolha e manter um bom diálogo com sua equipe. Eles devem ser divulgados para que todos tenham iguais chances de participação, dando credibilidade ao processo sucessório e dissipando a ideia de que a sucessão é realizada a partir de "cartas marcadas".

Algumas organizações utilizam testes complementares de avaliação e são chamados de "*assessment*". Normalmente envolvem testes de personalidade, potencial, entrevistas com profissionais especializados etc. Esses testes complementares não devem ser utilizados como filtro, mas sim como complementos à análise da pessoa pensada para a sucessão.

Mesmo assim, recomendamos cautela na utilização dessas ferramentas, não as utilizando como verdades absolutas, mas sim como suporte na análise das pessoas. Pudemos verificar que, em alguns casos, os gestores se esconderam atrás dos testes para não se exporem ou para justificar a escolha de determinadas pessoas perante sua equipe de trabalho.

Essas ferramentas, se bem utilizadas, podem ser ricas para discussões sobre pessoas. Certa vez, ao participar de um comitê de sucessão de uma gerência executiva, o gerente de produção foi analisado como um profissional duro e diretivo, até que em determinado momento seu chefe mencionou que se analisássemos seus testes observaríamos que, em sua natureza, era extremamente preocupado com as pessoas e as relações. Com essa nova informação, o grupo discutiu e chegou à conclusão de que o profissional poderia estar sob grande pressão, pois estava assumindo uma conduta inversa ao que tomaria levando em conta a sua preferência comportamental e que provavelmente isso acontecia em função de sua posição atual, onde, de forma contínua, sofria pressões por entregas desafiadoras e, apesar disso, estava atendendo as expectativas até aquele momento. No entanto, a sua postura rígida com relação à equipe poderia ser um sinal de que estava chegando ao seu limite. Ao discutir essa questão, o grupo decidiu movimentar o gestor para outra posição e determinou que, nessa posição, em função do estresse gerado, as pessoas permaneceriam por tempo determinado.

3.5
Validação dos candidatos com o gestor

O filtro exercido pelo gestor é muito delicado frente às relações com sua equipe e ao estresse vivido por ele. Por essa razão vamos analisar com maior profundidade as atividades agrupadas nessa categoria.

Em um fluxo normal de decisão, as escolhas das pessoas indicadas para serem futuros sucessores são primeiramente efetuadas no processo de avaliação. Posteriormente, o gestor é procurado para validar os nomes recomendados. Nesse momento, é vital a existência de critérios adicionais que auxiliem o gestor em sua decisão.

Os critérios adicionais utilizados de maneira formal ou informal trabalham os seguintes aspectos:

- Momento profissional vivido pela pessoa – a análise solicitada para o gestor é de verificar se a pessoa está pronta para enfrentar os desafios ou posições de maior complexidade. Muitas vezes a pessoa, embora apresente desempenho acima do esperado e seja um potencial, está no meio de um ciclo de aprendizado, ou seja, iniciou um projeto ou o aprimoramento de um processo e está no meio do caminho, não retirou daquela experiência tudo que poderia retirar. Pensá-la nesse momento para outra atividade seria retirar-lhe uma oportunidade importante de aprendizado;
- Expectativas da pessoa em relação à sua carreira – o gestor tem informações importantes a respeito das necessidades e expectativas das pessoas de sua equipe. Muitas vezes a progressão na carreira implica em sacrifícios que a pessoa não quer ou não pode assumir. As situações mais

comuns são acordos ou situações familiares, como, por exemplo, o caso de um gerente de uma planta que tinha todas as condições para assumir situações de maior complexidade, mas era filho único e seus pais estavam em uma fase em que dependiam muito de sua presença, por essa razão não tinha condições de assumir uma movimentação geográfica. Pode ocorrer o oposto, ser uma pessoa pronta para maiores desafios e querer oportunidades para crescer em sua carreira;

- Estágio de consolidação profissional da pessoa – uma informação que o gestor normalmente possui pela convivência com a pessoa é o nível de sua consolidação profissional. Muitas vezes, tem potencial e um desempenho acima da expectativa, porém, em toda sua experiência na posição, nunca enfrentou uma situação adversa, nem foi testado em um desafio mais exigente. Nesses casos, o gestor precisa avaliar se deve ou não apostar na pessoa para posições mais exigentes. A recomendação é a de que, mesmo em dúvida, o gestor a inclua no rol das pessoas a serem analisadas no comitê, com o compromisso de levantar esse dado na reunião e de criar situações mais desafiadoras para ela.

O gestor pode ter os seguintes encaminhamentos em sua análise:

- Validar a indicação do processo de avaliação – endossa a indicação por entender que a pessoa está em condições de ser pensada de imediato ou no médio prazo para posições de maior complexidade ou para desafios mais exigentes;
- Não validar a indicação do processo de avaliação – não endossa a indicação por entender que a pessoa não está pronta para ser indicada para o processo sucessório ou porque tem informações de que a pessoa não deseja ser considerada nessa situação. Vivenciamos uma situação interessante em que uma pessoa que estava no processo sucessório assumiu uma posição gerencial para cobrir sua gerente no período de gravidez, percebeu claramente que não estava pronta para a posição e solicitou que fosse excluída do rol de sucessores, porque tinha clareza de que naquele momento devia investir na carreira técnica;
- Indicar uma pessoa não indicada pelo processo de avaliação – o gestor pode entender que uma pessoa, embora não vista como potencial ou com um desempenho diferenciado no processo de avaliação,

esteja pronta para assumir posições de maior complexidade ou maiores desafios.

É importante destacar que o gestor pode levar para o comitê de sucessão as pessoas que acredita estarem em condições para isso, desde que justifique sua posição e tenha elementos concretos para defender seu candidato junto aos membros do comitê.

As escolhas do gestor efetuadas com um bom embasamento tornam seu posicionamento coerente tanto perante o comitê de sucessão, quanto perante seus comandados.

Em algumas empresas pesquisadas, há como prática a indicação, pelo gestor, de seu sucessor. O objetivo é estimular o gestor a estar sempre alerta à possibilidade de desenvolver alguém de sua equipe. Esse exercício auxilia no desenvolvimento de critérios para escolha de pessoas e na transparência desse processo. Com o estabelecimento dos comitês de sucessão verificamos que, em algumas dessas empresas, os gestores passaram a indicar pessoas para a sua sucessão que não estavam necessariamente em suas equipes.

3.6
Agendamento dos comitês

Observa-se nas organizações que o ciclo sucessório é geralmente incluído no ciclo anual de processos de gestão de pessoas e, sendo assim, estabelece-se um período para que os comitês aconteçam. A antecedência do agendamento dos comitês deve ser estabelecida de acordo com a cultura organizacional, e é importante que, antes de se definir as datas, a agenda de eventos internos e externos seja analisada, evitando assim desmarcações, pois o atraso do processo pode comprometer todo o andamento do ciclo preestabelecido.

Para que esse ciclo se cumpra, é necessário que os profissionais envolvidos tenham o ciclo sucessório entre as suas prioridades. Nota-se que nas organizações em que a alta administração apadrinha o processo, a tendência é que os comitês sejam priorizados.

Quando a organização vai viver sua primeira experiência de um processo sucessório estruturado, é muito importante que ele seja iniciado no nível estratégico, para posteriormente envolver o nível tático. Como há uma hierarquia nos comitês, onde o profissional de maior nível hierárquico assume a presidência, quando o processo é iniciado no nível estratégico há o estabelecimento de um padrão de conduta que se espraia para todos os demais comitês. Em termos ideais, a agenda dos comitês deveria contemplar o início pelos comitês estratégicos, depois os táticos e, finalmente, os operacionais. Essa cronologia transmite maior segurança para todos os envolvidos.

Depois da primeira experiência é interessante manter a mesma cronologia, mas já não é algo tão fundamental. Essa preocupação é importante porque o agendamento das reuniões dos comitês é um planejamento do que ocorrerá e orienta toda a logística do processo.

Quando o processo ocorre de cima para baixo, os diretores, em seu comitê de sucessão, vivenciam, com seus pares e seu superior imediato, a dinâmica, as pressões, as incertezas e as decisões sobre as pessoas e sobre o processo sucessório. Posteriormente, vivenciam com seus subordinados o mesmo processo, mas dessa vez no papel de líderes e orientadores. O mesmo processo vivido pelo diretor será vivenciado, também, por seu subordinado, que em seu comitê terá o papel de interagir com seus pares e depois irá atuar como líder do comitê com seus subordinados. Essa situação se reproduz para os demais níveis hierárquicos e cria um incentivo à participação.

As discussões sobre sucessão geram expectativas nas pessoas e, não raro, visões ou receios infundados. Um processo que parte do nível estratégico para o operacional ajuda a tornar os critérios mais claros e minimizar a ocorrência de medos e resistência por parte das pessoas envolvidas.

Se o superior imediato da pessoa valoriza o processo sucessório como algo relevante na gestão de pessoas e fundamental para a sobrevivência da organização, a tendência é de que a pessoa também valorize.

Por essa razão, esse conjunto de atividades é muito importante. O agendamento das reuniões não é algo simples, porque o processo sucessório está disputando o tempo de pessoas muito ocupadas. Nossa experiência é de que as discussões e decisões efetuadas nas reuniões dos comitês são tão relevantes que no segundo ciclo do processo há mais facilidade de agendamento, porque todos passam a priorizá-lo.

3.7
Análises preliminares

Nas reuniões dos comitês, há o pressuposto de que as pessoas a serem analisadas já foram previamente indicadas e de que todos os integrantes efetuaram uma análise prévia dessas pessoas. O comitê terá maior fluidez se todos os seus integrantes tiverem acesso prévio a informações relevantes sobre todas as pessoas indicadas para análise.

Na fase de preparação para as reuniões dos comitês, há um aspecto que assegura o sucesso das discussões e a preparação de informações sobre as pessoas a serem analisadas e o envio prévio aos seus integrantes. O material sobre os candidatos a serem sucessores é chamado pela maior parte das organizações de dossiê ou de ficha. Recomenda-se que esse material contenha no mínimo as seguintes informações: fotografia, nome completo, idade, formação, histórico fora e dentro da organização e resultados das últimas avaliações. Algumas organizações colocam informações adicionais, como plano de carreira, resultados de *assessment*, avaliação de metas e competências dos últimos três anos, entre outros dados.

De posse dos dados, espera-se que os integrantes do comitê analisem e se posicionem em relação aos candidatos. Em nossas experiências, tivemos muitas surpresas desagradáveis de integrantes do comitê que não haviam efetuado uma análise prévia e que deixaram de participar ou que se posicionaram de forma inadequada. Por isso recomendamos que haja um roteiro de análise e uma cobrança desse trabalho prévio para os membros do comitê.

O roteiro de análise pode ser bem simples com algumas questões relevantes para o posicionamento do participante durante o comitê. Nos últimos anos, entretanto, verificamos que um roteiro com as questões que guiarão as discussões no comitê tem funcionado muito bem.

Apresentamos a seguir um exemplo de roteiro. Optamos por apresentar no Quadro 3.1 um roteiro extenso agregando questões de várias organizações para que cada um selecione as mais relevantes para sua realidade. O ideal é ter um roteiro enxuto e objetivo.

Quadro 3.1   Exemplo de fatores utilizados para análise de candidatos ao processo sucessório

Nomenclatura: NA – não atende, **BI** – baixa intensidade, **FE** – frequência esperada e **EE** excede o esperado

DIMENSÕES:
1. **Pares** – Diz respeito a como o avaliado se relaciona com os pares de sua chefia.

Desdobramentos	Descrição	NA	BI	FE	EE
Trânsito junto a pares	Possui um bom relacionamento com os pares de sua chefia.	0	1	2	3
Agregador	É visto como alguém que traz boas contribuições ao grupo.	0	1	2	3
Participativo	Ao participar de reuniões, expressa livremente suas opiniões.	0	1	2	3

2. **Rede de relacionamento** – Maneira como o indivíduo se relaciona internamente e externamente à organização.

Desdobramentos	Descrição	NA	BI	FE	EE
Trânsito entre áreas	Transita bem nas diversas áreas da organização.	0	1	2	3
Relacionamento interno	Tem um bom relacionamento com pessoas de todos os níveis na organização.	0	1	2	3
Relacionamento externo	Tem um bom relacionamento com parceiros externos.	0	1	2	3
Rede de relacionamentos	Pessoa que busca desenvolver *networking* relacionado à sua área de atuação.	0	1	2	3

3. **Crescimento** – Diz respeito à preocupação do indivíduo com o seu autodesenvolvimento.

Desdobramentos	Descrição	NA	BI	FE	EE
Autodesenvolvimento	É percebida como uma pessoa preocupada com o seu autodesenvolvimento.	0	1	2	3

Aperfeiçoamento	Busca constantemente se aperfeiçoar em sua área de atuação, preocupando-se sempre em implementar melhorias no trabalho desenvolvido.	0	1	2	3
Complexidade das tarefas	Procura desenvolver tarefas com maior nível de desafio e complexidade.	0	1	2	3
Iniciativa	Recebe bem os *feedbacks*, buscando aprimoramento em pontos identificados como deficientes.	0	1	2	3

4. Realizações – Diz respeito a como o indivíduo desenvolve o que lhe é demandado.

Desdobramentos	Descrição	NA	BI	FE	EE
Metas	Implementa planos de ações, visando o cumprimento das metas e observando os padrões de qualidades, segurança e meio ambiente.	0	1	2	3
Empenho	Quando recebe uma tarefa, empenha-se ao máximo para entregá-la de maneira satisfatória, muitas vezes superando as expectativas.	0	1	2	3
Proatividade	É uma pessoa proativa que sempre traz os problemas com sugestões para a sua solução.	0	1	2	3
Disponibilidade	Está sempre disponível para enfrentar os novos desafios que lhe são colocados.	0	1	2	3

5. Comportamentos e atitudes – diz respeito aos comportamentos e atitudes esperados dos gestores a partir dos valores da empresa.

– Comportamento ético:

Desdobramentos	Descrição	NA	BI	FE	EE
Integridade	Age diante das pessoas com as quais mantém contato (subordinados, fornecedores, clientes, pares/colegas) de modo íntegro e honesto, procurando soluções que sejam justas e equilibradas para todos.	0	1	2	3

Imparcialidade	Procura atuar sempre de modo imparcial, oferecendo as mesmas condições e oportunidades a todos e utilizando os mesmos critérios em suas decisões, independentemente dos envolvidos.	0	1	2	3
Clareza e transparência	Transmite para as pessoas com as quais convive as informações necessárias para que possam compreender suas decisões e opiniões e para que possam desempenhar adequadamente o seu trabalho. Não retém informações que possam ser úteis a outros profissionais, preservando, no entanto, aquelas de caráter confidencial e sigiloso.	0	1	2	3
Coerência	Demonstra-se coerente em suas decisões e ações, praticando consistentemente aquilo que prega.	0	1	2	3

– **Excelência no trabalho:**

Desdobramentos	Descrição	NA	BI	FE	EE
Melhoria contínua	Procura introduzir melhorias nas suas atividades, não se acomodando com o nível de desempenho alcançado.	0	1	2	3
Apoio ao aperfeiçoamento contínuo	Estimula os profissionais com os quais se relaciona (sejam subordinados, pares ou outros) a melhorarem continuamente suas atividades e oferece apoio para que essa melhoria possa ocorrer.	0	1	2	3
Princípios da qualidade	Valoriza, pratica e incentiva o exercício dos princípios da qualidade, respeitando as normas e agindo de forma a prevenir a ocorrência de problemas.	0	1	2	3
Iniciativa e rapidez	Demonstra iniciativa e rapidez em suas ações, identificando e aproveitando oportunidades e solucionando problemas antes que eles ganhem maiores proporções.	0	1	2	3

Energia	Encara as dificuldades e obstáculos de modo positivo e extrai deles a motivação e a energia para superá-los.	0	1	2	3
Apoio à superação	Incentiva as pessoas com quem se relaciona a superarem desafios, oferecendo auxílio e colaboração quando necessário.	0	1	2	3
Comprometimento	Demonstra-se comprometido e envolvido com a organização, com o grupo com o qual interage e com seu trabalho, esforçando-se para que se atinjam os objetivos fixados.	0	1	2	3
Abertura às mudanças	Reage positivamente às mudanças, orientando pessoas para que elas assimilem com tranquilidade as transformações da organização.	0	1	2	3

– Respeito às pessoas:

Desdobramentos	Descrição	NA	BI	FE	EE
Respeito às diferenças	Respeita as diferenças entre as pessoas, sejam de qualquer natureza (cultural, religiosa, racial, de gênero, política etc.), e estimula os outros a fazerem o mesmo.	0	1	2	3
Valorização da diversidade	Demonstra e reforça o valor e a importância da diversidade no local de trabalho, constituindo equipes compostas por profissionais com diversas visões e formações e que possam, em conjunto, gerar soluções adequadas para a empresa.	0	1	2	3
Receptividade	Estimula as pessoas a participarem ativamente no local de trabalho e a manifestarem sua opinião, respeitando-a mesmo que seja diferente da sua.	0	1	2	3
Respeito à vida	Cuida para que as práticas de segurança sejam respeitadas, orientando pessoas sempre que necessário e propiciando condições que evitem a ocorrência de acidentes.	0	1	2	3

– **Respeito à comunidade e ao meio ambiente:**

Desdobramentos	Descrição	NA	BI	FE	EE
Relacionamento com a comunidade	Cuida para que seja mantida uma relação positiva entre a empresa e a comunidade, levando em consideração os impactos de suas ações e decisões nos âmbitos social e ambiental.	0	1	2	3
Equilíbrio com o meio ambiente	Considera os impactos de suas ações no meio ambiente, procurando minimizá-los. Conscientiza outros profissionais sobre a importância de preservar o meio ambiente e os impactos deste ato para a qualidade de vida das pessoas e para a empresa.	0	1	2	3

– **Espírito de equipe:**

Desdobramentos	Descrição	NA	BI	FE	EE
Relacionamento positivo	Conquista o respeito, a credibilidade e desenvolve relacionamentos positivos com outros profissionais (pares, clientes, subordinados etc.).	0	1	2	3
Colaboração	Mostra-se disponível e disposto a contribuir com os outros, ajudando o grupo sempre que possível.	0	1	2	3
Disseminação do espírito de equipe	Constrói e reforça o "espírito de equipe" junto aos profissionais que administra ou na relação com outras áreas/pessoas, reconhecendo e estimulando as ações que promovam e favoreçam a união do grupo e inibindo aquelas que prejudiquem a coletividade.	0	1	2	3
Flexibilidade	É aberto ao debate, respeitando a opinião dos outros e revendo sua opinião sempre que necessário.	0	1	2	3
Conciliador	Harmoniza clima de disputas, buscando aliar interesses diversos.	0	1	2	3

| Abertura | Mostra-se acessível, deixando que as pessoas se sintam confortáveis para expressar suas opiniões e sugestões sobre seus comportamentos e atitudes e para consultá-lo sempre que necessário. | 0 | 1 | 2 | 3 |

– **Desenvolvimento e gestão de pessoas:**

Desdobramentos	Descrição	NA	BI	FE	EE
Estímulo ao desenvolvimento	Encoraja as pessoas com as quais interage a se desenvolverem pessoal e profissionalmente, reconhecendo o esforço daqueles que buscam seu autodesenvolvimento e criando condições para que ele possa ocorrer.	0	1	2	3
Orientação ao desenvolvimento	Orienta as pessoas de sua equipe a se desenvolverem, esclarecendo as necessidades e oportunidades da empresa e procurando conciliá-las com as preferências e características dos profissionais.	0	1	2	3
Gestão do clima	Zela para que se estabeleça um clima agradável e de amizade na equipe que administra e com aquelas pessoas com quem mantém contato, reforçando comportamentos positivos e atuando rapidamente para que pequenos problemas de relacionamento não se intensifiquem.	0	1	2	3
Esclarecimento de papéis	Atua para que as pessoas da equipe que administra compreendam o trabalho a ser realizado e sua importância para a empresa, percebendo dúvidas e esclarecendo o que estiver ao seu alcance.	0	1	2	3
Feedback	Comunica para as pessoas seus pontos fortes, qualidades e dificuldades, de modo que possam melhorar sempre.	0	1	2	3

Fonte: Trabalho adaptado e caso pesquisado pelos autores.

O roteiro de análise ajuda os membros do comitê a se posicionarem em relação aos candidatos e a desenvolverem uma visão relativa entre os mesmos, comparando seus subordinados com os demais.

O roteiro apresentado no Quadro 3.1 é composto por cinco dimensões desdobradas em comportamentos relacionados à função gerencial e a valores organizacionais. Para cada desdobramento, é solicitada uma avaliação de 0 a 3, sendo 0 para "não atende"; 1 para "baixa intensidade"; 2 para "frequência esperada"; e 3 para "excede o esperado". O objetivo principal do roteiro é o de provocar discussões acerca das dimensões fortes e das dimensões a desenvolver de cada candidato, que depois servirão de inspiração para o seu plano de desenvolvimento. Os roteiros auxiliam a dar foco nas discussões durante a realização dos comitês.

3.8
Conclusões

A etapa de preparação para as reuniões dos comitês cria garantias para um bom funcionamento deles. É importante ressaltar que as discussões sobre sucessão podem acirrar a disputa por espaço político. Por essa razão, a preparação é muito importante, uma vez que a cada passo dela estão sendo pactuados parâmetros de conduta a serem seguidos durante as discussões sobre sucessão.

Apresentamos as atividades de preparação agrupadas em categorias para podermos aprofundar a discussão na realidade organizacional. Entretanto, essas atividades se misturam e até se confundem. Não há um modelo ideal, o que há é um conjunto de precauções importantes para preparar as discussões sobre sucessão que assegurarão bons resultados, a continuidade do processo e seu aprimoramento.

4 | Comitês de sucessão

4.1
Introdução

Conforme já mencionamos anteriormente, a reunião do comitê de sucessão é a alma do processo sucessório, por isso deve ser bem preparada e bem conduzida. Ao se discutir o futuro das pessoas se discute, também, o futuro da organização e/ou negócio, portanto os comitês tornam-se um espaço privilegiado para discussão estratégica da organização e da gestão de pessoas. A estruturação prévia da reunião permite retirar o máximo de seu potencial de reflexão e tomada de decisões, por isso dedicamos todo o Capítulo 3 a esse processo.

Apesar de sua importância, a literatura sobre sucessão coloca pouca luz sobre como conduzir os comitês e trabalha mais os resultados esperados. Em nossas pesquisas e experiências, pudemos constatar que a forma como a reunião é conduzida tem um grande impacto nos resultados. Por essa razão, dedicaremos uma parte deste capítulo para discutir a estruturação da reunião e os papéis.

O principal produto do comitê será o mapa sucessório. Há diversas formas de apresentá-lo e são possíveis diferentes olhares e análises. Vamos trabalhar neste capítulo a construção e análises dele.

O desenho organizacional como base para construção do mapa sucessório vem sendo questionado. A principal crítica é a manutenção do *status quo* e o baixo estímulo a repensar a organização a partir dos talentos emergentes. Há uma grande inclinação a se pensar o processo sucessório tendo como base níveis de complexidade e competências estratégicas, entretanto, é necessário separar o que é uma proposta conceitualmente relevante da proposta impetuosa e milagrosa.

4.2
Estrutura da reunião dos comitês

Antes do início da reunião do comitê, todos os seus integrantes têm o dossiê de cada pessoa a ser analisada e já efetuou uma primeira avaliação. A primeira atividade do comitê será a validação dos nomes indicados para posteriormente iniciar análise dos nomes. A reunião do comitê pode ser dividida em quatro momentos:

- Validação dos nomes indicados;
- Análise das pessoas indicadas;
- Geração do mapa sucessório;
- Consolidação das discussões do comitê.

Ao final da reunião do comitê são esperados no mínimo os seguintes resultados:

- Mapa sucessório;
- Tempo necessário para que o candidato esteja pronto para uma posição de maior complexidade;
- Indicação de ações de desenvolvimento para os futuros sucessores;
- Indicação de ações gerenciais para eliminar e/ou minimizar riscos para o negócio ou organização.

Na Figura 4.1 procuramos resumir a estrutura da reunião do comitê de sucessão e seus resultados mais importantes.

Vamos aprofundar a discussão sobre a estrutura dos comitês de sucessão. Antes da validação dos nomes, entretanto, é recomendável que sejam retomados os objetivos e resultados esperados, bem como o reforço dos papéis de cada um dos participantes e do que se espera de cada um. Além disso, é importante a explicação de como se dará o funcionamento do comitê.

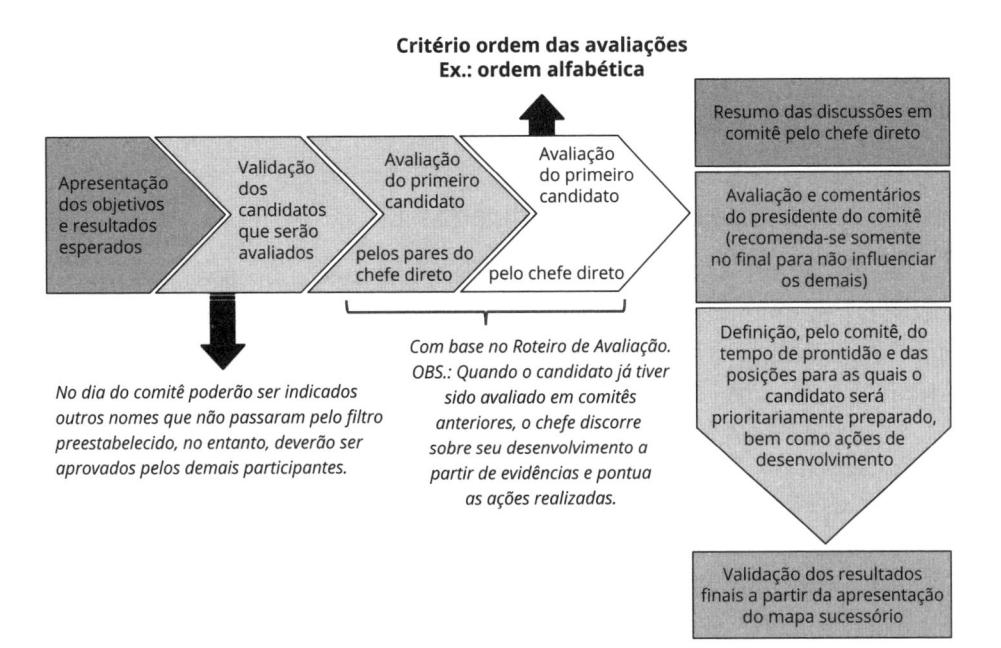

Comitês de sucessão | 79

Fluxo do comitê:

- Apresentação dos objetivos e resultados esperados
- Validação dos candidatos que serão avaliados
- Avaliação do primeiro candidato pelos pares do chefe direto
- Avaliação do primeiro candidato pelo chefe direto

Critério ordem das avaliações — Ex.: ordem alfabética

No dia do comitê poderão ser indicados outros nomes que não passaram pelo filtro preestabelecido, no entanto, deverão ser aprovados pelos demais participantes.

Com base no Roteiro de Avaliação. OBS.: Quando o candidato já tiver sido avaliado em comitês anteriores, o chefe discorre sobre seu desenvolvimento a partir de evidências e pontua as ações realizadas.

- Resumo das discussões em comitê pelo chefe direto
- Avaliação e comentários do presidente do comitê (recomenda-se somente no final para não influenciar os demais)
- Definição, pelo comitê, do tempo de prontidão e das posições para as quais o candidato será prioritariamente preparado, bem como ações de desenvolvimento
- Validação dos resultados finais a partir da apresentação do mapa sucessório

Fonte: Growth Desenvolvimento de Pessoas e Organizações.

Figura 4.1 – Funcionamento dos comitês

4.2.1 Validação dos nomes indicados

O primeiro passo da reunião dos comitês é a apresentação da lista de candidatos a serem analisados para a aprovação de todos os participantes. Nesse momento podem ser excluídos e/ou acrescentados nomes, caso essa decisão seja unânime.

Essa atividade é importante porque a indicação inicial sai dos processos de avaliação e da sugestão dos gestores. Quando os membros do comitê recebem a ficha ou dossiê dos candidatos a serem analisados, é comum perceberem que foram indicadas pessoas que destoam das demais e que não seria adequado indicá-las nesse momento. De outro lado, podem perceber que foram muito rigorosos e deixaram de incluir pessoas interessantes. A validação dos nomes serve para homogeneizar as expectativas em relação aos candidatos.

Essa parte da reunião deve ser rápida e não deve durar mais do que 20 minutos. Recomendamos que quando a discussão sobre avaliar algum candidato se alonga, ele deve ser incluído.

Após o fechamento da lista de profissionais avaliados, iniciam-se as avaliações dos candidatos. Nossa recomendação é que sejam avaliados por ordem alfabética, mas o comitê pode decidir outra ordem.

4.2.2 Análise das pessoas indicadas

As dinâmicas dos comitês podem variar em função do nível das pessoas analisadas, da quantidade ou do estágio de amadurecimento do processo. Entretanto, apresentamos a seguir uma sugestão de estrutura para servir como ponto de partida para uma organização que está iniciando uma cultura de sucessão.

Para cada candidato as avaliações podem ser da seguinte forma:

Passo 1

É projetada a ficha do candidato composta por fotografia, nome completo, idade, formação, histórico antes de ingressar na organização e histórico na organização, plano de carreira, resultados de *assessment*, avaliação de metas e competências dos últimos três anos, entre outros dados relevantes. Quando a organização tiver mapas sucessórios anteriores, pode-se inserir na ficha do candidato se ele já foi plotado em mapas de sucessão anteriores e em quais áreas e, nesse caso, pode-se apresentar também o plano de desenvolvimento e as ações realizadas para suprir os aspectos de desenvolvimento levantados anteriormente.

Passo 2

O passo seguinte é a análise do candidato a partir dos critérios estabelecidos. Recomendamos que essa análise seja iniciada pelos pares do chefe e convidados. O ideal é que o chefe fale por último para não influenciar e/ou intimidar, com seus posicionamentos, a avaliação dos demais.

O ritmo das avaliações vai depender da maturidade do grupo para avaliar pessoas. Geralmente, em um primeiro ciclo de sucessão, as avaliações ocorrem de forma mais morosa, pois o grupo está se apropriando do processo, ainda aprendendo a realizar esse tipo de avaliação colegiada. Nota-se também que o ritmo muda de acordo com o nível de complexidade dos participantes dos comitês. Grupos de gestores estratégicos tendem a pontuar com mais facilidade os aspectos a serem aprimorados e os aspectos fortes de cada candidato e, desse modo, o processo é mais ágil. Em grupos mais táticos, nos quais os detalhes e as questões técnicas ainda são importantes, há uma tendência de que as discussões sejam mais morosas e de que se discuta item a item da avaliação.

Recomendamos que as análises, sempre que possível, sejam acompanhadas de evidências. Por essa razão, nem todos os presentes irão avaliar todos os candidatos, e é importante que quem avalie tenha convivência ou informações relevantes sobre quem está sendo analisado. Entretanto, todos os participantes devem estar atentos aos critérios de avaliação e às evidências apresentadas, discutindo sua validade e pertinência.

É muito comum nesse momento os participantes avaliarem o candidato pensando na posição que ele ocupa atualmente e não o projetando para posições em maior nível de complexidade, por isso o facilitador precisa estar atento a esse aspecto e estimular os participantes a verem o candidato ocupando a posição de seu chefe direto ou de um de seus pares.

Das discussões sobre o candidato emergem informações muito ricas para orientar, posteriormente, as ações de desenvolvimento, como veremos nos Capítulos 6 e 7.

Passo 3

Ao final das discussões, o chefe direto do candidato resume o que foi discutido pelos demais e efetua sua análise. Nesse momento os demais participantes manifestam-se, caso tenham alguma contribuição adicional.

Na análise do chefe imediato podem aparecer pontos divergentes em relação à avaliação realizada por seus pares. É importante preparar os participantes para lidar com essas diferenças de perspectiva e acolhê-las.

Essas divergências são muito ricas e demonstram diferentes visões sobre o candidato. Quando estamos no processo de avaliação de desempenho de uma pessoa, é comum que o posicionamento de sua chefia imediata tenha um peso muito relevante, porém, na discussão sobre sucessão, o posicionamento do colegiado é o mais relevante, uma vez que a discussão em torno de um candidato existe para verificar se ele pode ou não assumir posições de maior complexidade ou maiores desafios. Essa decisão não afetará somente a chefia imediata da pessoa, mas todo o negócio e/ou organização.

Passo 4

O presidente do comitê se posiciona em relação a cada candidato ao final de sua avaliação. Por ser o superior imediato dos membros do comitê, seu posicionamento ao longo das considerações pode gerar constrangimentos ou induzir a análise sobre o candidato. Sua fala ao final baliza as expectativas sobre os futuros sucessores e o nível de rigor das análises. Também em sua fala pode pontuar as divergências de opinião e, se for o caso, posicionar-se de forma a dar uma palavra final em relação ao candidato.

O posicionamento dos pares do superior imediato do candidato e do presidente do comitê confere legitimidade à decisão e oferece à chefia do candidato os elementos necessários para conduzir as ações de desenvolvimento.

Passo 5

Finalizada a avaliação do candidato, são discutidas as posições que ele pode ocupar no mapa sucessório, o tempo que necessita de preparo para estar pronto para cada uma delas e a prioridade de desenvolvimento.

O tempo necessário ao preparo de um candidato para uma posição é geralmente chamado no Brasil de "nível de prontidão". As organizações utilizam várias escalas e as mais utilizadas são duas:

Escala 1:
- Pronto para ocupar a posição para a qual foi indicado;
- Demora de até dois anos para ocupar a posição para a qual foi indicado;
- Demora de dois a cinco anos para ocupar a posição para a qual foi indicado.

Escala 2:
- Pronto em até dois anos para ocupar a posição para a qual foi indicado;
- Pronto em dois a cinco anos para ocupar a posição para a qual foi indicado.

Podemos observar que dificilmente conseguimos enxergar uma pessoa para além de cinco anos quando falamos de processo sucessório. Podemos enxergá-la para além de cinco anos quando falamos de potencial, mas, nesse caso, são especulações acerca do futuro da pessoa. No processo sucessório devemos trabalhar com um posicionamento mais concreto e com um maior nível de certeza.

Algumas organizações encaram que se a pessoa pode estar pronta para a posição em dois anos, caso haja uma oportunidade ela pode ser pensada imediatamente. Desse modo, caso o candidato seja encarado como pronto, ele estará apto a assumir pelo menos uma posição em maior nível de complexidade imediatamente. Isso não significa que ele não tenha nenhum aspecto a desenvolver, mas esses aspectos são fatores que não o atrapalharão no desempenho de suas funções.

Em outras organizações, quando o candidato é encarado como pronto em até dois anos, isso significa que necessita aparar algumas arestas, normalmente de natureza comportamental. Geralmente, nesses casos, esses aspectos já estão sendo trabalhados, mas, em caso de emergência, o candidato pode assumir uma posição de maior complexidade.

Quando o candidato é encarado como pronto em um período maior que dois anos, isso quer dizer que possui muitos pontos a desenvolver. Esse profissional ainda é uma "aposta" dos participantes do comitê de sucessão, e o grupo se dispõe a trabalhar o seu processo de desenvolvimento e observá-lo, mas em hipótese alguma ele está em condições de assumir imediatamente uma posição de maior nível de complexidade.

Passo 6

Por fim, são definidas as ações de desenvolvimento para o candidato à sucessão e a indicação dos responsáveis por elas. Essa tarefa não necessariamente ficará a cargo apenas do chefe direto do profissional analisado, mas deve ser compartilhada de acordo com as necessidades de cada candidato.

Ao final, todos os candidatos são analisados e considerados ou não no processo sucessório. No processo de avaliação dos candidatos, o comitê pode constatar que alguns não estão prontos para compor o mapa sucessório e são excluídos da lista de candidatos.

4.2.3 Geração do mapa sucessório

Todos os analisados considerados candidatos para posições de maior complexidade são posicionados no mapa sucessório. Nossa recomendação é que um candidato seja considerado para no máximo em três posições no mapa sucessório e que o comitê eleja aquela que será a prioritária tanto para orientar seu desenvolvimento quanto para analisar fragilidades da organização para repor posições críticas.

No mapa sucessório deve ser explicitado o tempo necessário para a preparação de cada candidato para as posições para as quais foi indicado (nível de prontidão). Essa é uma informação vital para verificar lacunas de reposição no curto prazo.

Na Figura 4.2 apresentamos um exemplo de desenho de mapa sucessório onde estão indicados os candidatos a cada posição e seu nível de prontidão.

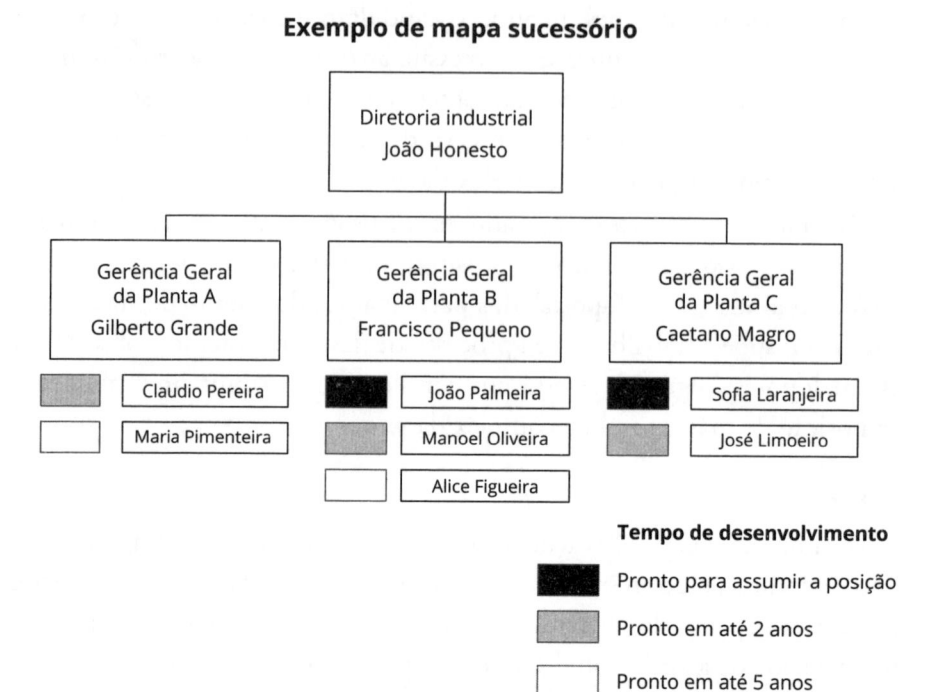

Exemplo de mapa sucessório

- Diretoria industrial — João Honesto
  - Gerência Geral da Planta A — Gilberto Grande
    - ▓ Claudio Pereira
    - ☐ Maria Pimenteira
  - Gerência Geral da Planta B — Francisco Pequeno
    - ■ João Palmeira
    - ▓ Manoel Oliveira
    - ☐ Alice Figueira
  - Gerência Geral da Planta C — Caetano Magro
    - ■ Sofia Laranjeira
    - ▓ José Limoeiro

Tempo de desenvolvimento
- ■ Pronto para assumir a posição
- ▓ Pronto em até 2 anos
- ☐ Pronto em até 5 anos

Fonte: Autores.

Figura 4.2 – Exemplo de mapa sucessório

Em algumas das empresas pesquisadas, o comitê ampliou a discussão do mapa sucessório incluindo outras discussões, como, por exemplo:

- Em caso de emergência, quem assume a posição se não houver um sucessor pronto para ela: esse exercício é interessante porque, muitas vezes, não há sucessor para uma determinada posição, mas há sucessor para uma posição de mesmo nível em outra unidade. Desse modo, em uma emergência é possível efetuar um movimento lateral e substituir a posição vaga.
- Pessoas que estão despontando na organização e não foram ainda indicadas como candidatos à sucessão: esse exercício estimula os membros do comitê a observarem pessoas que estão surgindo como talentos para ocupar posições de maior complexidade e cria um compromisso coletivo em observar com maior atenção essas pessoas e cuidar de seu desenvolvimento.
- Risco de perder candidatos para o mercado: essa análise permite aprofundar um trabalho voltado para reter os candidatos ou para acelerar o processo de aproveitamento dele em posições de maior complexidade.

O mapa sucessório permite efetuar análises importantes sobre fragilidades das organizações para reposição de posições críticas. Das empresas pesquisadas, todas produziram um mapa após as reuniões dos comitês. Esses mapas apresentavam diversas configurações, mas todos traziam informações sobre os sucessores e o tempo de desenvolvimento.

Na Figura 4.3 apresentamos um exemplo simplificado de mapa sucessório, em que o objetivo é apontar algumas análises que podem ser efetuadas a partir do mapa sucessório. Algumas delas são efetuadas pelo próprio comitê em sua reunião.

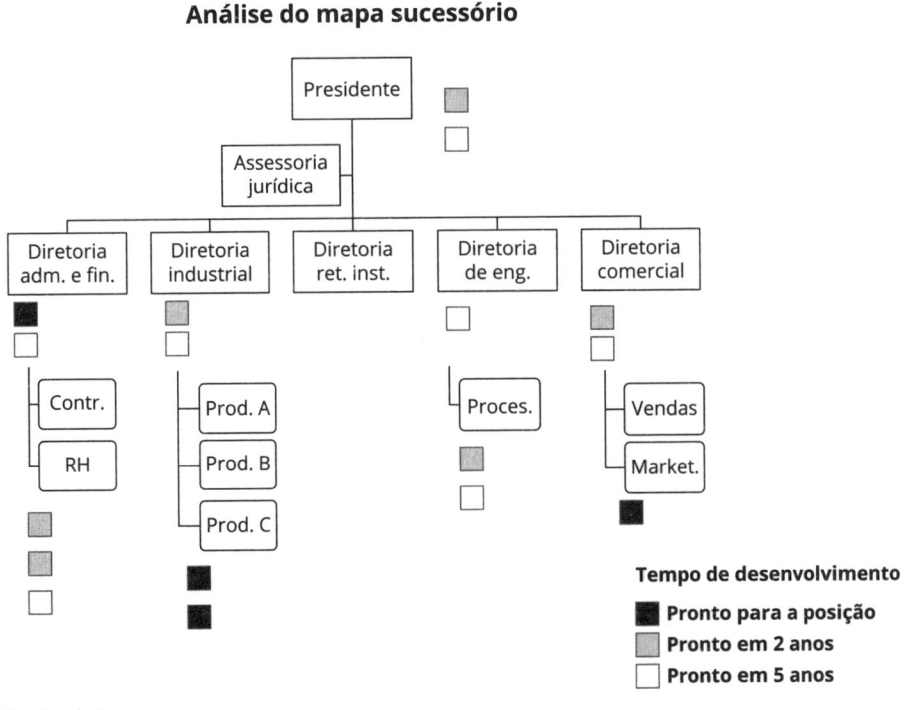

Análise do mapa sucessório

Fonte: Autores.

Figura 4.3 – Análise do mapa sucessório

No exemplo apresentado na Figura 4.3, verificamos apenas um candidato pronto para posição de diretoria. Para as posições gerenciais, apenas três candidatos prontos e ninguém pronto para a posição de presidente. O mapa mostra uma grande fragilidade para reposição no curto prazo. Ao analisarmos os candidatos prontos no período de 2 e 5 anos, verificamos que também temos fragilidades importantes.

Em duas das empresas pesquisadas, houve a inclusão nos objetivos destinados a remuneração variável e ao desenvolvimento de pessoas.

Em umas das empresas pesquisadas, efetuamos a análise das razões pelas quais havia tão poucos candidatos a sucessão. Os resultados foram surpreendentes: a maior parte dos gestores (diretores e gerentes) não trabalhava o desenvolvimento dos membros de sua equipe. Isso se devia ao fato de a organização valorizar os resultados gerados, mesmo que em detrimento do desenvolvimento das pessoas. Em uma das diretorias mais importantes da organização, cerca de 90% dos gestores inibia o desenvolvimento dos membros de sua equipe.

4.2.4 Consolidação das discussões do comitê

A visualização do mapa sucessório completo oferece informações relevantes para que os membros do comitê pensem em ações gerenciais para eliminar ou minimizar fragilidades e fortalecer aspectos positivos. Ao final da reunião do comitê, é muito importante repassar as conclusões, verificar a consistência delas e propor ações gerenciais. Nesse momento, é recomendado que o mapa sucessório resultante das discussões seja projetado para avaliar se está coerente com o que foi discutido e se cada candidato foi posicionado adequadamente.

As discussões ao final da reunião devem ser registradas para orientar as ações posteriores e a preparação para sua apresentação para as instâncias superiores.

Ao final do comitê, recomenda-se que se faça uma análise conjunta sobre o processo de sucessão, a realização do comitê, seus resultados e aspectos de melhoria. Caso a organização trate o mapa sucessório como uma informação confidencial, neste momento do comitê os pactos de confidencialidade devem ser reforçados.

4.3
Papéis na reunião do comitê de sucessão

No início da reunião do comitê, é recomendado que a importância do momento dentro do Ciclo do Processo Sucessório seja lembrada, bem como suas regras de funcionamento, como serão utilizadas as informações geradas e qual é a responsabilidade de cada um dos participantes.

Como a reunião do comitê é um ritual importante, vale a pena frisar o papel de cada participante. Observamos que as dinâmicas dos comitês são diferentes em cada organização, entretanto, verificamos uma tendência na distribuição de papéis que tornam as reuniões mais efetivas. Essa distribuição de papéis fica cada vez mais consolidada na medida em que a organização amadurece o processo sucessório. Nossa proposta não é dar uma fórmula mágica, mas ajudar as organizações que estão iniciando o processo sucessório ou aquelas que buscam um aprimoramento dele.

Verificamos a existência de quatro papéis. São eles:

- Mediador;
- Redator;
- Avaliador;
- Presidente.

Na Figura 4.4 apresentamos os diferentes papéis dos membros do comitê de sucessão.

Foco na preparação e facilitação
Foco na avaliação dos candidatos
Foco na decisão dos comitês

Fonte: Autores.

Figura 4.4 – Atores do processo

A seguir detalharemos cada um dos papéis.

4.3.1 Mediador

O mediador tem como papel garantir que a reunião transcorra de acordo com o roteiro preestabelecido, intervindo nas discussões para que sejam produtivas, coerentes e pertinentes aos propósitos do processo sucessório. Deve ser imparcial, sem tomar partido nas discussões. Para tanto, o mediador necessita conhecer muito bem a organização, seus intentos estratégicos e o processo sucessório.

No início da reunião cabe ao mediador apresentar o programa, seus objetivos, roteiro da reunião e o papel de cada um dos participantes. Após a confirmação da lista de candidatos a serem avaliados, ele é quem vai conduzir as avaliações, realizando as ponderações sem transparecer juízo de valor. O ideal é que o mediador trabalhe com perguntas ou ponderações que façam o grupo refletir e chegar às suas conclusões. Ele é quem vai fazer com que cada um exerça o seu papel e precisará conduzir o grupo aos seus objetivos, não deixando que outros assuntos dominem as discussões e retirem o grupo do foco da reunião.

O mediador poderá ser interno ou externo à organização. Algumas organizações, nos primeiros ciclos sucessórios, optaram por trazer mediadores externos com o objetivo de aprenderem e de treinar profissionais internos para a sua condução. Outro ambiente para usar mediadores externos é em comitês onde haja grande disputa política ou onde os mediadores internos não conseguiriam adotar uma postura de isenção.

A mediação na quase totalidade das empresas pesquisadas era exercida por profissionais da área de gestão de pessoas com nível hierárquico compatível com os comitês a que prestavam suporte. Nos casos de uso de mediadores externos, observamos a participação de profissionais de gestão de pessoas para oferecer suporte.

4.3.2 Redator

O redator tem o papel de registrar todas as discussões e decisões ocorridas durante a reunião. É uma figura importante, porque na análise dos candidatos surgem muitas sugestões e compromissos dos participantes em relação ao desenvolvimento deles. Participamos de algumas experiências em que o mediador assumiu a responsabilidade de registrar a reunião e observamos o não registro de discussões importantes sobre os candidatos.

As informações geradas nas reuniões serão importantes para posteriormente propor ações de desenvolvimento para os candidatos. Durante a reunião surgem, também, argumentos relevantes para defender as posições assumidas pelo comitê em relação ao mapa sucessório e que serão utilizados na apresentação desse mapa para as instâncias superiores da organização.

O redator pode ser interno ou externo à organização. Caso seja interno, tem o compromisso de manter a confidencialidade das discussões e decisões ocorridas durante a reunião.

4.3.3 Avaliador

Os avaliadores se dividem em três categorias: o chefe do candidato avaliado, os pares do chefe do candidato e os convidados.

O chefe do candidato tem como principal papel defender a indicação dele para assumir uma posição em maior nível de complexidade em curto ou médio prazo ou maiores desafios.

Os pares do chefe do candidato têm o papel de oferecer visões e considerações sobre a pessoa que está sendo avaliada, complementando a análise de sua chefia imediata e, muitas vezes, apontando aspectos que o chefe do candidato não consegue enxergar.

Os convidados podem ser gestores da organização ou pessoas externas. Quando fazem parte da organização, são gestores que atuam em nível igual ou superior aos gestores que compõem o comitê. Quando são externos, podem exercer funções semelhantes em outros negócios da organização ou pertencer a empresas clientes, fornecedoras, parceiras estratégicas ou controladoras. Os convidados trazem uma visão diferente sobre os candidatos analisados, de um lado por viverem uma realidade diversa da dos membros do comitê e, por outro, por conviverem com os candidatos como clientes internos ou externos.

Vale a pena reforçar novamente que verificamos melhores resultados nas reuniões dos comitês quando o chefe do candidato fala por último, para não influenciar ou inibir a fala dos demais componentes do comitê.

4.3.4 Presidente

O presidente do comitê é o chefe dos participantes do comitê, ou seja, dos profissionais a serem sucedidos, e seu papel é dar o tom e o nível de rigor das avaliações. O presidente tem um papel importante para evitar o compadrio. O compadrio ocorre quando o processo sucessório está em processo de amadurecimento e os participantes do comitê são tentados a construir acordos nos bastidores de apoio mútuo em relação à indicação de seus candidatos.

Por sua posição hierárquica ou de influência sobre os participantes, recomenda-se que não se manifeste durante o comitê, pois sua opinião pode inibir ou influenciar os demais. Seu papel ao longo do comitê é apenas observar. Recomenda-se que, caso haja alguma intervenção, elas sejam pontuais e não induzam a uma determinada resposta ou passem algum tipo de juízo de valor.

Normalmente, o presidente do comitê expressa a sua opinião ao final das discussões e, em alguns casos, dá a palavra final. Deve, entretanto, intervir quando perceber que as avaliações estão sendo feitas sem o rigor necessário ou de forma benevolente. É importante reforçar que quando surgir uma posição no nível dos participantes do comitê, será o presidente que irá escolher o melhor candidato, e por essa razão a indicação dos candidatos deve ser criteriosa. Caso as avaliações e indicações de candidatos for assentada em uma base de qualidade no momento de escolha, o presidente terá bons argumentos para indicar os candidatos aprovados no comitê.

Os comitês de sucessão são uma rica ferramenta de desenvolvimento de seus participantes. Quando um membro do comitê está avaliando os candidatos, está também se colocando em seu lugar e ponderando o quanto atende os critérios de avaliação. Por essa razão, o presidente do comitê deve ser preparado para potencializá-lo como um espaço de aprendizagem e amadurecimento de seus participantes.

Ao observar a dinâmica de comitês em organizações com o processo mais amadurecido, verificamos o cuidado do mediador e do presidente em efetuarem um alinhamento antes das reuniões do comitê direcionado à complementaridade de seus papéis. O presidente é a principal autoridade na reunião e o mediador, seu grande aliado para orientar os trabalhos do comitê. Se por alguma razão presidente e mediador se confrontarem durante a reunião, podem ser enfraquecidos os critérios e o rigor das decisões. Por essa razão, devem ser discutidas com antecedência questões mais delicadas, como, por exemplo:

- Questões que podem ser polêmicas durante a reunião;
- Como lidar com participantes da reunião com histórico de confronto com os demais;

- Possibilidade de serem levadas para a reunião do comitê questões de confronto entre os participantes e usar o espaço para tratar de assuntos não pertinentes ao processo sucessório.

4.4
Bases para a construção do mapa sucessório

Estamos diante de grandes movimentos nas estruturas organizacionais derivados da confluência de dois aspectos que interagem entre si: de um lado, a turbulência tecnológica e seus impactos sobre as pessoas e as organizações e, de outro lado, o crescimento contínuo da competitividade e a busca por construir vantagens competitivas. Esses dois aspectos têm gerado o crescimento do trabalho a distância e dos serviços compartilhados, como veremos de forma mais profunda no Capítulo 10. Outra consequência, entretanto, é o questionamento da efetividade das estruturas funcionais. Há um movimento crescente em direção a estruturas matriciais, que oferece melhores condições de otimizar o uso de recursos e conhecimentos, além de agilizar o processo decisório em realidades cada vez mais complexas.

As estruturas organizacionais tornam-se cada vez mais voláteis e em um futuro próximo serão mais uma referência para dialogarmos com realidades organizacionais mais fluidas e complexas. Como pensarmos em carreira ou sucessão em realidades que não conseguimos mais apreender através de estruturas ou de níveis hierárquicos? Desde a década de 1990 assistimos iniciativas de pensar gestão de pessoas, carreira e sucessão a partir de novos referenciais. A complexidade é o traço comum entre todas as iniciativas que transformaram as políticas e práticas de gestão de pessoas a partir daquela década (CHARAN, 2001; DALTON; THOMPSON, 1993; DUTRA, 2004 e 2008; JAQUES, 1988, 1990 e 1994).

As bases do conceito de complexidade advêm da observação de que o processo de valorização das pessoas pelo mercado e pela empresa está vinculado ao nível de agregação de valor para a empresa e para o negócio. Essa agregação de valor até bem pouco tempo podia ser medida pelo cargo e pelo nível hierárquico da pessoa na empresa. Nesses últimos 20 anos isso mudou. Há algum tempo podíamos dizer que um supervisor de produção agregava mais valor que um ajudante de produção. Mas hoje, não podemos, porque não existe mais o ajudante de produção. Existe agora o operário multifuncional e polivalente, não mais o supervisor, mas sim grupos semiautônomos e autogeridos. Antes podíamos dizer que um diretor da empresa agregava mais valor que um gerente, mas hoje eu tenho um gerente de uma unidade de negócio que fatura cinco bilhões de dólares por ano que agrega mais valor do que um diretor de outra unidade de negócio que fatura 500 milhões de dólares por ano.

O mercado não podia ficar sem um elemento de diferenciação a partir da falência dos cargos como elementos diferenciadores. Naturalmente, passou a utilizar a complexidade das atribuições e responsabilidades como elemento de diferenciação.

A questão da complexidade sempre esteve presente nos critérios de diferenciação dos cargos, só que com a falência deles como elemento de diferenciação, a complexidade passou a ocupar o primeiro plano.

A questão da complexidade nos processos de valorização das pessoas sempre esteve presente. Pesquisadores como Jaques (1967) já produziam reflexões a esse respeito no final dos anos 1950. Em 1956, Jaques escrevia sobre o assunto, e o livro *Equitable payment* foi publicado pela primeira vez em 1961. Jaques lançava a ideia de "*time span*", ou seja, "o maior período de tempo durante o qual o uso do discernimento é autorizado e esperado, sem revisão por um superior" (JAQUES, 1967, p. 21). O autor demonstra que, quanto maior o *time span*, maior a complexidade da posição e maior o nível remuneratório. Em suas proposições sobre complexidade, Jaques é muito reducionista, acreditando que somente o *time span* seria suficiente para determinar a complexidade. Seus seguidores Stamp (1989, 1993 e 1994a) e Rowbottom (1987) demonstraram a necessidade de elementos adicionais para essa caracterização.

Vale a pena ressaltar que Elliott Jaques e seus seguidores defendem que a complexidade não está na situação em si, mas no que ela exige da pessoa. Esse padrão de exigência é a base para a construção de nossas fitas métricas para medir a complexidade. Para cada realidade organizacional e de trajetória de carreira, temos procurado estabelecer dimensões de complexidade que retratem esses padrões de exigência. De forma genérica, podemos verificar essas dimensões na Figura 4.5.

Ao longo de sua utilização, a complexidade revelou-se um conceito importante para se compreender a realidade da gestão de pessoas na empresa moderna. Inicialmente, ele nos permitiu perceber com maior nitidez o processo de desenvolvimento, favorecendo uma definição operacional de desenvolvimento profissional. As pessoas se desenvolvem quando lidam com atribuições e responsabilidades de maior complexidade.

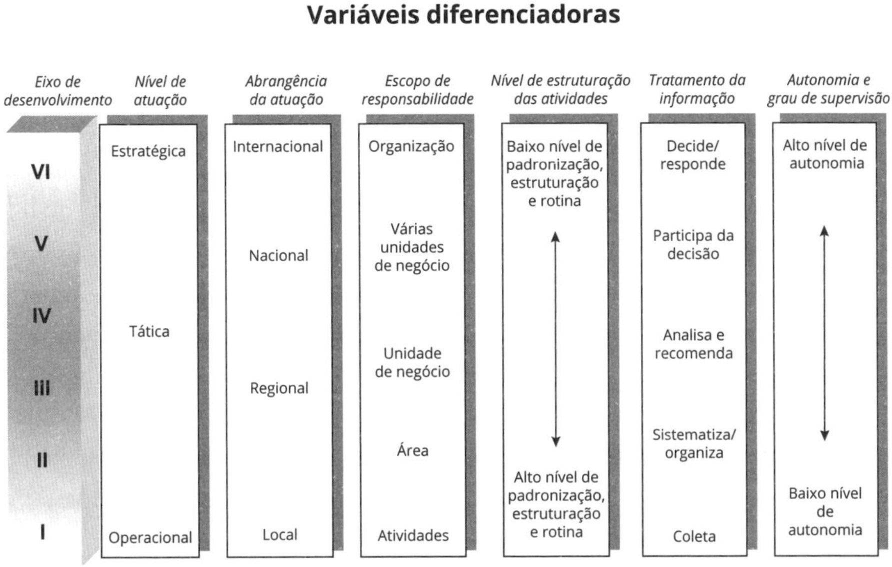

Variáveis diferenciadoras

Eixo de desenvolvimento	Nível de atuação	Abrangência da atuação	Escopo de responsabilidade	Nível de estruturação das atividades	Tratamento da informação	Autonomia e grau de supervisão
VI	Estratégica	Internacional	Organização	Baixo nível de padronização, estruturação e rotina	Decide/ responde	Alto nível de autonomia
V		Nacional	Várias unidades de negócio		Participa da decisão	
IV	Tática				Analisa e recomenda	
III		Regional	Unidade de negócio			
II			Área	Alto nível de padronização, estruturação e rotina	Sistematiza/ organiza	Baixo nível de autonomia
I	Operacional	Local	Atividades		Coleta	

Fonte: Figura desenvolvida por José Antônio Hipólito para apresentação dessa sistemática em palestras sobre o tema.

Figura 4.5 – Dimensões de complexidade

É alta a correlação entre a complexidade das atribuições e responsabilidades e o nível de agregação de valor da pessoa para o ambiente no qual se insere (HIPÓLITO, 2001). Essa constatação permite inferir que o uso da complexidade da entrega, na construção de um sistema de gestão do desenvolvimento, gera os seguintes desdobramentos:

- Análise das pessoas a partir de sua individualidade – as pessoas deixam de ser olhadas a partir do cargo que ocupam ou de um perfil (moldura) no qual devem enquadrar-se, e passam a ser observadas a partir de sua entrega. Quando a pessoa não consegue entregar o que dela se espera, pode-se avaliar o quanto essa deficiência foi motivada por problemas que a organização precisa sanar e o quanto foi motivada por deficiências individuais;
- Análise das deficiências individuais – ao olharmos a capacidade de entrega da pessoa, é possível detectar o porquê da não entrega: deficiências

no nível de informação, conhecimento ou habilidades; questões comportamentais; problemas de orientação do desenvolvimento; falta de formação básica etc. É possível estabelecer com a pessoa um plano de ação para o seu desenvolvimento e aferir se ele foi ou não efetivo;
- Análise da efetividade das ações de desenvolvimento – ao estabelecer com a pessoa um plano de ação de desenvolvimento, temos a cumplicidade dela e de sua chefia em relação ao plano. A consciência da necessidade do desenvolvimento pelas pessoas aumenta as chances de sucesso. O sucesso das ações de desenvolvimento pode ser medido ao serem analisadas as mudanças na entrega da pessoa. Assim, pode-se medir o quanto foram efetivas as ações de desenvolvimento;
- Adequação das ações de desenvolvimento – o desenvolvimento de uma pessoa deve ter como base a sua individualidade e singularidade. Pessoas se desenvolvem usando de forma cada vez mais elaborada e sofisticada seus pontos fortes (STAMP, 1993). Ações de desenvolvimento devem, portanto, centrar-se nos pontos fortes das pessoas.

Além do aspecto ligado ao desenvolvimento, temos o efeito integrador do conceito de complexidade. A pessoa, ao lidar com maior complexidade, aumenta o seu valor, porque ao fazê-lo passa a agregar mais valor à organização, negócio ou meio onde se insere. Essa valorização tem alta correlação com padrões remuneratórios. Infere-se, portanto, que ao se desenvolver a pessoa, ela vale mais para a organização e para o mercado de trabalho. Pode-se, da mesma forma, correlacionar desenvolvimento e remuneração. Em síntese, a mesma fita métrica que se usa para mensurar o desenvolvimento da pessoa pode ser utilizada para definir padrões remuneratórios. Temos, portanto, um único referencial que integra a gestão de pessoas. Essa mesma métrica poderá ser empregada em processos de escolha de pessoas de dentro ou de fora da organização, nas avaliações e nas definições de carreira. Com o mesmo referencial, pode-se simultaneamente integrar a gestão de pessoas em si e com as estratégias empresariais.

Algumas das organizações pesquisadas já não utilizam somente o organograma como referência do processo sucessório, mas utilizam adicionalmente as características dos níveis de complexidade gerencial para verificar o quanto a pessoa efetivamente atua em seu nível de complexidade e o quanto tem condições objetivas de atuar em um nível superior de complexidade. As teorias de complexidade mais utilizadas para orientar o processo sucessório e o desenvolvimento são:

- *Work Level* – Essa abordagem foi inicialmente trabalhada por Elliott Jaques (1988, 1990 e 1994) e seus seguidores Gillian Stamp (1989, 1993 e 1994a) e Rowbottom (1987). Segundo Jaques, podemos medir a complexidade da atuação gerencial pelo tempo transcorrido entre tomar uma decisão e verificar os resultados. A partir dessa constatação, Jaques percebeu que poderia cobrir todo o espectro de complexidade da atividade gerencial em sete degraus, representados na Figura 4.6;

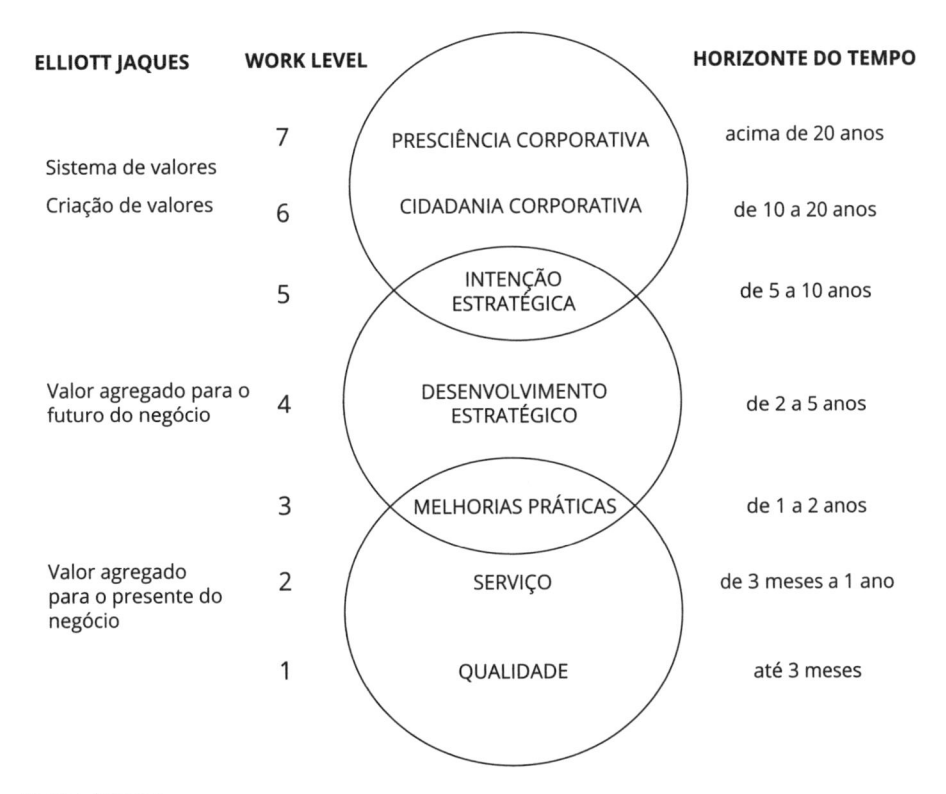

ELLIOTT JAQUES	WORK LEVEL		HORIZONTE DO TEMPO
Sistema de valores	7	PRESCIÊNCIA CORPORATIVA	acima de 20 anos
Criação de valores	6	CIDADANIA CORPORATIVA	de 10 a 20 anos
	5	INTENÇÃO ESTRATÉGICA	de 5 a 10 anos
Valor agregado para o futuro do negócio	4	DESENVOLVIMENTO ESTRATÉGICO	de 2 a 5 anos
	3	MELHORIAS PRÁTICAS	de 1 a 2 anos
Valor agregado para o presente do negócio	2	SERVIÇO	de 3 meses a 1 ano
	1	QUALIDADE	até 3 meses

Fonte: Autores.

Figura 4.6 – Níveis de complexidade propostos por Elliott Jaques

- *Novations* – Essa abordagem foi desenvolvida por Dalton e Thompson (1993) ao verificar que sempre que as pessoas mudam seu nível de complexidade, necessitam repactuar sua carreira consigo próprias. Para nominar essa descoberta, utilizaram o termo *novação*. Novação é um termo utilizado pela comunidade jurídica para designar a alteração em um contrato sem rescindi-lo. No caso da carreira, a pessoa está assumindo novos compromissos consigo própria. Os autores classificaram as etapas de desenvolvimento em quatro: aprendiz, profissional, mentor e estrategista. A cada alteração de nível de complexidade, perceberam dificuldades típicas vividas pelas pessoas;

- *Leadership Pipeline* – Essa abordagem foi desenvolvida por Ram Charan em conjunto com outros pesquisadores (2001) e procura identificar diversas etapas do desenvolvimento gerencial, utilizando como referência o âmbito de sua liderança e trabalhando as dificuldades típicas da passagem de uma etapa para outra. Identifica e trabalha seis passagens;
- Níveis de Complexidade – Essa abordagem foi desenvolvida por um dos autores deste livro em conjunto com outros pesquisadores brasileiros (DUTRA, 2004 e 2008; HIPÓLITO, 2001 e 2008) e trabalha o desenvolvimento de variáveis diferenciadoras para identificar a complexidade nas carreiras gerenciais.

A seguir apresentamos, na Figura 4.7, uma comparação entre as abordagens de Charan, Jaques e Dalton.

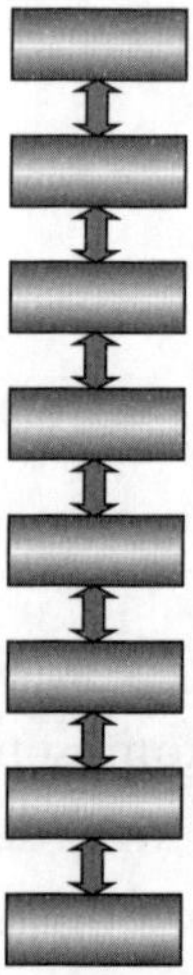

Ram Charan *Leadership Pipeline*	Elliott Jaques *Work Level*	Dalton & Thompson *Novations*
Gestor de empresas	WL7 – CEO	–
Gestor de grupo de negócios	WL6 – Presidente região	–
Gestor de negócios	WL5 – Presidente nacional	Estágio 4 – Estrategista
Gestor funcional	WL4 – Gerente estratégico	Estágio 4 – Estrategista
Gestor de líderes	WL3 – Gerente tático	Estágio 3 – Mentor
Gestor de equipe	WL2 – Gerente tático-operacional	Estágio 3 – Mentor
Executor	WL1 – Não gerente	Estágio 2 – Profissional
–	–	Estágio 1 – Aprendiz

Fonte: Autores.

Figura 4.7 – Comparação entre abordagens de complexidade

4.5
Conclusões

Neste capítulo procuramos descrever com detalhes o funcionamento dos comitês de sucessão e os papéis exercidos pelos participantes dos comitês; apresentamos, também, uma discussão sobre os mapas sucessórios e formas de pensar a sucessão para além do organograma ou dos títulos das posições existentes.

Dedicamos um capítulo para discutir a estrutura das reuniões dos comitês de sucessão pela importância no processo sucessório estruturado. Não nos aprofundamos na discussão sobre o contexto onde essas reuniões ocorrem por julgarmos que desviaríamos o foco deste livro. É importante ressaltar, entretanto, que o processo sucessório é um imã que atrai para si o conjunto das discussões políticas que ocorrem na organização e acaba sendo, por sua natureza, uma arena de disputas por espaço político (GUINN, 2000).

A arena política nas organizações vem sendo estudada com profundidade, e iniciar essa discussão neste capítulo ou neste livro nos conduziria para outro terreno de reflexão extremamente rico e amplo. Se o fizéssemos, com certeza, apresentaríamos uma discussão epidérmica de um tema delicado. Procuramos, portanto, tangenciá-lo. Para quem queira aprofundar-se no tema recomendamos leituras sobre *political skills* (FERRIS; DAVIDSON; PERREWÉ, 2010; FERRIS; TREADWAY, 2012).

No próximo capítulo vamos discutir as ações decorrentes da reunião do comitê de sucessão e teremos um aprofundamento na forma de apresentar e discutir o mapa sucessório.

5 | Desdobramentos dos comitês de sucessão

5.1
Introdução

Como já foi mencionado, em nossas pesquisas realizadas em 2010, nenhuma das organizações analisadas em nossa pesquisa qualitativa efetuava o que chamamos, no texto de abertura da Parte II deste livro, de etapa das ações de desenvolvimento. Pudemos verificar nos anos posteriores como a realização dessa etapa tornou o processo sucessório mais efetivo e um instrumento poderoso para o amadurecimento e desenvolvimento da organização. Por essa razão, decidimos que seria importante aprofundarmos a discussão e apresentarmos exemplos e ferramentas para essa etapa do processo sucessório.

Neste capítulo vamos apresentar as ações posteriores à realização dos comitês de sucessão divididas em dois agrupamentos: as ações destinadas ao desenvolvimento dos candidatos à sucessão e as ações destinadas ao desenvolvimento organizacional e ao suporte ao planejamento estratégico.

5.2
Desenvolvimento dos candidatos à sucessão

As reuniões dos comitês de sucessão geram muitas informações, discussões e decisões sobre o desenvolvimento dos candidatos à sucessão. Esse material deve ser organizado para que possa se converter em ações efetivas de desenvolvimento dos mesmos. O relacionamento das pessoas indicadas como futuros sucessores com suas lideranças e o detalhamento das ações de desenvolvimento possíveis são trabalhados na Parte III deste livro, nos Capítulos 6 e 7. Neste capítulo vamos discutir como trabalhar os resultados das reuniões dos comitês.

Em uma boa parte das organizações pesquisadas há uma preocupação com a construção de um plano individual de desenvolvimento como decorrência do sistema de avaliação de desempenho. Quando essas organizações implantaram o processo sucessório estruturado, as reuniões dos comitês de sucessão passaram a gerar insumos muito valiosos para complementar o direcionamento dado ao desenvolvimento das pessoas indicadas para o processo sucessório, as quais deveriam gerar uma revisão das ações de desenvolvimento anteriormente contratadas com as pessoas. Infelizmente, constatamos que na totalidade das empresas pesquisadas em 2010 isso não ocorria. Atualmente, algumas organizações passam a utilizar os insumos das reuniões dos comitês para reorganizar as ações de desenvolvimento e repactuá-las com as pessoas indicadas como sucessoras.

Recomendamos as seguintes etapas de trabalho para incorporar os insumos gerados pelas reuniões dos comitês ao plano de desenvolvimento dos candidatos a sucessão:

Etapa I – Análise dos insumos da reunião

Durante a reunião dos comitês de sucessão, o desenvolvimento dos candidatos analisados é discutido em diversos momentos. Ressaltamos a seguir esses momentos e as características das informações geralmente obtidas:

- Apresentação do candidato e análise pelos pares do seu chefe imediato e convidados – nessa fase da reunião, o foco é sobre quanto e por que a pessoa pode ser pensada para o processo sucessório. As análises típicas são sobre aspectos comportamentais e capacidade de liderança e os resultados são recomendações de trabalho com a pessoa por parte da organização ou de sua liderança;
- Análise da chefia imediata do candidato – nessa fase as considerações dos demais participantes são analisadas pela chefia imediata e são reportadas por ele as ações de desenvolvimento já efetuadas, tanto quanto as que estão em curso e seus resultados. A chefia apresenta e discute os resultados do *assessment*, se existir, e os resultados da avaliação de desempenho dos últimos anos. Em muitos casos, há um debate sobre

as melhores opções de trabalho com o candidato entre sua chefia imediata e os demais participantes. Esse é um momento muito rico da reunião, em que surgem muitas ideias e formas de encaminhar os trabalhos com os candidatos. É interessante que o mediador da reunião, se tiver oportunidade, sele compromissos dos presentes em relação às ações de desenvolvimento;

- Indicação do candidato para posições no mapa sucessório – nessa fase os presentes pensam cada candidato analisado para posições no mapa sucessório. As considerações típicas são sobre as qualidades da pessoa analisada e o uso de seu talento pela organização. São discussões que aprofundam a caracterização dos pontos fortes da pessoa e de pontos críticos de desenvolvimento para uma determinada posição. Essas informações serão importantes no acompanhamento do desenvolvimento da pessoa analisada;
- Análise do tempo necessário para que o candidato esteja pronto para uma determinada posição – os candidatos, nesta fase, são confrontados com as exigências imediatas e futuras da posição. A tentativa de predizer quando a pessoa estará pronta cria uma visão de urgência de determinadas ações de desenvolvimento. O resultado é a visão de uma cronologia mais apurada das ações de desenvolvimento e o foco nas principais deficiências da pessoa para cada uma das posições para as quais está sendo cogitada. É muito comum nessa fase considerações sobre a necessidade de a pessoa vivenciar situações profissionais em áreas ou localidades diferentes antes de chegar à posição para a qual está sendo indicada;
- Contexto presente e futuro da organização – durante as reuniões dos comitês, são discutidas as posições à luz dos desafios impostos para a organização como um todo. Não é incomum a percepção da necessidade de se criar novos espaços organizacionais ou de acelerar a saída do titular de uma determinada posição para abrir espaço para talentos emergentes. O olhar para os talentos da organização e as possibilidades de sua contribuição desperta no comitê esse tipo de reflexão. Decisões desse tipo que nascem nos comitês e, posteriormente, são encaminhadas a outras instâncias, definem prioridades no desenvolvimento das pessoas e compromissos dos presentes com essas ações;

- Situações de risco para a organização – na construção do mapa sucessório podem ficar evidentes situações de risco para a organização, como, por exemplo: uma posição onde há um grande risco da perda do titular e não há pessoas prontas para sucedê-lo; pessoas prontas para assumir posições críticas e com alto nível de assédio pelo mercado etc. Essas situações conduzem o comitê a encaminhar decisões, tais como: aceleração do desenvolvimento de pessoas; assumir riscos de colocar as pessoas precocemente em determinadas posições e recomendar um suporte mais efetivo de orientação através de *coaching* e/ou *mentoring*; enfatizar ações de retenção das pessoas etc.

Vale lembrar que cada profissional se encontra em uma situação específica, exigindo diferentes ações, nível de acompanhamento, apoio e atuação do chefe direto. Em alguns casos, devido a essas especificidades, será necessário contar com a participação de pares do chefe ou chefe mediato.

Levantar e registrar as ações de desenvolvimento que podem ser realizadas para cada um dos pontos a serem desenvolvidos, dando prioridade para ações efetuadas *on the job*, ou seja, no dia a dia de trabalho.

Imediatamente após a reunião do comitê de sucessão, cabe ao redator sistematizar os registros das ações de desenvolvimento recomendadas e das decisões e compromissos assumidos. Recomendamos trabalhar os seguintes aspectos:

- Listagem das ações de desenvolvimento – procura especificar o tipo de ação, os motivos pelos quais foi recomendada e/ou os resultados esperados, os responsáveis por sua execução e o prazo para sua realização;
- Nível de urgência – enfatiza situações críticas de desenvolvimento pelo impacto que podem ter no processo sucessório;
- Ações de retenção – devem ser relatadas ações de retenção recomendadas durante as reuniões, que tenham sido efetuadas quer de forma explícita, quer de forma implícita;
- Ações de desenvolvimento que envolva terceiros, tais como: clientes, fornecedores, parceiros estratégicos etc.;
- Análise do *assessement*, quando existir, e dos resultados das avaliações de desempenho dos últimos anos realizada pelos membros do comitê.

Recomenda-se que o redator repasse suas anotações com o facilitador da reunião para verificar se foram reportadas todas as recomendações. Verificamos que esse processo ganha mais legitimidade quando o reporte das ações de desenvolvimento recomendadas durante a reunião é confrontado com as já negociadas entre o gestor e seu subordinado logo após o processo de avaliação de desempenho.

Etapa II – Validação das ações decorrentes dos insumos

Os insumos gerados na reunião dos comitês de sucessão devem ser incorporados ao plano de desenvolvimento da pessoa, caso já exista, ou se traduzirem em um plano, caso ainda não exista. Para tanto, recomendamos que a primeira instância de validação da transformação dos insumos gerados nas reuniões em ações de desenvolvimento deve ser a chefia imediata da pessoa indicada como sucessora. Nossa recomendação se justifica porque ela é a principal responsável pelo diálogo com a pessoa sobre seu desenvolvimento e esse é um momento para compatibilizar as ações já em curso e/ou aquelas já pactuadas com a pessoa com as recomendadas pelo processo sucessório.

Mesmo quando a pessoa tenha indicações do comitê para vivenciar experiências fora de sua área de atuação, a sua chefia imediata deve ser a primeira a estabelecer um diálogo com ela para construir o plano de desenvolvimento. Nossa recomendação se deve ao fato de todas as discussões sobre desenvolvimento até aquele momento terem sido elaborados a partir de diálogos entre a pessoa e sua chefia. Deve-se, também, por termos observado em algumas organizações onde não houve esse cuidado, uma desorientação da pessoa, que muitas vezes se sentiu sendo "jogada", sem nenhuma explicação consistente, em outra situação profissional.

Os insumos da reunião podem gerar também ações de retenção das pessoas indicadas para sucessão. Essas ações de retenção devem ser também discutidas com as chefias. Existem ações de desenvolvimento e de retenção que dependem de decisões e ações que estão além da alçada das chefias imediatas, como, por exemplo: cursos ou experiências em outras localidades, participação de programas corporativos de desenvolvimento e envolvimento em projetos estratégicos conduzidos em instâncias superiores à da chefia imediata. Por essa razão o diálogo com a pessoa sobre seu plano de desenvolvimento deve ser efetuado depois da aprovação pela administração superior.

Após a validação com as chefias imediatas das pessoas pensadas para a sucessão, os planos de desenvolvimento e de retenção devem ser: consolidados; analisados, pela equipe responsável pela coordenação do processo sucessório, quanto à sua viabilidade operacional e financeira; encaminhados para as instâncias superiores da organização para serem aprovados e legitimados e implantados.

Os procedimentos adotados pelas organizações para a implantação dos planos diferem em função de aspectos culturais e do nível hierárquico das pessoas envolvidas. Em algumas organizações, os planos de desenvolvimento não são totalmente abertos, porque a organização não quer explicitar o posicionamento da pessoa no processo sucessório. Entretanto, nossa recomendação é para que sejam divulgados e negociados com as pessoas envolvidas. Verificamos que as empresas que tornam os planos de desenvolvimento transparentes obtiveram melhores resultados que as que não divulgaram totalmente. Nossa hipótese é que as pessoas, ao participarem de discussão sobre sua preparação para posições de maior complexidade, tornam-se cúmplices do processo e têm um nível mais elevado de motivação e dedicação. Como já mencionamos, não há necessidade de ser revelada, nem deve, a posição (ou posições) para a qual a pessoa está sendo cogitada, mesmo por que isso pode mudar.

Etapa III – Acompanhamento

A realização das ações de desenvolvimento e de retenção e a efetividade delas têm uma alta relação com o fato de serem acompanhadas e de haver uma cobrança sobre sua concretização. O acompanhamento dessas ações deve constar da agenda da alta administração para que elas sejam efetivas e seja demonstrada a seriedade com que são tratadas.

Para o acompanhamento, entretanto, há necessidade de a equipe responsável pelo processo sucessório instrumentalizar os gestores com parâmetros. Esses parâmetros são, de um lado, indicadores de sucesso das ações de desenvolvimento e de retenção e, de outro, índices de cumprimento do que havia sido planejado e comprometido com as pessoas indicadas para sucessão.

Os indicadores de sucesso das ações de desenvolvimento e de retenção podem ser estabelecidos no processo de validação e revisitados ao longo do processo de acompanhamento. A seguir apresentamos alguns indicadores utilizados pelas organizações que investigamos e alguns que vimos indicados pela literatura e acreditamos que possam ser úteis, embora não os vimos implantados nas organizações investigadas.

Indicadores observados nas empresas investigadas:

- Desenvolvimento – nesse caso é a investigação periódica da concretização das ações de desenvolvimento e a avaliação da chefia imediata sobre os progressos da pessoa. Essa investigação é realizada trimestralmente na maior parte das organizações que possuíam esse indicador;
- Valorização remuneração fixa – monitoramento do posicionamento das pessoas na faixa salarial e de seu histórico de movimentação salarial em relação aos demais integrantes da organização. Essa é uma medida relativa, pois depende dos recursos disponibilizados pela organização para movimentação salarial. Caso haja procedimentos não consistentes com o cuidado de retenção, os motivos devem ser investigados;
- Valorização da remuneração variável – monitoramento da remuneração variável recebida pelo grupo de sucessores de forma relativa aos demais, e análise, caso sejam percebidas inconsistências;
- Mobilidade – monitoramento da mobilidade do grupo de sucessores na organização e nível de adaptação e resultados gerados nas novas posições;
- Satisfação – entrevistas com as pessoas desse grupo em períodos trimestrais ou quadrimestrais para verificar como as pessoas estão se sentindo em relação aos seus desafios e desenvolvimento;
- Rotatividade – acompanhamento da rotatividade do grupo de sucessores e o motivo de sua saída da organização. Em algumas organizações, os gestores não podem desligar pessoas desse grupo sem uma autorização superior e devem comunicar imediatamente ao grupo coordenador do processo sucessório caso a pessoa manifeste interesse em sair da organização.

Indicadores que recomendamos com base na literatura sobre processo sucessório:

- Avaliação cruzada – periodicamente os coordenadores do processo sucessório entrevistam as pessoas indicadas para sucessão, chefia imediata e alguns membros do comitê de sucessão que conhecem a pessoa.

Com isso, têm uma figura mais clara dos resultados e efetividade das ações de desenvolvimento e de retenção;
- Monitoramento externo – o grupo de pessoas pensadas para a sucessão passa por processos de entrevista e/ou avaliação, em intervalos anuais ou bianuais, realizados por especialistas externos. Nesses casos, o processo é recomendado para que haja um acompanhamento do desenvolvimento da pessoa com um olhar externo.

Os índices de cumprimento dos programas de desenvolvimento são obtidos através de um confronto do que deveria ter ocorrido e do que ocorreu. Na maior parte das organizações investigadas, esses índices são trimestrais. Observamos que as empresas que tinham índices mensais foram gradualmente adotando trimestrais porque demonstram melhor a concretização dos programas.

5.3
Desenvolvimento organizacional

As reuniões dos comitês de sucessão são um espaço natural para a discussão dos planos futuros para a organização e/ou negócio. Ao se discutir o futuro das pessoas na organização, discute-se o futuro da organização, como já mencionamos. Surgem nas reuniões insumos importantes para se pensar ações de desenvolvimento organizacional, ou para suportar o planejamento estratégico.

Essas informações devem ser capturadas e sistematizadas pelo redator e, posteriormente, validadas com o mediador e com o presidente do comitê. Elas devem compor um relatório para cada presidente de comitê e para a primeira pessoa da organização ou do negócio (presidente ou *head*). O trato com essas informações deve ser absolutamente confidencial e restrito a poucas pessoas.

As informações que normalmente observamos surgir em reuniões dos comitês podem ser classificadas nos seguintes agrupamentos:

- Planos de expansão – os presentes discutem possibilidades de expansão dos negócios da organização em relação a outras localidades, novos mercados, novos produtos ou linhas de produto etc. A discussão do papel das pessoas em relação ao processo de expansão torna o momento muito rico e, não raro, surgem ideias novas ou a sistematização de ideias que o grupo vinha discutindo em encontros anteriores;

- Revisão organizacional – muitos planos de expansão, de modernização ou adequação das operações a novas demandas do mercado são viabilizados no momento em que os componentes do comitê veem em uma pessoa a condição de realizá-los em um tempo menor que o esperado ou sem a dependência de outros fatores fora do controle da organização. Observamos em algumas situações que uma mudança no organograma, a criação de uma nova área ou, ainda, a aposentadoria precoce de alguém foi decidida na reunião do comitê;
- Parcerias estratégicas – a viabilização de uma aproximação mais intensa junto a um cliente, fornecedor ou parceiros tecnológicos foi decida nas reuniões dos comitês no momento em que se percebia que uma determinada pessoa que estava sendo analisada teria a condição de fazê-lo;
- Posições críticas – em uma das reuniões que acompanhamos, o presidente da empresa estava preocupado por ter detectado uma boa oportunidade para entrar no mercado asiático, mas não conseguia enxergar ninguém dentro da organização para ocupar esse espaço e a contratação de pessoas no mercado seria demorada. Já havia discutido essa questão com a equipe de gestão de pessoas e com a diretoria. De repente, na reunião do comitê de sucessão, ele percebeu que uma das pessoas tinha toda a condição de assumir a posição e conseguiu convencer os demais de seu achado. A pessoa assumiu a posição e viabilizou a entrada da empresa no mercado asiático.

A sistematização dessas informações amplia a percepção da importância de um processo sucessório estruturado e a contribuição para a discussão estratégica.

Uma situação bem diferente das descritas anteriormente surgiu em uma reunião do comitê da diretoria, na qual dois diretores levantaram a questão de que muitas das decisões que deveriam ser tomadas e trabalhadas nos níveis gerenciais estavam sendo encaminhadas para eles e viam nisso uma dificuldade dos gerentes em assumirem seus papéis. O presidente aproveitou a situação para fazer a mesma reclamação em relação aos diretores presentes. O resultado foi uma mudança nos parâmetros de avaliação dos níveis gerenciais da organização, passando a enfatizar as contribuições esperadas dos gestores em seus níveis de atuação.

5.4
Desdobramento do mapa sucessório

Em quase todas as organizações analisadas, o presidente necessita discutir sua sucessão com o conselho de administração e apresentar os resultados das reuniões dos comitês, normalmente visualizados através do mapa sucessório.

Recomenda-se, portanto, que após a finalização dos comitês, a presidência se reúna com os diretores para avaliar o mapa sucessório de todos os níveis da organização, os planos de desenvolvimento e retenção e ações de desenvolvimento organizacional. Na avaliação do mapa sucessório, um elemento fundamental é observar riscos para a organização por falta de pessoas para posições críticas.

Para efetuar a análise dos riscos para a organização, o grupo coordenador do processo sucessório necessita efetuar algumas análises prévias. As mais comuns são:

- Posições críticas sem sucessores no curto prazo – essas situações são as que mais se destacam ao olharmos para o mapa sucessório. Nesses casos, cabem algumas análises: 1. Qual é o risco de perda da pessoa que ocupa a posição para qual não existem sucessores; 2. Em caso de perda da pessoa, qual é o plano de contingência (mapeamento do mercado de trabalho, movimentação lateral, o ocupante da posição superior acumula etc.); 3. No caso de movimentação lateral que cobre a pessoa que se deslocou; 4. Qual a possibilidade de aceleração do desenvolvimento de futuros sucessores. Como a diretoria e, posteriormente, o conselho, farão essas indagações, é importante saber. E dependendo do quadro, essa pode ser uma situação que cria vulnerabilidades para a organização e/ou negócio;
- Índice de rotatividade (*turnover*) para cada nível gerencial – caso a constatação seja a de que há um baixo nível de rotatividade para os vários níveis gerenciais, podemos concluir que: as posições críticas terão baixo risco de ficar sem sucessão; os gestores estão permanecendo muito tempo em suas posições e os jovens gestores podem ir embora por falta de perspectiva de crescimento. De outro lado, caso haja alto índice de rotatividade em um determinado nível ou em todos os níveis, isso é motivo para analisar com maior profundidade o porquê

do índice elevado e como estabelecer objetivos de redução dele para o futuro;
- Idade média em cada um dos níveis gerenciais – a idade média dos diferentes níveis gerenciais deve ser consistente com a natureza do negócio e do que é observado no mercado e deve ser consistente entre si. Se, por exemplo, a idade média dos gestores de nível estratégico for de 55 anos e a dos gerentes de nível tático for de 35 anos, temos um problema. É muito provável que, ao analisarmos o *turnover* do nível tático, verifiquemos que a organização está perdendo pessoas que não estão dispostas a esperar a aposentadoria do nível estratégico; ou que tenhamos pessoas no nível tático despreparadas para assumir em um tempo curto posições de nível estratégico e que no futuro, quando houver necessidade de substituir o nível estratégico, não haverá sucessores preparados;
- Histórico de sucessão – observando a reposição de posições gerenciais nos últimos cinco anos, qual foi o índice de aproveitamento interno. Em alguns negócios, o índice deveria ser de 100%, em outros, admite-se algo acima de 67%, mas nunca algo abaixo desse valor. As exceções são para negócios que estão em rápida expansão ou que são novos. Caso o índice de aproveitamento seja baixo, é necessário investigar por quê;
- Pressão do mercado de trabalho – a análise do mapa sucessório deve ser realizada à luz do mercado de trabalho. Caso o mercado tenha uma grande demanda pelas pessoas que a organização está preparando, há necessidade de um trabalho e decisões que ofereçam maior nível de retenção, caso contrário a questão da retenção não é tão crítica.

A análise dos riscos pela diretoria pode dar alicerce para novos programas ou para um reposicionamento estratégico da gestão de pessoas. Em uma das empresas analisadas, o conselho de administração, em conjunto com os presidentes dos diferentes negócios, assumiu um compromisso de no espaço de 5 anos reduzir a idade média do nível estratégico de 54 anos para 45 anos. Depois de 5 anos, a idade média havia chegado a 49 anos, mas essa decisão foi fundamental para se repensar todo o fluxo de preparação e sucessão para as posições gerenciais.

É muito importante trazer essas informações dentro da perspectiva estratégica da organização ou do negócio, como, por exemplo, as expectativas de rápida expansão, a manutenção da atual dimensão nos próximos anos, o processo de internacionalização etc. Portanto, a análise do mapa sucessório não pode encará-lo como uma "fotografia" da realidade, mas visualizá-lo em uma perspectiva do longo prazo.

5.5
Análises do risco sucessório

Ao aprofundarmos as análises de risco, podemos nos defrontar com as seguintes situações na relação entre as nossas necessidades e a capacidade da organização em atendê-las. Para efeitos didáticos apresentamos três situações genéricas para construção de linhas de análise.

Essas três situações genéricas são apresentadas na Figura 5.1. Para cada situação identificada serão descritas a seguir possibilidades de análise e recomendações de ações.

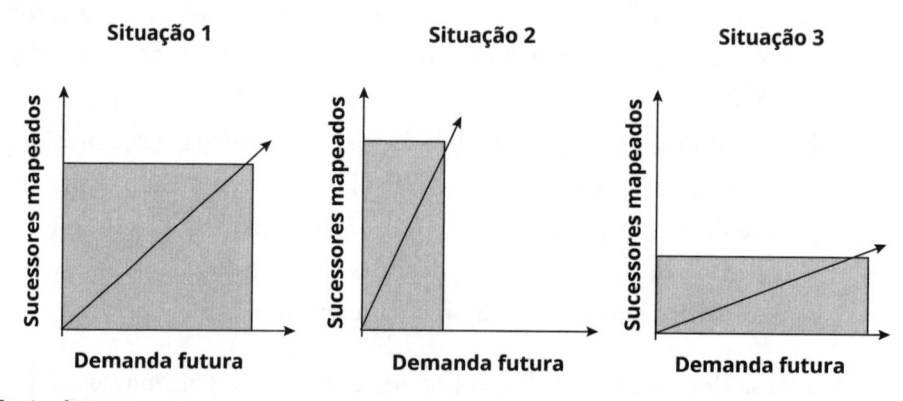

Fonte: Autores.
Figura 5.1 – Relações entre oferta e demanda

Situação 1 – Equivalência entre a oferta e a demanda

Nesse caso, quando o mapa sucessório indica que a quantidade e o nível de prontidão dos sucessores atende à demanda futura da organização, há uma situação de conforto em relação ao risco sucessório da organização e/ou negócio. Entretanto, é necessário um contínuo monitoramento para verificar se as predições serão realizadas no tempo. Como esse monitoramento pode ser realizado:

- Desenvolvimento dos sucessores – verificação sobre se os sucessores estão sendo desenvolvidos de acordo com o planejado, conforme já discutimos no acompanhamento do desenvolvimento dos sucessores;
- Tempo para preparação dos sucessores – o mapa sucessório indica uma previsão para que os sucessores estejam prontos para a sucessão. É importante verificar se esse tipo de predição se confirma ao longo do tempo.

Embora essa situação traga conforto, pode ser uma armadilha, ou seja, esse quadro pode camuflar perigos, como, por exemplo:

- Sucessores mapeados com baixa probabilidade de permanência na organização – as razões podem ser: pouca perspectiva de ascensão no curto prazo e a forma de perceber o tempo para que a pessoa possa levar para estar pronta e a possibilidade de ser aproveitada pela organização; mercado demandante exigindo muita atenção às ações de retenção; distância entre a idade média dos diferentes níveis etc.;
- Demanda futura maior que a prevista – no mapeamento das demandas futuras, não foram analisados aspectos que podem elevar a demanda prevista como, por exemplo: baixa retenção das pessoas a serem sucedidas por conta de um mercado mais demandante; expansão da organização não prevista, porque a alta administração tratou o assunto como confidencial; pressões do mercado não previstas, resultando em alterações no desenho organizacional etc.;
- Otimismo exagerado ou critérios frouxos na identificação de sucessores – o uso de critérios inadequados pode fazer com que sejam indicadas pessoas que demorarão muito mais tempo que o previsto para estarem prontas.

Mesmo em uma situação de equilíbrio a organização necessita estar atenta. Porém, essa situação de equilíbrio permite uma gestão de estímulo ao desenvolvimento das pessoas com maior tranquilidade e com o uso ótimo de recursos, como, por exemplo:

- Planejamento de médio e longo prazo – é interessante que se tenha um ou mais sucessores para cada posição em diferentes intervalos de tempo para preparação, ou seja, para uma mesma posição tenho pessoas prontas, outras que estarão prontas daqui a dois anos e mais outras que estarão prontas em cinco anos. Quando isso ocorre, ao se perder pessoas para o mercado, elas são sucedidas por pessoas consideradas prontas e que já têm uma sequência futura de sucessores, o que constrói uma imagem da organização como formadora de profissionais;
- Atração e retenção – a imagem de organização formadora atrai pessoas talentosas e ambiciosas que melhora a sua capacidade sucessória.

Situação 2 – Oferta maior que a demanda

Quando o mapa sucessório indica que temos mais sucessores prontos do que a demanda, aponta para uma situação bem confortável, embora aqui sejam válidos os alertas efetuados para a situação 1.

A questão nessa situação é como tirar partido dela e mantê-la no tempo. Talvez o aspecto mais rico dessa situação seja o de que a organização possui nas suas várias posições gestores com capacidade de entrega maior do que a posição exige. Como pensar em enriquecer e/ou aumentar gradativamente o nível de complexidade e de exigências das posições gerenciais.

Observamos que, em algumas organizações de tecnologia, isso acontece naturalmente, e em sua tese de doutorado sobre um grande banco, Ferreira (2015) percebeu o mesmo fenômeno. Porém, em todos esses casos, isso não é algo efetuado de forma consciente pela organização.

Nessa situação é importante, portanto, oferecer novos desafios através de trabalhos mais exigentes ou complexos, participação ou coordenação de projetos fora de sua área de atuação, incrementar os serviços oferecidos pela organização aos seus clientes etc. Fazer com que a pessoa se sinta desafiada pode independer de uma promoção imediata e pode ocorrer, por exemplo, através de mobilidade lateral e/ou ampliação do escopo de sua atuação sem uma promoção formal. O importante nesse processo é garantir um contínuo diálogo com a pessoa para que ela tenha consciência de cada ação de desenvolvimento proposta e seus propósitos. Vamos explorar um pouco mais essas formas de estimular o desenvolvimento.

Uma movimentação lateral pode permitir à pessoa desenvolver novas habilidades, mas é importante que a pessoa tenha clareza disso. Por exemplo, em uma mineradora onde as pessoas, ao crescerem na estrutura, ocupam posições de gestão e liderança em que a lógica de comando é hierárquica, uma experiência na gerência de segurança da mina pode ser enriquecedora, porque a pessoa terá que liderar por influência e não mais através do comando hierárquico, porém, se isso não for bem explicado, ela pode entender esse movimento como uma demoção e, portanto, uma mensagem de insatisfação da organização com a sua atuação.

A movimentação lateral não deve ser utilizada para "tapar buracos". Deve, verdadeiramente, agregar valor para o desenvolvimento da pessoa. Desse modo, a pessoa a percebe como algo com impacto e de grande valia no médio e longo prazo. Os movimentos laterais devem proporcionar o desenvolvimento de novas habilidades ou habilidades complementares; permitir à pessoa a ampliação de sua visão sistêmica e estratégica da organização e/ou negócio; e criar condições para ampliar sua rede de relacionamento. Outro exemplo é um gerente tático realizando movimentações laterais para áreas distintas a cada dois ou três anos, fazendo com que, de um lado, sua promoção para uma posição superior se torne mais morosa, mas, de outro lado, possa, no futuro, acelerar ou dar mais sustentabilidade para sua promoção para uma diretoria ou presidência.

Outra possibilidade de desenvolvimento é manter o profissional na mesma posição, ampliando o seu escopo de atuação, oferecendo desafios mais complexos e introduzindo atividades no nível de complexidade de seu gestor direto. No caso em que a organização possui pessoas prontas em praticamente todas as posições, pode estimular a delegação, fazendo com que cada um amplie seu espaço de complexidade. Com isso, a organização vai gradualmente sendo nivelada para cima, dando mais robustez aos profissionais em todos os seus níveis.

Vistas todas as possibilidades anteriores e havendo disponibilidade de recursos, também podem ser cogitadas movimentações salariais, especialmente se os gestores estiverem no começo das suas faixas de salário, como forma de também reconhecer, na remuneração, que a pessoa está se desenvolvendo.

Situação 3 – Oferta menor que a demanda

No caso de uma quantidade de sucessores menor que a demanda há uma sinalização de risco sucessório. A principal questão aqui é dimensionar esse risco, pois muitas vezes essa situação gera um receio exagerado. Cabe ao grupo coordenador do processo sucessório balizar a alta administração e ajudá-la a dimensionar adequadamente o risco.

O risco é normalmente menor do que aponta o mapa sucessório quando:

- Há um baixo risco dos ocupantes das posições atuais saírem da organização;
- O mercado de trabalho não ameaça a organização por causa da conjuntura, ou porque a organização domina o mercado de trabalho;
- As posições a serem sucedidas podem ser preenchidas por pessoas disponíveis no mercado de trabalho;
- Os sucessores, embora não estejam prontos para assumir maiores níveis de complexidade, podem ter seu desenvolvimento acelerado e se tornarem prontos em curto espaço de tempo.

O que aponta o mapa sucessório merece atenção quando:

- As posições a serem preenchidas fazem parte de uma ação estratégica da organização e são necessárias pessoas que conheçam a organização e seu negócio;
- Há um alto risco de os ocupantes das posições atuais saírem da organização porque o mercado de trabalho está muito demandante;
- As posições a serem sucedidas são críticas e não podem ser preenchidas facilmente pelo mercado de trabalho;
- O mercado de trabalho não oferece pessoas prontas para ocupar as posições a serem abertas pela organização.

No caso de risco elevado, sugere-se que o grupo coordenador do processo sucessório recomende ao presidente a organização de um conselho interno para monitoramento. As ações recomendadas nesse caso podem ser agrupadas nas seguintes categorias:

- Aceleração da carreira – um primeiro passo é analisar todas as pessoas que possam ser desenvolvidas mais rapidamente. Atualmente, temos vários instrumentos para medir velocidade de aprendizagem. Os mais utilizados nos Brasil são os desenvolvidos por Stamp (1989) e Lombardo e Eichinger (1996 e 2001). Em seguida, estruturar programas de desenvolvimento, orientação e acompanhamento;

- Mapeamento do mercado – efetuar um mapeamento do mercado local e internacional buscando pessoas que possam atender à demanda da organização com baixo nível de investimento em seu desenvolvimento. Para tanto, é recomendável contar com a ajuda de profissionais de captação externos especializados no ramo de atuação da organização;
- Gestão de pessoas críticas – indicar quais são as pessoas cuja perda poderia gerar um grande impacto negativo, definindo critérios para elegê-las e indicando-as. Para essas pessoas deve ser criado um programa diferenciado de retenção.

Caberá ao conselho interno viabilizar politicamente as medidas, monitorar a efetividade delas e avaliar continuamente seus efeitos na redução do risco sucessório.

5.6
Conclusões

Os resultados das reuniões dos comitês de sucessão devem ser trabalhados com cada um dos gestores. Esse processo de discussão e acompanhamento dos trabalhos após as reuniões dos comitês tem resultado em um importante processo pedagógico para torná-los melhores gestores de pessoas.

O grupo responsável pela coordenação do processo sucessório deve patrocinar o envolvimento dos gestores no processo sucessório de forma ininterrupta e não apenas na realização dos comitês de sucessão. Por isso, dedicamos toda a Parte II deste livro a essa discussão. Procuramos demonstrar que é um processo e não um conjunto de ações tópicas.

Em nossas experiências, pudemos perceber alguns ganhos importantes no desenvolvimento dos gestores a partir da implantação de processos sucessórios estruturados. Gostaríamos de ressaltar algumas dessas percepções:

- Calibração da avaliação – o processo sucessório exige do gestor um olhar mais arguto para os membros de sua equipe. No processo sucessório, a análise das pessoas é efetuada de forma bem mais profunda do que na avaliação de desempenho. Como resultado, observamos um natural refinamento dos critérios utilizados pelos gestores para avaliar;

- Ampliação do olhar – os gestores no processo sucessório têm que efetuar comparações entre os membros de sua equipe e os seus pares. Esse processo cria uma visão mais crítica;
- Percepção da arena política – as reuniões dos comitês são um grande exercício de disputa política e de reflexão estratégica, tornando-se um ambiente rico de aprendizagem sobre a arena política da organização e/ou negócio;
- Visão sistêmica – ao terem que pensar os membros de sua equipe como sucessores de posições em outras áreas da organização, passam a ampliar sua sensibilidade para a organização como um todo, e nesse exercício os gestores desenvolvem uma visão mais ampla da organização e ampliam suas conexões com outras áreas e pessoas;
- Aprimoramento de habilidades comportamentais – o olhar mais refinado sobre as pessoas e a exigência de autocrítica como gestores de pessoas faz com que os participantes dos comitês ampliem a percepção da importância das habilidades comportamentais para o seu desenvolvimento e para ter acesso a posições de maior complexidade na organização e/ou negócio.

Nos próximos capítulos vamos trabalhar com mais profundidade a gestão do desenvolvimento dos sucessores e a avaliação do processo sucessório.

parte III

Preparação de sucessores

Na Parte II trabalhamos a construção do mapa sucessório, e na Parte III vamos trabalhar o desenvolvimento de sucessores. Dividimos esse tema em dois capítulos para darmos ênfase tanto ao aspecto de construção do desenvolvimento em conjunto com a própria pessoa, através de um diálogo contínuo sobre seu desenvolvimento, quanto às ações de desenvolvimento propriamente ditas, em que podemos explorar as possibilidades, suas vantagens e limitações.

No Capítulo 6 vamos trabalhar o diálogo de desenvolvimento, abordando a construção e as etapas desse processo e os papéis a serem desempenhados pelas pessoas, por seus gestores e pela organização.

No Capítulo 7 vamos trabalhar os processos de desenvolvimento enfatizando as etapas de aprendizado e o papel dos gestores e da organização nesse processo.

6 | Diálogos para o desenvolvimento

6.1
Introdução

Uma das principais razões do fracasso de processos de avaliação é a falta de diálogo entre lideranças e membros de sua equipe. Como foi dito no Capítulo 2, muitas empresas investiram na preparação de seus líderes no que chamamos de *feedback* (retroalimentação), mas a falta de efetividade não é explicada pela forma de abordar ou pelo planejamento prévio das reuniões de *feedback*. A explicação para a falta de efetividade é dada pelo foco, e normalmente a base para a conversa é um conjunto de fatos e dados sobre o cumprimento de metas, comportamentos e compromissos da pessoa com ela própria, sempre olhando para o passado. Raramente o diálogo se dá a partir dos desafios que a pessoa terá que enfrentar no futuro ou dos compromissos que está assumindo consigo mesma em relação ao seu desenvolvimento futuro e carreira. Com essa preocupação, algumas empresas trocaram o termo *feedback* por *feedforward* (alimentação para o futuro). Mas a tendência é que as empresas substituam a palavra *feedback* pela *diálogo*.

A ideia que vem tomando corpo em nossas organizações é a de preparar as lideranças para um diálogo sobre o desenvolvimento dos membros de sua equipe. Esse desenvolvimento deve ser voltado para os desafios que enfrentará no futuro próximo e para seus propósitos de desenvolvimento e carreira.

Vamos apresentar nesse capítulo as bases para a construção de um diálogo efetivo para o desenvolvimento das pessoas e exemplos de empresas que tiveram sucesso na preparação de lideranças no exercício desse papel. Para tanto, vamos descrever as várias etapas desse processo e discutir sobre os papéis da própria pessoa, de seu gestor e da organização.

Vale a pena ressaltar que há um estímulo concreto para a pessoa assumir o protagonismo de seu desenvolvimento quando se estabelece um diálogo de desenvolvimento. A pessoa passa a ter um papel ativo em relação ao seu desenvolvimento e, enquanto o *feedback* ressalta necessidades de desenvolvimento, o diálogo constrói o processo desse desenvolvimento e define compromissos em relação a ele.

Dentro dessa dinâmica, o gestor sai da posição de juiz ou de avaliador e assume a de parceiro e facilitador do desenvolvimento dos membros de sua equipe. Essa mudança de papel do gestor faz com que reforce o papel da pessoa como responsável pelo seu desenvolvimento.

6.2
Processo para o diálogo de desenvolvimento

6.2.1 Estruturação do diálogo

O diálogo entre líder e liderado deve ser um processo contínuo, entretanto há necessidade da criação de rituais para que, em determinados momentos, ele ocorra de forma estruturada. Esses rituais são importantes, porque a principal queixa das pessoas nas organizações pesquisadas era a falta de diálogo com suas lideranças. Em nossas pesquisas sobre as melhores empresas para se trabalhar e as melhores empresas para iniciar a carreira, realizadas através da parceria entre FIA (Fundação Instituto de Administração) e revistas *Você S.A.* e *Exame*, da Editora Abril, o diálogo é um aspecto principal para a satisfação da pessoa com a organização e sua liderança, particularmente entre as pessoas mais jovens.

O diálogo estruturado sempre será suportado por algum tipo de avaliação do líder em relação ao seu liderado e do próprio liderado em relação ao seu trabalho e comportamento. Quando o diálogo se dá a partir de um processo de avaliação estruturado, os parâmetros utilizados para a realização do diálogo são legítimos para a organização como um todo e as decisões decorrentes do diálogo ajudarão no alinhamento e na conciliação de expectativas entre a pessoa e a organização.

A questão crítica no diálogo é seu foco. Acompanhando a evolução das empresas pesquisadas foi possível verificar uma tendência de o diálogo se concentrar no futuro da pessoa e de sua relação com a organização. Essa tendência é decorrente do amadurecimento na relação entre líder e liderado. A mudança de foco teve um impacto importante na melhoria do clima organizacional e no nível de satisfação das pessoas com a organização e com a liderança. Essa melhoria teve impacto na produtividade e lucratividade das empresas pesquisadas.

O diálogo entre o líder e seus liderados pode ser dividido em três etapas: preparação para o diálogo; realização do diálogo; e execução e acompanhamento das decisões efetuadas durante o diálogo.

Em nossos trabalhos, observamos que as organizações bem-sucedidas na construção de diálogo utilizam as seguintes bases para o processo:

- O futuro da pessoa é sempre a principal base para o diálogo, seja esse futuro relacionado à sua relação com a organização, seus sonhos profissionais ou pessoais;
- A ênfase do diálogo está em relação aos desafios a serem enfrentados pela pessoa na organização ou em seu trabalho. Principalmente, quando pensamos em processo sucessório, muitas vezes esses desafios estão relacionados à incorporação de novas atribuições e responsabilidades;
- Um aspecto que não é esquecido no diálogo são os projetos da pessoa em relação ao seu futuro, como, por exemplo: realização de cursos, experiências internacionais, visitas, estágios etc.;
- O futuro da pessoa em campos não relacionados diretamente com seu trabalho deve ser também explorado, como, por exemplo, a família, a carreira do cônjuge, a educação e/ou carreira dos filhos, a atuação em organizações sociais, esportivas, religiosas etc., a saúde pessoal ou de membros da família, a situação dos pais etc.

6.2.2 Preparação para o diálogo

A preparação para o diálogo deve ser efetuada tanto pela pessoa na condição de líder quanto pela pessoa na condição de liderada. O primeiro passo é listar os principais desafios a serem enfrentados pela pessoa, organizando os desafios para o próximo ano e para os próximos dois anos. O segundo passo é refletir sobre os principais objetivos de desenvolvimento da pessoa, tendo em vista sua progressão na carreira e/ou seu aprimoramento profissional.

A partir desses dois passos, caso a organização possua um processo de avaliação estruturado, é preciso avaliar quais são as competências e os comportamentos que deveriam ser trabalhados com maior ênfase para fazer frente aos desafios e aos objetivos de desenvolvimento. Essa avaliação permite verificar aspectos importantes na capacitação necessária, tanto em termos de aquisição de conhecimento quanto em termos de desenvolvimento de habilidades. As ações para aquisição de capacidade, em sua maior parte, estão no âmbito do trabalho que a pessoa executa. Estimamos que o trabalho corresponda entre 70% a 90% do aprendizado A aquisição de capacidade, nesse caso, ocorre quando são inseridas melhorias no processo de trabalho, metodologias de trabalho mais eficientes, novos conceitos para suportá-lo, novas técnicas ou tecnologias, instrumentos ou ferramentas mais efetivas e assim por diante.

Outro ponto importante para a preparação para o diálogo são os objetivos de *performance* para a área ou unidade e seu reflexo sobre o trabalho da pessoa. Muitas vezes a melhoria na *performance* constitui-se em um dos desafios para a pessoa, mas vale a pena efetuar essa análise, mesmo com o risco de redundância. A questão da *performance* tende a ser o fator de maior pressão sobre o líder e liderado, por isso é importante que seja um dos pontos centrais do diálogo. Apesar de sua importância, o diálogo não pode ser resumido à questão de *performance*, e seu grande foco deve ser o desenvolvimento das pessoas e da organização. A questão, portanto, não é bater a meta, mas sim trazer o trabalho e a organização como um todo para atuar em um patamar superior de *performance*.

Quando falamos do processo sucessório, a preparação para o diálogo deve levar em conta as discussões ocorridas em relação ao futuro da pessoa, como vimos no processo de construção do mapa sucessório. Durante os comitês surgem muitas sugestões de desenvolvimento e pontos a serem trabalhados que devem ser considerados na preparação para o diálogo.

6.2.3 Realização do diálogo

O diálogo pode ser realizado entre o líder e o liderado ou entre o líder e os liderados de forma conjunta. Recomenda-se que, mesmo que o líder realize um diálogo coletivo, reunindo seus liderados, não abra mão do diálogo individual com cada membro de sua equipe. Quando temos equipes muito grandes, como, por exemplo, lideranças de planta de fábricas, ou de atividades operacionais, em que a equipe varia de 40 a 200 pessoas, fica muito difícil estabelecer um diálogo com cada membro da equipe. Nesses casos, recomenda-se que o líder estabeleça um diálogo com as pessoas mais seniores da equipe e encarregue-as de trabalhar o diálogo com os demais membros da equipe.

O diálogo deve ser focado no futuro, trabalhando os desafios, objetivos de *performance* e objetivos de desenvolvimento. Recomenda-se que, dado o foco do diálogo pelo líder, esse diálogo privilegie a visão do liderado sobre si e sobre a sua relação com o trabalho e com a organização. Desse modo, a palavra deve ser prioritariamente do liderado, cabendo ao líder ouvir, ponderar, aconselhar e conduzir o diálogo para uma conciliação de expectativas.

Problemas de comportamento, desenvolvimento e *performance* apresentados pelo liderado devem servir de base para a construção de um pacto de desenvolvimento e de *performance*. Jamais esses problemas devem ser utilizados para julgar o liderado. Caso o diálogo caminhe para um julgamento em que o líder se torna juiz e o liderado se torna réu, os resultados são, na maior parte das vezes, desastrosos, e a relação entre líder e liderado pode sofrer uma ruptura irreparável.

Quando o diálogo tem como um de seus objetivos a preparação da pessoa para o processo sucessório, o comportamento e reação da pessoa tornam-se componentes importantes para a ponderação sobre se a pessoa de fato está preparada para o que dela se espera e/ou se deseja de fato o que está sendo proposto. Portanto, a condução do diálogo torna-se muito mais exigente de parte a parte.

Verificamos, em inúmeras situações, que o desenvolvimento da pessoa indicada para o processo sucessório dependia de espaços oferecidos pelo seu gestor. Isso implica que durante o processo de diálogo essa condição seja discutida e assinalada com indicadores bem concretos. Há uma natural dificuldade para o gestor em abrir esses espaços no dia a dia, conforme veremos com maior profundidade ao discutirmos os aspectos comportamentais do processo sucessório.

O ideal na negociação de espaços é definir a coordenação de determinados projetos ou a condução de determinados processos dentro da área em que o gestor atuará como um facilitador, como um suporte nas articulações políticas e na orientação técnica, se necessário.

Em outras situações, verificamos que o desenvolvimento da pessoa passa por sua atuação em diferentes áreas da organização ou em projetos que envolvam outras áreas além daquela em que atua. Muitas vezes essa é, também, uma negociação difícil, porque envolve prioridades no desenvolvimento da pessoa, em contraponto com as prioridades da área na qual atua, ou de seu gestor.

6.2.4 Execução e acompanhamento das decisões tomadas durante o diálogo

O resultado do diálogo deve ser um compromisso do liderado em desenvolver-se e trabalhar suas fragilidades para fazer frente aos desafios, esforçar-se para alcançar as metas estabelecidas e buscar seus objetivos de carreira e/ou aprimoramento profissional. Outro resultado do diálogo é o compromisso do líder em oferecer as condições objetivas para que o seu liderado consiga realizar seus compromissos.

O líder tem um papel importante na concretização dos compromissos dos membros de sua equipe. Na medida em que o líder cria as condições para que os compromissos virem realidade, os resultados de sua equipe aparecem naturalmente, além dos membros da equipe se sentirem valorizados, realizados e reconhecidos. O papel do líder é facilitar o alcance das metas pelos membros de sua equipe, criar o espaço e os recursos necessários para o desenvolvimento das pessoas e para mitigar suas fragilidades. O líder deve atuar de um lado com o estilo *coach*, buscando sustentar uma equipe de alta *performance* e, ao mesmo tempo, estar atento às necessidades de cada membro de sua equipe.

Nesse contexto, o acompanhamento dos compromissos assumidos durante o diálogo é fundamental. Recomenda-se que esse acompanhamento seja realizado em um trabalho coletivo, envolvendo toda a equipe, com intervalos menores, idealmente em intervalos de no máximo um mês e, também, em um trabalho individualizado com intervalos maiores, mas nunca superior a três meses. Nos casos de equipes muito grandes o acompanhamento pode ser auxiliado pelos membros seniores.

O acompanhamento é importante porque aumenta a sensibilidade do líder na relação com sua equipe e permite um contínuo aprimoramento das bases e premissas utilizadas nos diálogos e nas negociações de compromissos. Permite também efetuar ajustes finos no trabalho de cada membro da equipe e da equipe como um todo, além de poder efetuar ajustes caso haja mudanças de rumo nos objetivos da organização ou negócio ou mudanças das premissas que suportaram a construção dos compromissos individuais e com a equipe.

Quando falamos de processo sucessório essas questões ganham muita relevância. Como vimos muitas vezes, o desenvolvimento da pessoa depende de espaços oferecidos pelo seu gestor. É importante definir indicadores de sucesso para esse processo e seu monitoramento. Observamos que é comum o gestor encontrar "desculpas verdadeiras" para não concretizar a oferta de maior espaço para o seu subordinado. Geralmente, as desculpas são ligadas ao momento delicado vivido pela organização, ou pelo negócio, ou pela área.

No caso de preparação das pessoas que envolvem atuações fora de sua área de atuação, torna-se fundamental acompanhar os indicadores negociados durante o diálogo de desenvolvimento. Aqui também, essas ações podem ser procrastinadas em função de outras prioridades.

6.3
Papéis no diálogo de desesenvolvimento

As etapas do processo de diálogo foram apresentadas e, em seguida, vamos aprofundar os diferentes papéis nessas etapas do processo. Os papéis serão divididos entre a própria pessoa, seu gestor e a organização. Em cada um dos papéis vamos ressaltar sua importância para o processo sucessório.

6.3.1 Papel da pessoa

Preparação para o diálogo

Caberá à pessoa refletir sobre suas expectativas em relação ao seu futuro tanto em sua área de atuação quanto na organização, analisando os desafios profissionais e pessoais oferecidos e sua capacidade para enfrentá-los.

A pessoa deve refletir de forma estruturada sobre seu futuro profissional, cotejando-o com seus desejos, expectativas e/ou sonhos pessoais. Essa combinação é essencial para um desenvolvimento harmônico.

Diante dos desafios profissionais e pessoais, a pessoa deve refletir sobre os recursos de que já dispõe para enfrentá-los e, também, sobre aspectos que devem ser aprimorados. Essa reflexão conduz a uma percepção mais clara de ações de desenvolvimento a serem empreendidas. Entre essas ações, algumas serão empreendidas pela própria pessoa e sobre as quais terá total controle, outras, entretanto, dependerão de orçamento ou de ações de seu gestor. Essa clareza é fundamental para uma negociação durante o diálogo de desenvolvimento, caso contrário a pessoa ficará refém das circunstâncias definidas pelo orçamento ou pelas prioridades do gestor.

Nas situações de desenvolvimento em que há necessidade de suporte do gestor, é importante que a pessoa esteja preparada para solicitá-lo e oferecer argumentos para essa necessidade. A pessoa necessitará de suporte do gestor, dentre as várias possibilidades, quando estiver exposta politicamente, quando necessitar de recursos orçamentários para realizar a ação de desenvolvimento, quando necessitar atuar fora de sua área, quando necessitar contato com fornecedores, clientes ou concorrentes e/ou quando necessitar ampliar sua rede de relacionamentos.

O diálogo de desenvolvimento é uma oportunidade para que a pessoa discuta sua carreira e seus objetivos de mais longo prazo dentro da organização e, para tanto, deve se preparar.

Quando essa preparação envolve o processo sucessório, podemos estar diante das seguintes situações:

- A pessoa já tem conhecimento de que está sendo preparada para uma posição de maior complexidade: nesse caso a pessoa deve refletir sobre suas prioridades de desenvolvimento e pontos de negociação com seu gestor, principalmente no que se refere a maiores níveis de exposição técnica e/ou política;
- A pessoa não tem conhecimento de que está sendo preparada para uma posição de maior complexidade, embora haja planos por parte da organização nessa direção: nesse caso a pessoa percebe uma atenção diferenciada em relação ao seu desenvolvimento e necessita transitar nesse terreno com muita sutileza e cuidado, porém não deve se furtar a fazê-lo;
- A pessoa não tem conhecimento de que está sendo preparada para uma posição de maior complexidade e a organização não efetivou nenhuma ação nessa direção: nesse caso a pessoa procederá como as demais em relação ao seu desenvolvimento, cabendo ao seu gestor conduzir o processo.

Cuidados na realização do diálogo

No diálogo com seu gestor, é muito importante que a pessoa tenha a iniciativa de discutir seu desenvolvimento. Deve fazê-lo, entretanto, de forma ponderada e sem ansiedade. Verificamos aqui a importância da preparação prévia.

A pessoa deve apresentar sua percepção dos desafios a serem enfrentados por ela, pela equipe como um todo e pela área. Depois, verificar se suas percepções estão alinhadas com a percepção do gestor. Caso não estejam, o primeiro passo é alinhá-las. Esse alinhamento é muito importante para definir na sequência as ações de desenvolvimento.

Esse momento é uma boa oportunidade para discutir as expectativas de crescimento profissional. A pessoa pode apresentar suas expectativas e projetos de desenvolvimento profissional e pessoal. Deve, entretanto, tomar o cuidado de relacionar essas expectativas e projetos com os objetivos e propósitos da organização, para que não venham a ser interpretados como movimentos que interessam apenas à pessoa sem nenhuma conexão com a organização.

Pelo fato de a pessoa estar tomando a iniciativa de discutir seu desenvolvimento, deve tomar a iniciativa de se autoavaliar. Nesse momento, deve apontar seus pontos fortes e aspectos a serem aprimorados frente aos desafios da área e da organização e frente às suas expectativas e projetos de desenvolvimento. Verificar se suas percepções estão alinhadas com as de seu gestor e discuti-las.

Dessa discussão emergem, naturalmente, as ações de desenvolvimento mais adequadas para trabalhar a preparação da pessoa para os desafios, para potencializar seus pontos fortes e desenvolvê-la nos pontos a serem aprimorados.

Como uma parte significativa das ações de desenvolvimento ocorrerá no próprio trabalho da pessoa, o apoio do gestor será fundamental. Ao se discutir as ações de desenvolvimento, os papéis devem ser estabelecidos, tanto da pessoa quanto de seu gestor. Portanto, é muito importante refletir sobre isso na preparação para o diálogo.

Junto com a definição de papéis são definidos os indicadores de sucesso do desenvolvimento.

Quando o desenvolvimento da pessoa está vinculado ao processo sucessório, como já vimos, podemos estar diante das seguintes situações:

- A pessoa já tem conhecimento de que está sendo preparada para uma posição de maior complexidade: nesse caso a pessoa deve discutir com seu gestor ações de desenvolvimento voltadas à sua preparação para o processo sucessório, normalmente implicando em maiores níveis de exposição técnica e/ou política;
- A pessoa não tem conhecimento de que está sendo preparada para uma posição de maior complexidade, embora haja planos por parte da organização nessa direção: nesse caso, embora a pessoa perceba uma atenção diferenciada em relação ao seu desenvolvimento, deve discuti-lo como se não soubesse, entretanto, deve procurar verificar com seu gestor oportunidades de maior exposição técnica e/ou política;
- A pessoa não tem conhecimento de que está sendo preparada para uma posição de maior complexidade e a organização não efetivou nenhuma ação nessa direção: nesse caso a pessoa procederá como as demais em seu diálogo de desenvolvimento, cabendo ao seu gestor trabalhar as ações de desenvolvimento que permitam à pessoa ser preparada para situações de maior complexidade.

Acompanhamento das ações definidas no diálogo

A responsabilidade principal pelo acompanhamento de seu desenvolvimento é da própria pessoa, avaliando a efetividade das ações empreendidas, do suporte de seu gestor e dos recursos oferecidos pela organização. Um instrumento efetivo para o acompanhamento são os indicadores desenvolvidos durante o diálogo de desenvolvimento e os pactos firmados com o gestor.

Os pactos firmados são um argumento para periodicamente conversar com o gestor acerca da efetividade das ações de desenvolvimento e efetuar ajustes de percurso, quando necessário.

O desenvolvimento das pessoas é construído a partir dos desafios enfrentados por ela, por isso é importante buscar mais espaço através do enfrentamento de situações mais exigentes e complexas e situações de trabalho que permitam ampliar a visão sistêmica.

Analisar a necessidade de capacitação para enfrentar os desafios e para realizar seus propósitos e criar as condições para sua realização no próprio trabalho, através de cursos e/ou através de orientação de pessoas mais experientes.

Buscar periodicamente indicações de seu gestor, colegas e profissionais sobre seu desenvolvimento. Recomenda-se pelo menos uma verificação estruturada a cada três meses.

Quando as ações de desenvolvimento estão vinculadas ao processo sucessório, podemos estar diante das seguintes situações:

- A pessoa já tem conhecimento de que está sendo preparada para uma posição de maior complexidade: a pessoa deve acompanhar com mais cuidado a efetividade das ações de desenvolvimento, tanto sobre os resultados obtidos quanto se estão acontecendo nos prazos pactuados. Nesse caso, as pessoas devem procurar indicações sobre o seu desenvolvimento junto aos seus gestores principalmente em relação aos desafios relacionados a maiores exposições técnicas e/ou políticas;
- A pessoa não tem conhecimento de que está sendo preparada para uma posição de maior complexidade, embora haja planos por parte da organização nessa direção: nesse caso a pessoa deve colocar maior atenção no processo de acompanhamento em relação às novas situações profissionais vividas e às exposições técnicas e/ou políticas;
- A pessoa não tem conhecimento de que está sendo preparada para uma posição de maior complexidade e a organização não efetivou nenhuma ação nessa direção: nesse caso a pessoa procederá como as demais em seu acompanhamento, cabendo ao seu gestor trabalhar para oferecer um suporte diferenciado em relação às novas situações vividas pela pessoa.

O acompanhamento das ações de desenvolvimento torna-se um elemento precioso na preparação de futuros diálogos com o gestor.

6.3.2 Papel do gestor

Preparação para o diálogo

Na preparação para o diálogo o gestor deve construir sua visão sobre o futuro de cada membro de sua equipe. Essa visão coletiva é importante porque o que negociar com cada membro individualmente terá reflexo no coletivo. É importante também pensar o desenvolvimento da equipe como um todo. Ademais, é natural que as pessoas comentem com seus colegas o conteúdo da conversa com o superior hierárquico.

Para desenvolver essa visão de futuro, o gestor deve levar em conta os desafios a serem enfrentados pela área como um todo, e os desafios que podem caber a cada membro da equipe.

Quando comparamos nossas pesquisas sobre liderança no Brasil com as realizadas nos Estados Unidos, verificamos que é uma característica de nossos líderes pensar o futuro sem obstáculos ou problemas, usando uma metáfora: é como se encarassem o voo a ser realizado como se fosse feito em céu de brigadeiro, sem nenhuma turbulência a vista. Caso haja uma turbulência, ela encontrará a equipe despreparada, que pode perder o controle emocional. De outro lado, se o líder prepara a equipe para uma turbulência, caso ocorra, irá encontrar as pessoas preparadas, que ficarão estressadas, mas saberão o que têm que fazer. Desse modo, a crise pode criar equipes mais fortes e com maior autoconfiança. Segundo os pensadores sobre o tema, essa é a base para se criar equipes de alta *performance*: pessoas que gostam do desafio.

Portanto, ao pensar em desafios para a equipe ou para os membros da equipe, é importante que o gestor pense em oportunidades de crescimento para as pessoas.

Na preparação para o diálogo com cada pessoa o gestor deve refletir sobre as oportunidades de desenvolvimento e de exposição dela, levando em conta sua percepção, as expectativas já manifestas por ela e as opiniões de seus pares e chefias. Nesse caso, vale a pena detalhar ações de desenvolvimento, aspectos a serem desenvolvidos e indicadores de sucesso desse processo. Esses são pontos importantes para discutir individualmente com cada membro da equipe.

Quando a pessoa em questão está sendo preparada para o processo sucessório, o gestor terá informações adicionais advindas de processos de avaliações de potencial e das discussões ocorridas no comitê de sucessão. Nesses casos o gestor deve refletir sobre as seguintes possibilidades:

- Oferecer desafios mais complexos, onde haja maior exposição política e técnica;
- Estimular a ampliação da rede de relacionamentos. Particularmente em posições muito técnicas há uma tendência para que o relacionamento das pessoas fique restrito à comunidade técnica. Observamos

que a ampliação da rede de relacionamentos é muito importante para desenvolver na pessoa uma visão mais crítica sobre sua realidade;
- Criar condições objetivas para que a agenda da pessoa envolva atividades em outros processos, negócios ou localidades da empresa;
- Verificar possibilidades de exposição internacional;
- Avaliar a possibilidade de aproximar a pessoa de pares ou chefes do gestor que poderiam atuar como mentores em processos específicos de desenvolvimento.

Em todas essas possibilidades, o gestor terá o papel de abrir caminho e de orientar a pessoa em cada passo. Nessas situações é fundamental a transferência de sabedoria e de experiência do gestor para o membro de sua equipe.

Em algumas situações é interessante pensar em pessoas fora da organização como mentores do desenvolvimento da pessoa.

Caso o processo de desenvolvimento da pessoa venha a ser muito exigente e haja uma possibilidade de provocar um alto nível de desgaste emocional, é fundamental que o gestor tome a dianteira nos seguintes aspectos:

- Demonstrar para a pessoa os riscos envolvidos no seu processo de desenvolvimento;
- Estimulá-la a conversar com a família a respeito do processo e ajudá-la a construir um suporte para o processo;
- Verificar a necessidade da ajuda de profissional especializado nesse tipo de suporte através de um processo de *coaching*;
- Interagir com pares e superiores da pessoa no processo a ser enfrentado para elaborar uma rede de proteção.

Cuidados na realização do diálogo

Nessa etapa do processo o gestor deve assumir a postura de ouvinte. Caso o membro de sua equipe tenha dificuldades para se posicionar, o gestor deve estimulá-lo e ajudá-lo com questões. É importante que a pessoa tenha um posicionamento inicial para, a partir daí, estabelecer uma discussão. Esse exercício é pedagógico e ajudará a pessoa a perceber a importância de se preparar para a reunião e como fazê-lo. Outra vantagem dessa postura é permitir ao gestor uma avaliação do nível de maturidade da pessoa, de sua percepção do contexto onde se insere e dos pontos mais importantes a serem trabalhados em seu desenvolvimento.

O diálogo de desenvolvimento deve ser dividido pelo gestor em quatro etapas para ajudar o membro de sua equipe em sua reflexão e para resultar em um pacto importante tanto para a pessoa quanto para a organização.

A primeira etapa deve ser a discussão dos desafios da pessoa, da equipe e da área. Tão logo a pessoa se posicione em relação a esse tema, o gestor deve auxiliá-la em aprimorar essa visão. Esse exercício é interessante para o gestor porque terá uma visão de todos os membros de sua equipe em relação aos desafios e seus posicionamentos em relação a eles. Essa informação é valiosa para o gestor efetuar uma autoavaliação de sua comunicação com a equipe e o quanto está conseguindo transmitir as prioridades e a visão de futuro. É valiosa, também, para perceber as diferenças entre os membros de sua equipe em termos de estilo, ambição, maturidade e nível de preparo.

A segunda etapa é estimular as pessoas a apresentarem suas expectativas e projetos de desenvolvimento. É importante que o gestor crie espaço para elas apresentarem seus sonhos profissionais e pessoais. Cabe ao gestor ajudá-las a conectarem seus sonhos com as possibilidades e com a realidade da área e da organização. Esse exercício, feito ao longo do tempo, será efetivo para o amadurecimento delas no alinhamento entre suas expectativas e as da organização e no processo de negociação dessas expectativas.

A terceira etapa é a discussão dos pontos fortes e pontos de aprimoramento das pessoas frente aos desafios da área ou da organização e frente às suas expectativas e projetos de desenvolvimento. Novamente aqui é importante que a pessoa se posicione primeiro, cabendo ao gestor ajudá-la em sua autopercepção. Haverá pessoas extremamente exigentes consigo mesmas e outras, ao contrário, pouquíssimo exigentes. Haverá pessoas com uma boa percepção sobre si, mas que necessitam de uma visão mais madura sobre elas próprias e uma visão de fora. Em todas as situações, o gestor poderá ajudar muito as pessoas em suas autopercepções e sinalizar pontos de aperfeiçoamento e/ou desenvolvimento.

A quarta etapa é a construção conjunta de um projeto de desenvolvimento. Também aqui o gestor deve deixar a iniciativa para a pessoa ou estimular que ela tome a iniciativa de pensar seu próprio desenvolvimento. As ações de desenvolvimento devem privilegiar ações no próprio trabalho ou de responsabilidade da pessoa com suporte do gestor, tais como: ler determinados livros ou artigos; interagir com projetos ou pessoas na organização; buscar experiências fora da organização em ações filantrópicas, esportivas ou educacionais; realizar comparações com outras realidades (*benchmarkings*) etc. Nessa etapa, cabe ao gestor garantir os seguintes resultados:

- Construção de um pacto com a pessoa sobre seu plano de desenvolvimento, descrevendo ações, prazos e responsabilidades;
- Desenhar indicadores de resultados a serem obtidos em cada ação de desenvolvimento;
- Definir claramente o papel do gestor em criar as condições objetivas para a realização do plano e o papel da pessoa em executá-lo.

O gestor deverá ter cuidados adicionais no caso da pessoa que está sendo preparada para o processo sucessório. Podem ocorrer as seguintes possibilidades:

- A organização tem uma cultura de transparência e a pessoa já sabe que está sendo preparada para uma posição de maior complexidade: nesse caso a discussão é mais aberta e deve ter como componente uma maior exposição técnica e/ou política da pessoa, além de desafios mais complexos. Em todos os casos, contando com o suporte do gestor;
- A organização não tem uma cultura de transparência e a pessoa não sabe que está sendo preparada para uma posição de maior complexidade: nesse caso o gestor deverá ser mais sutil, mas não deve se furtar de estimular a pessoa em assumir desafios que proporcionem maior exposição técnica e/ou política. Nessa situação, mais do que na anterior, o suporte do gestor é fundamental para criar as condições objetivas para essa maior exposição.

O gestor, ao longo dos diálogos com os membros de sua equipe, deve ter o cuidado de assumir compromissos com as pessoas que tenha condições de cumprir. Ou seja, como as negociações são individuais, o gestor pode criar expectativas em relação à sua participação que não terá agenda, energia e/ou recursos para atender.

Acompanhamento das ações definidas no diálogo

Recomenda-se que sejam privilegiadas ações de desenvolvimento no próprio trabalho da pessoa, o que gera muito mais trabalho para o gestor no processo de desenvolvimento dos membros de sua equipe. É muito importante que todos os membros da equipe estejam desafiados dentro de suas capacidades. Por isso é que o gestor deve ter cuidado ao assumir compromissos para poder atender a todos.

Cabe ao gestor criar mais espaço para os membros de sua equipe através de maior delegação e oferta de desafios mais exigentes. Nesses aspectos é que o gestor será mais exigido. Para delegar, deverá acompanhar mais de perto os membros de sua equipe em situações novas de trabalho para eles. Em muitas situações, terá que abrir portas na arena política da organização para os membros de sua equipe e prepará-los para situações de maior exposição técnica e/ou política. Vale a pena lembrar que o insucesso das pessoas nessas novas situações é transferido imediatamente para o seu gestor, ou seja, se as pessoas são inábeis porque não receberam a orientação devida, ou porque o gestor não efetuou as costuras políticas necessárias, a credibilidade do gestor junto a toda a comunidade da organização é colocada em cheque.

Nossas pesquisas sobre liderança revelaram que os gestores bem-sucedidos eram os que desafiavam toda a equipe. Infelizmente, o perfil de nossa liderança é de se apoiar em uma ou duas pessoas de sua equipe, marginalizando as demais de situações desafiadoras. No curto prazo, essa atitude gera resultados, porém, no médio e longo prazo, o gestor desenvolve uma profunda dependência dessas pessoas e cria um clima desfavorável na área. É fundamental desafiar todas as pessoas da equipe e acompanhar esse processo, para adequar o desafio ao estágio de maturidade das pessoas.

O acompanhamento deve ser efetuado individualmente utilizando os indicadores de desenvolvimento e o pacto firmado no diálogo. Recomendam-se reuniões pelo menos a cada três meses. Aspectos de desenvolvimento que envolvam toda a equipe de trabalho podem ser tratados coletivamente nas reuniões da área.

No processo de acompanhamento, cabe ao gestor monitorar os desenvolvimentos individuais, acompanhando-os em relação aos indicadores e pactos estabelecidos, e os desenvolvimentos da equipe, acompanhando o ritmo e qualidade das respostas das pessoas. Isso permitirá ao gestor elementos importantes para discutir com as pessoas seu desenvolvimento e para a preparação de futuros diálogos.

Observamos que o desenvolvimento da equipe impulsiona o desenvolvimento do gestor. O aprendizado ao acompanhar o desenvolvimento da equipe oferece insumos para o projeto de desenvolvimento do gestor.

Em relação ao acompanhamento do desenvolvimento das pessoas indicadas para o processo sucessório, seria importante acrescentar alguns pontos:

- Alinhamento do gestor com seus pares e superiores hierárquicos ou projetos de exposição técnica e/ou política dos membros de sua equipe pensados para o processo sucessório. Esse aspecto é relevante porque a pessoa provavelmente ganhará trânsito na arena política em que o gestor atua, passando a se relacionar com seus pares e superiores;
- Preparação e acompanhamento dos membros de sua equipe ao transitarem em novas arenas políticas e técnicas da organização ou fora dela;
- Avaliação da atuação e desenvolvimento dos membros de sua equipe através de conversa contínua com seus pares e superiores.

6.3.3 Papel da organização

Preparação para o diálogo

A organização tem um papel importante nessa etapa do processo. De um lado, deve oferecer orientação e capacitação para os gestores na preparação para o diálogo, e de outro, deve oferecer os instrumentos necessários para tanto. Além disso, deve haver uma cultura organizacional que estimule e valorize essa prática.

A orientação deve ser oferecida no próprio processo de avaliação de pessoas, onde haja um estímulo para que o gestor se prepare para o diálogo e oriente os membros da sua equipe para fazê-lo também. A capacitação deve estar centrada no gestor através de treinamentos específicos, de material de consulta e de informações nos períodos de diálogo.

Temos observado que é muito útil o gestor e as pessoas terem um roteiro previamente apresentado para prepararem-se. Principalmente quando é uma prática que está sendo introduzida na organização, os roteiros ajudam no processo de consolidação.

Em uma cultura organizacional que estimula o diálogo, os gestores são continuamente cobrados por suas chefias sobre o tema. Nessas culturas, a forma como os gestores realizam o diálogo com suas equipes é item importante nos processos de avaliação de seu desempenho e determinante na sua indicação para sucessão.

Realização do diálogo

Para a realização do diálogo, a organização deve reforçar os papéis das pessoas e dos gestores, mas principalmente criar as condições para que as pessoas assumam de forma verdadeira o protagonismo de seu desenvolvimento e carreira.

No caso das pessoas, é importante que elas percebam as possibilidades de desenvolvimento através das práticas organizacionais de suas políticas. As práticas estão associadas à valorização das pessoas que se desenvolvem, oferta de instrumentos e informações para que planejem suas carreiras, processos de orientação profissional, transparência quanto aos critérios de avaliação e valorização e acesso às possibilidades de ascensão profissional. As políticas são estímulos e apoio ao desenvolvimento através de subsídios à formação e atualização profissional, de ações que privilegiem a captação interna de pessoas para novas posições etc.

No caso dos gestores, há a preparação contínua deles para o diálogo com suas equipes e o compromisso com o aperfeiçoamento contínuo do processo. A preparação não é efetuada somente através de treinamentos ou eventos destinados à capacitação dos gestores para o diálogo, mas principalmente através da valorização dos gestores que o fazem. O aperfeiçoamento contínuo se dá através de canais para que gestores e pessoas possam sugerir e experimentar melhorias no processo, através da observação de experiências bem-sucedidas em outras organizações e do aprimoramento das práticas, políticas e instrumentos de gestão de pessoas.

Acompanhamento das ações definidas no diálogo

A organização deve criar ritual e cultura para estimular o acompanhamento do desenvolvimento das pessoas. Um ponto importante é a valorização dos gestores que desenvolvem suas equipes, e essa valorização deve estar expressa na cobrança cotidiana sobre o acompanhamento e a efetividade do desenvolvimento das pessoas.

Um ritual simples e efetivo é o presidente da organização colocar em sua agenda de reunião ordinária com a diretoria a cobrança do desenvolvimento das pessoas. Esse fato imediatamente reverbera por toda a organização.

Em relação ao processo sucessório, esse acompanhamento torna-o mais relevante. Em nossas pesquisas no Brasil, verificamos em 2010 que todas as empresas de capital nacional que tinham processo sucessório estruturado não acompanhavam as resoluções dos comitês. Desse modo, o comitê de sucessão discutia o desenvolvimento das pessoas e não havia acompanhamento, a discussão era retomada um ano depois nas novas reuniões do comitê. Analisamos casos, por exemplo, de empresas que, depois de dois anos, haviam perdido dois terços das pessoas indicadas como futuros sucessores. A partir de 2010 verificamos que algumas empresas passaram a monitorar os sucessores e as ações de desenvolvimento definidas. Os resultados foram muito além do que se esperava inicialmente, porque os gestores passaram a se sentir estimulados a efetuar o acompanhamento de forma regular.

6.4
Conclusões

O processo de avaliação justifica-se caso venha a gerar um diálogo entre líder e liderado e caso resulte em ações efetivas de desenvolvimento e preparo das pessoas para o futuro da organização. Caso contrário, o processo de avaliação não é efetivo.

Se fôssemos pensar em um indicador de sucesso para um processo de avaliação, ele seria a qualidade do diálogo dos líderes com os liderados e a efetividade das ações de desenvolvimento das pessoas. Esses aspectos devem ser buscados com tenacidade para valer a pena todo o investimento no processo de avaliação. Normalmente, ele é muito custoso se computarmos a quantidade de horas das lideranças dedicadas ao processo e o valor hora dessas pessoas para a organização.

Para o amadurecimento dos processos de avaliação, as organizações devem estimular, acompanhar e cobrar das lideranças o diálogo com seus liderados e a efetividade das ações de desenvolvimento. Ao fazê-lo, as organizações estarão trabalhando os aspectos sensíveis da avaliação e estimulando o aprimoramento dos critérios de avaliação e valorização das pessoas.

7 | Ações gerenciais para desenvolvimento de sucessores

7.1
Introdução

No Capítulo 5 discutimos os desdobramentos das reuniões dos comitês de sucessão em relação ao desenvolvimento dos futuros sucessores e, no Capítulo 6, a importância da construção de um diálogo de desenvolvimento focado no futuro da pessoa. Neste capítulo vamos apresentar as ações estabelecidas pela organização e pelos gestores.

As ações estabelecidas pela organização são programas individualizados ou para um grupo de pessoas, definidos a partir da consolidação dos insumos gerados pelas reuniões dos comitês de sucessão. Essas ações são apresentadas, normalmente, bem estruturadas, com a sua descrição detalhada, cronograma, orçamento, suportes externos e/ou internos necessários e responsáveis. As ações estabelecidas pelos gestores são decorrentes do diálogo de desenvolvimento.

Para apresentarmos essas ações, dividimos este capítulo em duas partes. Na primeira apresentamos ações categorizadas em função do processo de aprendizagem, utilizando como referência a reflexão estabelecida por Kolb, Rubin e McIntyre (1990). Na segunda parte, as práticas que observamos com maior frequência nas organizações pesquisadas e trabalhadas por nós.

7.2
Construção conjunta de um plano de desenvolvimento

Embora a construção de um plano individual de desenvolvimento seja conjunta, envolvendo a pessoa e seu gestor, cabe a ela a responsabilidade por sua realização e ao gestor auxiliá-la nesse processo, conciliando os interesses da pessoa com os interesses da organização ou negócio e criando as condições objetivas para a concretização do plano.

O foco do plano individual de desenvolvimento é permitir à pessoa condições de assumir atribuições e responsabilidades de maior complexidade. Esse foco justifica-se porque, na perspectiva da pessoa, ao lidar com níveis de complexidade crescente estará aumentando seu nível de compreensão das demandas do contexto sobre si num círculo virtuoso, pois com isso estará mais habilitada a lidar com maior complexidade (DUTRA, 2004; STAMP, 1989). Na medida em que a pessoa passa a incorporar atribuições e responsabilidade de maior complexidade, está em um processo de desenvolvimento profissional e pessoal.

Na perspectiva da organização, as pessoas, ao lidarem com situações mais complexas, ampliam sua contribuição para a organização. Assumindo que uma das poucas coisas que podemos afirmar em relação ao futuro é que as organizações estarão cada vez mais complexas em termos tecnológicos, das relações organizacionais e das relações com o contexto onde se insere, podemos assumir que necessitarão de pessoas capazes de lidar com níveis crescentes de complexidade.

No sentido de desenvolver as pessoas para assumirem níveis crescentes de complexidade, o plano de desenvolvimento deve contemplar ações de diferentes naturezas. O processo de desenvolvimento das pessoas na organização e em relação ao seu trabalho tem sido discutido por diferentes autores. Para balizar a elaboração de planos individuais de desenvolvimento, nos baseamos em trabalhos desenvolvidos por Ruas (2001, 2002, 2003 e 2005) e Antonello (2004, 2005 e 2011) sobre aprendizagem organizacional, mais particularmente sobre a aprendizagem experimental e conversão de conhecimento. A aprendizagem experimental é baseada no ciclo de aprendizagem desenvolvido por Kolb, Rubin e McIntyre (1990), e a conversão de conhecimentos baseia-se em Nonaka e Takeuchi (1997).

A partir desses trabalhos, encaramos que o processo de aprendizado passa por diferentes etapas, mas no caso da construção de um plano de desenvolvimento podemos ter ações de aprendizagem de diferentes naturezas agindo de forma sinérgica e permitindo que a pessoa alcance seus propósitos de desenvolvimento e de contribuição para a organização ou negócio. Classificamos essas ações em:

- Consciência da necessidade de se desenvolver;
- Aquisição de conhecimentos e habilidades através da formação;
- Experimentação;
- Reflexão sobre o aprendizado.

Vamos trabalhar essas diferentes categorias e como podemos transformá-las em ações de desenvolvimento.

7.2.1 Consciência da necessidade de se desenvolver

As pessoas estarão engajadas em seu desenvolvimento caso percebam a necessidade dele para suas vidas no presente e no futuro. Caso contrário, não estarão realmente engajadas nas ações de desenvolvimento. Foi possível observar em nossas experiências inúmeros casos de fracasso nessas ações, porque as pessoas não as viam como importantes para elas. O líder deve ter a sensibilidade de perceber o quanto a pessoa está convencida de que necessita desenvolver determinados aspectos para fazer frente aos desafios ou para realizar seus objetivos. Caso a pessoa não esteja convencida, ou o líder tenha dúvidas sobre qual aspecto é mais importante desenvolver na pessoa, devem ser pensadas ações de aprendizagem com o objetivo de criar na pessoa a consciência de um ponto a ser desenvolvido, ou de gerar convicção no líder e/ou no liderado sobre qual é o foco da ação de desenvolvimento.

As ações para criar consciência são habitualmente as que permitem à pessoa desenvolver uma distância crítica em relação ao seu trabalho ou sobre si mesma, como, por exemplo: realizar um *benchmark* em outras áreas da empresa ou em outras empresas; participar ou coordenar um projeto interdepartamental, permitindo à pessoa desenvolver uma visão sistêmica em relação ao seu trabalho; participar de um curso em turmas abertas para conviver com pessoas que realizam trabalho semelhante em outras empresas; atuar em outra atividade ou projeto de diferente natureza; atuar em organizações filantrópicas ou sociais etc.

Essas atividades permitem que a pessoa tenha uma visão externa de si e do seu trabalho. Essa visão externa cria a consciência de aprimoramentos comportamentais, de competências e de práticas. Essas atividades são úteis, também, para que o líder e a pessoa envolvida formem convicção de pontos a serem desenvolvidos.

Outra forma para trabalhar a consciência é buscar pessoas, grupos ou experiências ligadas ao desafio a ser enfrentado pela pessoa, para compartilhar conhecimentos e vivências. Essa prática é muito útil para antever dificuldades e o caminho a ser percorrido. Ao mesmo tempo em que aprimoramos o planejamento das atividades, percebemos nossas fragilidades e pontos de aprimoramento.

Finalmente, outra forma para trabalhar esses aspectos é o de iniciar uma ação de desenvolvimento que em princípio faça sentido para a pessoa e para seu líder e acompanhar os resultados em intervalos curtos de tempo para avaliar se a escolha foi adequada ou não.

7.2.2 Aquisição de conhecimentos e habilidades através da formação

A formação caracteriza-se por uma atividade formal de aprendizagem, na qual a pessoa receberá conhecimentos ou desenvolverá habilidade através de ações previamente estruturadas e testadas. A formação é recomendada quando a pessoa precisa adquirir um repertório sobre um tema ou sobre um trabalho, que não possui ou que está pouco amadurecido.

A formação oferecerá para a pessoa que necessita desenvolver conhecimentos: conceitos, experiências já vivenciadas e estruturadas no tema ou trabalho, visão de outras pessoas e de outras empresas sobre o tema e orientação sobre literatura a respeito do tema ou trabalho. No caso da pessoa que necessita adquirir habilidades, a formação oferece: experimentação assistida, interação com pessoas que estão desenvolvendo a mesma habilidade, visão do emprego e articulação da habilidade ou das habilidades em seu trabalho e percepção dos problemas gerados com o uso inadequado da habilidade ou da falta de habilidade.

A formação oferece uma certificação ou um reconhecimento formal de que a pessoa adquiriu os conhecimentos ou habilidades a que se propunha. Oferece segurança para a pessoa iniciar seu projeto ou trabalho com maior confiança e com espírito crítico em relação ao seu trabalho. Portanto, a formação pode acelerar o desenvolvimento, elevando o patamar inicial de conhecimentos e habilidades da pessoa para iniciar um novo trabalho ou enfrentar um desafio.

Embora a formação responda por 10 a 15% do aprendizado da pessoa, é sempre fundamental para a criação ou revisão de repertórios, criação ou aprimoramento de conceitos, tecnologias ou instrumentos.

7.2.3 Experimentação

A partir da década de 1990, vai se formando um consenso nos autores a respeito da aprendizagem sobre a importância da experimentação. Nossa pesquisa comprovou essa importância ao analisarmos a efetividade das ações de desenvolvimento que permitiam as pessoas lidar com situações de maior complexidade. Essa comprovação ocorreu, também, nos trabalhos de campo desenvolvidos por Ruas (2001 e 2005) e Antonello (2002, 2005 e 2011), ambos tendo analisado vários cursos de formação gerencial e o processo de aprendizado.

A experimentação é o espaço para que a pessoa coloque em prática o seu conhecimento e/ou suas habilidades e converta-os em agregação de valor para o contexto e para si mesma. Na maior parte das organizações esse aprendizado não é estruturado e perdem-se muitas oportunidades para o desenvolvimento de pessoas. Quando as organizações estruturam processos de aprendizagem vivencial ou não formal, têm um resultado muito interessante.

A recomendação aqui é de estruturar situações de trabalho importantes para a pessoa enfrentar seus desafios e/ou encarar seus projetos de desenvolvimento. O fato, por exemplo, de uma pessoa poder participar da implantação de uma nova tecnologia ou uma nova ferramenta de trabalho pode ser fundamental para o seu desenvolvimento. O que parece óbvio não é praticado pela maioria das organizações.

Reforça-se aqui a importância de um diálogo estruturado de desenvolvimento, em que são discutidas oportunidades e situações de desenvolvimento. Algumas organizações procuram estruturar esse processo oferecendo situações de desenvolvimento vivenciais para determinados grupos de profissionais. Seguem alguns exemplos:

- Um grande grupo industrial criou em sua universidade corporativa o que chamou de escola de desafios. Trata-se de projetos estratégicos definidos pelos acionistas e presidentes para onde são convidados gerentes táticos com potencial de desenvolvimento. Esses gerentes são assistidos por um diretor e por consultores externos e devem desenvolver soluções. Essas soluções são apresentadas e discutidas com presidentes e acionistas, submetendo os participantes do programa a um padrão mais elevado de exigência e pressão, a um olhar mais amplo

para o negócio e à necessidade de desenvolver uma forma de pensar estratégica;
- Uma empresa de tecnologia de produto investe pesadamente na formação de seu quadro técnico e tem vários programas para o desenvolvimento dele em programas vivenciais. Um deles é o de mentoria técnica, no qual técnicos especializados estimulam e oferecem suporte para que técnicos de nível sênior desenvolvam projetos sofisticados. Os resultados desse programa são: transferência de conhecimento crítico para a empresa, aceleração do desenvolvimento do corpo técnico e estímulo para que os técnicos optem pela carreira técnica ao invés da carreira gerencial;
- Uma empresa industrial de montagem de veículos cria todo ano um concurso para os jovens engenheiros que entram na empresa. Nesse concurso, os jovens devem se agrupar e sugerir melhorias nos processos da empresa. Esses grupos são orientados por mentores. Os resultados desse trabalho são: acelerar o desenvolvimento desses jovens, estimular uma visão sistêmica da organização, aumentar o nível de retenção dos jovens e criar um sentimento de propriedade dos resultados obtidos com os projetos.

Esses são exemplos de como a organização pode estruturar processos vivenciais de desenvolvimento.

7.2.4 Reflexão sobre o aprendizado

Em muitas situações, o aprendizado que obtivemos em uma determinada situação de trabalho ou em enfrentar um desafio pode ser utilizado em situações diferentes, mas não nos damos conta disso. A reflexão sobre o que aprendemos é muito importante para consolidar o aprendizado e verificar sua utilização em situações diferentes, como, por exemplo: venci o desafio de construir uma parceria importante com um cliente. O aprendizado obtido poderia me ajudar ou ajudar outras pessoas a desenvolverem parcerias internas ou externas; assumi a liderança de uma equipe desacreditada e recuperei a autoestima das pessoas e a equipe tornou-se prestigiada pela organização. O aprendizado poderia ser utilizado em processos de formação de novas lideranças, na melhoria de processos de avaliação ou na minha atuação como mentor.

A reflexão sobre o nosso aprendizado ou sobre o aprendizado de membros da nossa equipe pode ser efetuada quando a pessoa é instada a estruturar o que aprendeu para ensinar para outras pessoas. Em áreas de tecnologia, em programas de residência médica, essa prática é muito comum: a pessoa ser convidada a expor seu aprendizado para as demais. Dentre as empresas pesquisadas acompanhamos três de tecnologia. Nas três existem vários rituais para estimular as pessoas a transmitirem seu conhecimento para os demais e, em uma delas, o quanto uma pessoa dissemina seus conhecimentos é um item importante da avaliação.

A disseminação de conhecimentos pode acontecer de várias formas, tais como oferecendo-se um curso ou uma palestra sobre o que a pessoa aprendeu, em processos de orientação, na estruturação de um processo, na criação de um instrumento ou uma ferramenta etc.

7.3
Preparação de sucessores

A pessoa, para lidar com maior complexidade, necessita ser exposta a situações mais exigentes. Para tanto, necessita ser estimulada e preparada e receber o suporte de sua liderança. Nem sempre lidar com situações mais exigentes causa prazer e satisfação, como, por exemplo, nos casos de pais que têm que lidar com filhos adolescentes. Trata-se de um grande desafio. Nós nunca sabemos se estamos acertando ou errando, muitas vezes até acreditamos que estamos criando um monstro e, após alguns anos, percebemos que acertamos em quase tudo que fizemos. O mesmo processo acontece quando nos deparamos com os desafios que temos que enfrentar. Muitas vezes não nos sentimos preparados e nos assustamos, mas ao enfrentá-los verificamos que tínhamos todas as condições para terminarmos bem-sucedidos.

Para minimizar a sensação de despreparo ou de intimidação frente aos desafios, o diálogo sobre eles com nossa liderança e ouvir pessoas mais experientes são fatores que ajudam. Existem ações muito efetivas para ajudar as pessoas a não se intimidarem com desafios ou situações mais exigentes. Observamos que algumas lideranças praticam isso naturalmente e nem percebem o quanto estão ajudando seus liderados a se prepararem para o futuro. Agrupamos as ações que observamos nas seguintes categorias:

- Ações de desenvolvimento que incluam exposição a situações diferenciadas de trabalho;
- Ações de desenvolvimento que permitam ter uma visão mais ampla do negócio e maior exposição na empresa e junto a parceiros estratégicos do negócio;
- Ações que possam ampliar a rede de relacionamento da pessoa e sua multiplicação para a equipe e/ou área como um todo;
- Buscar orientação para trabalhar os pontos mais importantes para alcançar os seus objetivos de carreira.

Vamos olhar mais de perto essas categorias e as ações que as compõem.

7.3.1 Exposição a desafios

A principal ação de desenvolvimento para formar futuros sucessores é oferecer a eles uma exposição orientada a desafios. Os desafios podem ser situações mais complexas, problemas que envolvam outras áreas de conhecimento, exposição a públicos diferentes ou vivenciar situações inusitadas, como, por exemplo, contatos com a comunidade, com sindicatos de trabalhadores, ações sociais etc.

Para pessoas que atuam em áreas técnicas ou funcionais e que estão sendo pensadas para posições gerenciais, torna-se vital a exposição delas à arena política da organização. É importante ressaltar que essa arena é invisível, percebem-na aquelas pessoas que nela transitam. Um profissional técnico, por exemplo, sente que realiza o trabalho duro enquanto seu gerente vive o dia em reuniões, recebe uma série de benesses da organização e ganha mais. Portanto, o sonho desse profissional é tornar-se um gerente. Caso o sonho se realize, essa pessoa irá levar um susto ao se deparar com a arena política e pode descobrir que não tem "estômago" para isso.

Como a arena política pode ser apresentada para a pessoa? Oferecendo-se para ela um projeto que tenha um componente técnico e, também, um componente político, ou oferecendo para ela um conjunto adicional de atribuições e responsabilidades com o componente político.

Essas experiências permitirão que a organização confirme ou não a sua percepção de que vale a pena investir na pessoa para uma posição gerencial. Permitirão, também, que a pessoa perceba se gosta ou não do trânsito na arena política. Para exemplificar, vamos relatar uma situação que caracteriza as dificuldades de nossas empresas para testar as pessoas antes de colocá-las em uma posição gerencial. Foi possível acompanhar um caso em uma empresa de tecnologia onde um engenheiro especialista da área de desenvolvimento de produtos foi indicado para assumir a gerência. A indicação deveu-se a dois aspectos: o engenheiro era uma referência dentro e fora da organização em sua especialidade técnica e era apoiado pelos demais integrantes da área por tratar-se de pessoa extremamente generosa na disseminação de seu conhecimento e no estímulo para que os colegas se desenvolvessem. Tão logo assumiu a posição gerencial, a organização percebeu que havia cometido um grande equívoco, pois se tratava de uma pessoa inábil no relacionamento político, assumindo posições muito rígidas e se escudando sempre nos aspectos das situações, gerando um isolamento na relação com os demais gerentes. Como consequência, não conseguia obter apoio político para suas posições, começou a ter dificuldades para manter o espaço político da área e para obter recursos. A equipe, com o tempo, percebeu que não tinha representação política e que estava perdendo prestígio na organização, passando a questionar a liderança de seu gerente.

A exposição a desafios deve ser realizada com suporte. O mais comum é que esse suporte seja do gestor, mas temos casos de trabalhos de exposição organizados corporativamente, em que são indicadas pessoas para oferecer suporte técnico, político e, se necessário, psicológico.

A exposição da pessoa sem o devido suporte pode queimar sua reputação e imagem. Muitos gestores não percebem, mas ao queimar um membro de sua equipe o gestor também acaba tendo sua imagem afetada.

7.3.2 Ampliação da visão

Na preparação de futuros sucessores, estimular as pessoas a ampliarem sua visão da organização e do negócio torna-se vital. Em muitas organizações, presenciamos a decepção dos profissionais de gestão de pessoas e de gestores com a incapacidade de pessoas indicadas como futuros sucessores de enxergar a organização de forma sistêmica quando foram instadas a enfrentarem desafios de maior complexidade. Ao investigarmos esses casos mais profundamente, verificamos que as pessoas haviam sido estimuladas a uma visão restrita de suas atribuições e responsabilidades e nem tinham consciência de que não possuíam a visão sistêmica necessária para enfrentar desafios que implicavam em integrar diferentes processos.

Em nossas pesquisas sobre liderança no Brasil, verificamos que há uma tendência das gerências de nível tático de encarar suas áreas como um feudo, se isolarem, assumirem uma posição de defesa e não desenvolverem parcerias internas ou externas. Por essa razão, estimular a integração e a participação em projetos que envolvam outras áreas ou outras atividades é essencial para estimular a percepção da necessidade de se conhecer melhor a realidade do outro.

Ao analisarmos alguns casos de sucessão em que a pessoa não conseguiu enfrentar os desafios da posição, constatamos que uma das razões para isso foi a crença em que a pessoa estava pronta para articular e integrar operações, processos ou áreas.

As duas práticas que observamos com melhor resultado para ampliar a visão foram: participação ou coordenação de projetos envolvendo diferentes áreas ou processos e desafios de maior complexidade orientados por pessoas com uma visão ampla da organização.

Em alguns casos, observamos mudanças significativas na visão de pessoas que participaram de cursos abertos de formação, como, por exemplo, MBAs, especialização, mestrados etc.; participaram de projetos envolvendo clientes, fornecedores e parceiros estratégicos; e vivenciaram situações fora de sua área de atuação durante um longo período.

Verificamos também que as pessoas que desenvolvem atividades estruturadas fora da organização, como, por exemplo, em organizações filantrópicas, associações esportivas, entidades educacionais etc., apresentaram uma maior disposição em buscar desenvolver uma visão mais ampla da organização.

7.3.3 Rede de relacionamento

Um item que chamou a atenção por sua simplicidade e eficiência foi o estímulo para que a pessoa ampliasse sua rede de relacionamento. Foi possível observar que pessoas com determinada formação técnica desenvolvem toda sua rede entre aqueles que possuem a mesma formação e ficam prisioneiras de uma forma de pensar e encarar a realidade organizacional. O estímulo para que essas pessoas ampliassem sua rede de relacionamento, incorporando o contato com fornecedores, clientes, concorrentes etc., permitiu uma visão diferente de seu trabalho, do negócio e de seu futuro. Essas ações podem ser implantadas designando a pessoa para representar a empresa em associações patronais, participar de encontros com clientes ou fornecedores etc.

Nos casos de mentoria e tutoria, em que as pessoas se relacionam com outras mais experientes, observamos também o fenômeno de ampliação da rede de contatos. Na medida em que os orientadores estimulam essa prática, oferecem caminhos e disponibilizam parte de suas redes.

Temos recomendado aos gestores observarem com maior atenção a questão das redes de contato, estimulando os membros de sua equipe a ampliarem suas redes.

7.3.4 Orientação

A convivência da pessoa que está sendo preparada para o processo sucessório com pessoas que vivem situações mais exigentes é um grande aprendizado, uma vez que o conhecimento tácito é principalmente transmitido pela convivência.

Esse tipo de ação deve ser estimulado na estruturação do plano individual de desenvolvimento, em que, para determinadas ações de desenvolvimento, são indicadas pessoas dentro e fora da organização para orientar a pessoa.

Esse trabalho de orientação pode ser uma iniciativa do gestor ou da organização. Em dois dos casos observados, a organização tinha como prática patrocinar a discussão de temas importantes para a organização com pessoas experientes. As pessoas indicadas para o processo sucessório eram convidadas a participar de encontros com altos executivos de empresas clientes, fornecedores e *benchmarks*, além de consultores e acadêmicos que detinham conhecimentos relevantes.

7.4
Conclusões

Um fator crítico no sucesso da avaliação estruturada de pessoas é o processo. Como ele é construído, o quanto se torna um ritual efetivo, o quanto é apropriado por cada pessoa e cada gestor da organização e o quanto é objeto de melhoria permanente.

Para que o processo seja efetivo, é necessário que seja uma produção coletiva e que cada um sinta-se proprietário do processo e responsável pelo seu aprimoramento contínuo. Por isso, o processo, os critérios de avaliação e os instrumentos não podem ser construídos por um pequeno grupo de pessoas ou em uma mesa distante da realidade organizacional e das aspirações das pessoas.

O acompanhamento sistemático do processo, sua revitalização contínua e o aprimoramento constante deve ser responsabilidade de toda a organização e não de uma área funcional específica.

IV parte

Aspectos comportamentais e indicadores de sucesso

Nesta parte do livro, começamos a entrar em um terreno pouco explorado pelas pesquisas e literatura sobre o processo sucessório. De um lado, temos as questões comportamentais sobre o processo sucessório, sempre presentes, mas com pouca consciência sobre elas, e de outro temos os indicadores de sucesso de um processo sucessório. A criação de indicadores é uma prática intuitiva de muitas empresas e leva a grandes distorções sobre a natureza do próprio processo, como, por exemplo: um indicador de sucesso usado é a consideração sobre quantas pessoas indicadas para posições efetivamente as ocuparam. Esse indicador não é válido porque há uma grande probabilidade de isso não ocorrer. Nesse caso, a pessoa foi indicada para uma posição dentro de um contexto e, quando a sucessão para a posição ocorre, estamos em outro contexto.

No Capítulo 8, vamos trabalhar de perto as questões comportamentais em três grandes aspectos. O primeiro é trabalhar a ansiedade e expectativas das pessoas que estamos preparando para a sucessão. O segundo está relacionado à transição de carreira vivida pela pessoa que deixa de ser técnica e passa a ser gestora. Nessa situação a pessoa vive uma grande tensão emocional, para a qual recebe pouco amparo da organização e de sua chefia. O terceiro é a tensão vivida por quem está preparando um sucessor para sua posição ou para uma posição equivalente na organização. Normalmente, nesse momento todos os demônios que nos habitam vêm à flor da pele.

No Capítulo 9 são abordados indicadores que podem ser utilizados para mensurar a efetividade de um processo sucessório. Vamos procurar olhar esses indicadores em diferentes perspectivas. Um primeiro olhar é em relação aos resultados para a organização para os gestores e para as pessoas. Um segundo é para a efetividade do processo sucessório dentro da perspectiva estratégica da organização. E um terceiro é para dentro da perspectiva de perpetuidade da organização e de sua capacidade de renovação através do processo sucessório. Neste capítulo, vamos discutir as etapas típicas de amadurecimento do processo sucessório e como trabalhar o desenvolvimento contínuo e a efetividade do processo sucessório.

8 | Aspectos comportamentais do processo sucessório

8.1
Introdução

A questão comportamental está presente no processo sucessório em vários momentos e de várias formas. Em nossas pesquisas sobre a produção científica até 2014 não encontramos nenhum trabalho estruturado sobre o tema. Marshall Goldsmith (2009) escreveu um livro sobre o tema com base em sua experiência e sem nenhuma pretensão científica. Trata-se de um livro endereçado a um presidente de empresa que está próximo de sua aposentadoria e preparando sua sucessora. No livro, o autor, um experiente *coach* de presidentes, oferece indicações sobre o que fazer e o que não fazer nesse processo de preparação da sucessora. A grande ênfase é sobre questões comportamentais.

Apesar de termos pouca reflexão sobre o tema, ele é uma grande preocupação das organizações. Realizamos ao longo dos últimos cinco anos vários grupos de debate sobre o assunto (*focus group*) em que as questões comportamentais emergiram de forma frequente e com grande intensidade. As principais questões foram relacionadas a como trabalhar a ansiedade das pessoas indicadas ao processo sucessório, se devemos ou não tornar a indicação transparente, como lidar com a pessoa que está se aposentando e necessita transmitir sua posição para outra pessoa, como lidar com o desconforto de determinadas pessoas em assumir posições gerenciais, como lidar com as diferenças entre as arenas políticas do nível tático e estratégico, como lidar com o gestor que se sente ameaçado por pessoas que pensam ou atuam de forma diferente etc.

Não temos a intenção de esgotar a questão neste capítulo, mas de lançar as bases para uma compreensão desse processo e estimular reflexão para um aprofundamento de sua discussão.

As inquietações sobre esse tema foram agrupadas em grandes categorias neste capítulo. A primeira trabalha as questões comportamentais referentes à pessoa que está sendo preparada para posições de maior complexidade na organização e tem que encarar situações novas, avaliações mais exigentes e lidar com sua ansiedade e ambições. A segunda categoria está relacionada à transição na carreira vivida, principalmente, por técnicos que se transformam em gerentes. Nesses casos, a pessoa muda sua identidade profissional e sofre uma grande tensão emocional. A terceira categoria abraça os dramas vividos pelos gestores que necessitam preparar sucessores para suas posições ou para posições equivalentes. Nesses casos, não é incomum se sentirem ameaçados e pressionados e, de forma inconsciente, colocam o processo em segundo plano e não lhe dão a importância devida.

8.2
Desafios na preparação de sucessores

A preparação de pessoas para posições de maior complexidade raramente recebe o tratamento adequado. Normalmente, as pessoas são expostas a desafios e situações mais exigentes sem ter qualquer informação sobre seus motivos. É comum que elas encarem essas situações com certa normalidade e se apropriem das oportunidades de desenvolvimento. É comum, também, que construam expectativas em relação a essa prática da organização, procurando antever os movimentos sucessórios. Como resultados, observamos que são frequentes as frustrações delas frente às decisões da organização para indicar pessoas para as posições abertas e que há um sentimento de injustiça e incompreensão sobre os critérios utilizados na escolha.

O processo sucessório deve ser confidencial em relação à indicação de pessoas para determinadas posições, porque essa indicação é fugaz. De outro lado, recomenda-se transparência sobre as intenções da organização em relação a uma determinada pessoa para assumir posições de maior complexidade, embora em nenhum momento seja possível assegurar para que posição ou quando isso ocorrerá. Essas indicações dependem de cada situação, da cultura organizacional e das pessoas envolvidas.

Observamos em nossas pesquisas uma clara vantagem da transparência sobre as intenções da organização em relação à pessoa de torná-la cúmplice do seu processo de preparação para a sucessão. Desse modo, é possível gerenciar a ansiedade e expectativas das pessoas, aprimorar os critérios de escolha e desenvolver um diálogo entre elas, suas lideranças e a organização.

Para estruturar a discussão desse tema, o dividimos nas seguintes situações:

- Insumos para a estruturação do desenvolvimento da pessoa;
- Estruturação do processo de desenvolvimento da pessoa;
- Acompanhamento e diálogo com a pessoa;
- Indicação da pessoa para uma posição de maior complexidade.

8.2.1 Insumos para a estruturação do desenvolvimento da pessoa

O desenvolvimento da pessoa para o processo sucessório normalmente tem as seguintes fontes. A primeira é a percepção de seu gestor, corroborada por seus pares e superiores, que normalmente emerge nos processos colegiados de avaliação. Essa percepção é enriquecida pelo diálogo de desenvolvimento com a própria pessoa.

No diálogo com a pessoa, o gestor percebe as expectativas e ambições dela e efetua um alinhamento com as necessidades e possibilidades oferecidas pela organização. A indicação da pessoa para o processo sucessório tem como origem a avaliação dela e sua manifestação de interesse.

A segunda fonte é o próprio processo de discussão sobre sucessão. Na maior parte das empresas pesquisadas que têm esse processo estruturado, há dois momentos: um para avaliação e indicação de pessoas para a sucessão e o outro em que há uma reunião específica para discutir a sucessão. Essa reunião específica é muito rica como fonte de pontos a desenvolver na pessoa para prepará-la.

Muitas organizações enriquecem essa fase com testes de potencial, de personalidade, de competências e outros. Esses testes oferecem informações adicionais de pontos de desenvolvimento.

Com base nesses insumos, cabe ao gestor construir com a pessoa um projeto de desenvolvimento. Em empresas onde essa atividade está em fase de consolidação, é recomendável que o gestor seja assistido por profissionais da área de RH ou por profissionais especializados. Nesse, momento a transparência do processo facilita o diálogo do gestor.

Há, entretanto, situações em que o desenvolvimento da pessoa passa necessariamente por sua movimentação na organização, como, por exemplo, no caso de ela viver situações profissionais em outras áreas da organização, em outros países e, eventualmente, em outras organizações correlatas. Nesse caso, o processo deve ser conduzido pelos gestores responsáveis pela área cedente e receptora assistidos por profissionais especializados.

8.2.2 Estruturação do processo de desenvolvimento da pessoa

A transparência auxilia no processo de estruturação do desenvolvimento porque é possível negociar com a pessoa as ações e situações de desenvolvimento. A situação mais comum é o desenvolvimento ocorrer na área de atuação dela, na qual será exposta a atribuições e responsabilidades de maior complexidade com o suporte do gestor e/ou profissionais especializados.

Em algumas situações, a pessoa encontrará atribuições e responsabilidades de maior complexidade somente fora de sua área de atuação ou de sua localidade. As situações mais comuns em nossa pesquisa foram encontradas em empresas industriais, varejo e bancos onde a pessoa necessita assumir *sites*, lojas ou agências de maior porte e complexidade para se desenvolver.

Observamos duas situações curiosas e interessantes. Em uma delas, uma empresa nacional controlada por uma empresa australiana e outra brasileira, um gerente de nível tático foi transferido para a matriz de uma das empresas controladoras na Austrália, retornando três anos depois para assumir responsabilidades de maior complexidade.

Em outra empresa, um gerente de nível estratégico assumiu toda a operação de transferência de tecnologia em um fornecedor, sendo transferido para a França durante dois anos para, posteriormente, retornar e conduzir essa operação no Brasil em sua empresa de origem.

Em grandes grupos nacionais, observamos a transferência de profissionais entre suas empresas, onde é possível observar uma lógica de otimizar o investimento efetuado no desenvolvimento das pessoas e, ao mesmo tempo, ampliar as possibilidades sucessórias.

Em situações mais sofisticadas, observamos a existência de posições reservadas para o desenvolvimento de pessoas para o processo sucessório. Um exemplo é um grande grupo industrial cuja posição de gerente de *supply chain* é reservada para desenvolver em gerentes de fábrica a competência de liderar por influência, já que durante toda a sua formação tiveram experiência de liderar hierarquicamente. No mesmo sentido, uma grande mineradora usa a posição de gerente de segurança em suas minas para desenvolver a competência de liderança por influência. Em uma empresa nacional que está em processo acelerado de internacionalização, existem algumas posições no exterior reservadas para o desenvolvimento de pessoas, com o objetivo de oferecer uma vivência e visão internacional dos negócios.

Nos casos relatados acima, se o processo não for transparente, as pessoas envolvidas nessas movimentações podem encará-las como uma demoção e não uma ação que visa o seu desenvolvimento. Quando o processo implica em mudanças geográficas, há necessidade de a pessoa negociar com sua família, por isso é fundamental que os motivos, as condições e o prazo estejam previamente acertados entre a pessoa e a organização.

8.2.3 Acompanhamento e diálogo com a pessoa

As pessoas estão sendo submetidas a situações mais exigentes e, na maior parte das vezes, não é fácil dosar adequadamente a quantidade de desafios e a capacidade da pessoa em responder. Por isso o acompanhamento e a contínua calibragem do processo de preparação da pessoa é essencial.

Nas reuniões do comitê de sucessão, são construídas percepções sobre as pessoas e sua capacidade de responder a desafios distantes da realidade. Por isso, os desafios devem ser negociados com as pessoas e deve haver um contínuo acompanhamento. O diálogo sobre o desenvolvimento da pessoa ajuda na construção de expectativas das duas partes: pessoa e organização. Há uma máxima em gestão de sucessão que é: um indicador de insucesso da sucessão é quando há surpresas. Ou seja, se o processo for transparente, com diálogo contínuo não haverá surpresas para as pessoas, nem para a organização.

Nas situações que acompanhamos, há tempo para a preparação das pessoas de forma adequada e sem grandes tensões. Entretanto, observamos algumas situações nas quais a organização não tinha alternativa senão a de acelerar o processo sucessório. Nesses casos, é necessário negociar com a pessoa envolvida e trabalhar com ela todos os riscos envolvidos na decisão. Esses riscos são:

- A pessoa não suportar a pressão da posição e deixar a organização frustrada e magoada. Para minimizar esse risco, ela deve ter suporte de seu gestor, seus pares e de profissionais especializados;
- O relacionamento familiar sofrer com a pressão recebida pela pessoa. Nesse caso é importante que o período de adaptação dela à nova posição seja negociado com a família;
- A pessoa sofrer problemas de saúde frente a pressão. Para reduzir o risco é necessário um monitoramento médico.

Em situações de aceleração do processo sucessório, o acompanhamento e o diálogo são essenciais no processo de desenvolvimento da pessoa.

8.2.4 Indicação da pessoa para uma posição de maior complexidade

As organizações, para obterem mais segurança, preparam um número maior de pessoas para a sucessão do que sua necessidade. Em alguns momentos, a organização terá pessoas prontas para posições de maior complexidade e não haverá espaço para elas. Como proceder nessas situações?

Caso haja transparência e contínuo diálogo, as pessoas terão a clara percepção de seu desenvolvimento e, no momento adequado para elas, poderão decidir continuar na organização ou buscar oportunidades fora. Perder pessoas para o mercado faz parte da relação e a negociação de expectativas, entretanto, caso a organização não queira perder determinadas pessoas, deve negociar sua permanência oferecendo desafios e valorização correspondente.

Em alguns processos sucessórios analisados, verificamos movimentos das organizações em alterar o organograma para criar oportunidades e reter pessoas críticas para o negócio.

Como fruto das indicações de pessoas para determinadas posições, haverá frustrações e insatisfações e isso é inevitável, porém, elas serão minimizadas através de um processo transparente e de diálogo contínuo.

As pessoas indicadas estarão preparadas e engajadas nos desafios se isso for sendo construído com elas. A cumplicidade com as pessoas em seu processo de preparação evita sobressaltos e torna o processo sucessório mais suave.

8.3
Transição da identidade profissional

A partir do início dos anos 2000, assistimos, no Brasil, a um crescimento expressivo do que chamamos de transição de carreira. A transição de carreira ocorre quando a pessoa efetua um movimento em sua carreira que implica em assumir uma nova identidade profissional. A transição na carreira é diferente da mudança de função ou de assumir um novo desafio profissional; como analogia, poderíamos dizer que mudar de função é mudar de roupa, enquanto que a transição de carreira é arrancar a pele e viver em carne viva até uma nova pele recobrir nossas feridas. Ao mesmo tempo em que a transição de carreira é um processo dolorido, é algo que nos oferece uma grande realização pessoal e profissional, por isso o sentimento em relação à transição de carreira é ambíguo.

A incidência das transições de carreira na vida das pessoas foi insidiosamente aumentando e tem surpreendido a maior parte das pessoas que a vivenciam. Por ser um processo que as toca profundamente e gera sentimentos ambíguos, não é comentado abertamente: o compartilhamento das emoções ocorre de forma reservada e algumas delas não compreendem toda a extensão do viveram ou vivem. Estudar esse fenômeno é fundamental para ajudar as pessoas e as organizações a transpor com serenidade e dignidade as dificuldades do processo e tirar partido dele para o seu crescimento pessoal e profissional.

A preparação de uma pessoa que está em uma atividade técnica ou funcional para uma posição gerencial é prepará-la para uma transição de carreira. Como vimos no Capítulo 1, a posição gerencial é caracterizada pelo fato de o seu ocupante ter que gerenciar recursos escassos. O que caracteriza a posição gerencial não é o fato de o ocupante liderar um grupo de pessoas, mas o fato de estar na arena política da organização. Podemos ter uma pessoa que lidera um grande grupo e não estar na arena política da organização e, portanto, não ser um gerente, e uma pessoa que não tem liderados, mas está na arena política da organização e, portanto, ser um gerente.

Desse modo, podemos ter um bom gerente, porque ela trafega muito bem na arena política da organização e consegue viabilizar projetos e decisões complexas, mas um péssimo líder, porque ela não consegue estabelecer um diálogo com sua equipe. O melhor dos mundos seria ter um bom gerente e, ao mesmo tempo, um bom líder. Como obter isso? Não é algo que ocorra naturalmente. É necessário que a organização estruture um processo de escolha e preparação de pessoas para essas posições.

Alguns teóricos, ao tentarem quantificar a intensidade da tensão em um processo de transição de carreira, associaram-na a uma separação conjugal. Por isso é importante analisar esse processo. Para estudá-lo, vamos trabalhar os seguintes aspectos:

- As etapas típicas de um processo de transição de carreira;
- Os problemas da transição da carreira técnica ou funcional para a gerencial;
- Processos de transferência da posição gerencial para a técnica ou funcional;
- Alternativas para gerenciar o processo de transição de carreira.

8.3.1 As etapas típicas de um processo de transição de carreira

A transição na carreira implica em uma mudança de identidade profissional e isso gera um grande estresse, por isso vem sendo estudada. Podemos identificar quatro etapas típicas na transição de carreira. Essas etapas podem estar sobrepostas quando uma pessoa sai da carreira técnica ou funcional e assume uma posição gerencial.

Etapa racional

A primeira etapa é chamada de racional, porque é o resultado de algo que a pessoa procura. Nessa etapa a pessoa tem clareza de que enfrentará um grande desafio de adaptação, mas que os resultados compensam.

Mesmo quando a situação é imposta, a pessoa se empenhará em se adaptar se perceber um ganho nesse processo. Normalmente, a permanência na posição atual representa limitações ou possibilidades muito reduzidas de crescimento ou desenvolvimento profissional.

A pessoa procura uma mudança de carreira quando percebe que não há perspectivas de crescimento, ou que não tem mais espaço para ampliar a complexidade de suas atribuições e responsabilidades.

Embora ela efetue uma análise de custo-benefício da transição de carreira, vive uma situação de ambiguidade por abandonar uma situação confortável para enfrentar o desconhecido.

Etapa emocional

A segunda etapa ocorre quando a pessoa percebe a necessidade de renunciar à sua identidade para poder assumir uma nova. Nesse momento, há um sentimento profundo de perda. Como, por exemplo, um médico que clinicou durante 15 anos e de repente percebe a necessidade de efetuar uma opção de carreira, porque gasta 80% do seu tempo administrando sua clínica e 20% exercendo medicina.

Normalmente as pessoas não se dão conta de que essa etapa faz parte do processo. Querem ficar com um pé em cada carreira. Assistimos muitos gerentes que não querem abandonar sua identidade técnica e ficam em situação ambígua. De um lado não abraçam totalmente a carreira gerencial e, de outro, não largam totalmente a carreira técnica.

Essa situação de ambiguidade gera grande desgaste emocional e impede que a pessoa deslanche em sua nova carreira. Nesse momento, as pessoas que estão assumindo posições gerenciais necessitam de muito apoio.

Etapa do limbo

Há um momento em que a pessoa renunciou à sua antiga identidade, mas não consolidou ainda a nova. É um momento em que a pessoa fica sem chão e sente um profundo desconforto. Chamamos essa etapa de limbo porque a pessoa se encontra sem identidade.

Um tempo prolongado nessa etapa gera depressão. Isso explica por que pessoas que se aposentam vivem processos depressivos: na maior parte dos casos, é porque perderam sua identidade e não desenvolveram uma nova. Por essa razão, é importante acompanhar a pessoa quando assume uma posição gerencial, para nos assegurarmos de que esse processo de transição está ocorrendo dentro do esperado.

Etapa da consolidação da nova carreira

Na medida em que a pessoa incorpora a nova carreira, se depara com outro desafio. Muitos dos comportamentos que eram naturais na carreira anterior não são na nova carreira. A pessoa tem a necessidade de se reinventar.

Nessa etapa, é comum a pessoa se sentir incompetente, porque vê seus pares atuando com naturalidade, enquanto para ela é tudo muito difícil. Nessa etapa a pessoa sente sua autoestima diminuir.

Algumas empresas introduziram nessa etapa processos de *mentoring*, nos quais os mentores são gestores seniores.

8.3.2 Transição da carreira técnica ou funcional para a gerencial

A preparação da pessoa para transitar da carreira técnica ou funcional para a gerencial reduz o impacto sofrido pela pessoa no processo.

A preparação mais importante é apresentar a arena política para a pessoa, através de projetos técnicos que tenham componentes políticos ou através da delegação da gestão de determinados processos.

O problema mais grave na transição é a pessoa perceber as dificuldades da arena política e, de forma não consciente, não assumir a identidade gerencial. Nesse caso, a pessoa fica com o título de gerente, mas continua pensando e agindo como um profissional técnico.

Observamos em nossa pesquisa que muitas organizações têm uma cultura que estimula essa situação ao cobrarem de seus gestores seus conhecimentos e habilidades técnicas. Desse modo, estimulam o comportamento técnico e não o de gestor. A organização deve estar atenta para essa situação e acompanhar o processo de adaptação da pessoa a sua nova posição.

No processo de adaptação, o gestor tem um papel fundamental. Nesse caso deve haver um capítulo especial em sua capacitação para o diálogo de desenvolvimento com pessoas empossadas recentemente em posições gerenciais.

Os processos de consolidação na carreira gerencial demoram em média dois anos. Analisamos mais de 6.000 biografias de pessoas em posição de gerência tática e verificamos que esse é o tempo médio. Os seis primeiros meses, entretanto, são os mais críticos. Processos de orientação através de gestores mais experientes (*mentoring*) podem abreviar esse período. Os resultados obtidos com essas experiências foram de redução do período de carência, os gestores geraram os resultados esperados em um tempo menor e houve um aumento do nível de gestores adequados na posição.

8.3.3 Retorno para a carreira técnica ou funcional

Ao longo dos últimos 20 anos, acompanhamos alguns casos de gestores que retornaram para a carreira técnica, principalmente em empresas de tecnologia.

Esse processo é uma nova transição de carreira com todos os ônus e bônus. Na maior parte dos casos, foram profissionais que não conseguiram se desenvolver como gestores, e o retorno para a carreira técnica se deveu ao fato de serem profissionais técnicos importantes para a organização. Essa situação não é normal. É comum os gestores que não se desenvolvem serem demitidos nas empresas privadas ou retornarem à condição de técnicos nas empresas públicas.

Nos casos estudados verificamos que, além da dor de uma transição de carreira, havia uma dor adicional, que era o sentimento de fracasso, de não ter conseguido atender as expectativas da organização. Na percepção da pessoa e de seus colegas é que houve uma demoção. Por essa razão, movimentos desse tipo devem ser efetuados com muito cuidado e um acompanhamento muito próximo. Nesses casos, recomenda-se o suporte de profissionais especializados.

Mesmo em situações em que a pessoa escolhe esse tipo de mudança, o processo é de muito desgaste emocional. Para ilustrar, temos o caso de um alto executivo de uma empresa de tecnologia. Essa pessoa estava a três anos de sua aposentadoria e queria retornar para a carreira técnica, porque tinha a perspectiva de atuar, em sua pós-carreira, como consultor técnico. Acreditava que iria se adaptar com facilidade porque gostava da atividade técnica e encarava a atividade gerencial como burocrática. Teve grande dificuldade de se adaptar, porque a atividade gerencial é muito glamorosa. Nos primeiros meses, sentiu falta de estar no centro de tomada de decisões e de estar sempre bem informado sobre os destinos da organização. Inicialmente, sentiu-se isolado pelos amigos, colocado no ostracismo, embora fosse isso o que quisesse.

Esse caso ilustra o processo vivido nas transições de carreira e, muitas vezes, a situação está resolvida em nossa cabeça, mas não no nosso emocional.

8.3.4 Gestão da transição de carreira

Para a maioria das pessoas e das organizações o tema transição de carreira é desconhecido. Para elas, assumir uma posição gerencial é uma continuidade natural da carreira. Entretanto, ao conhecermos melhor as fases e consequências de um processo de transição de carreira, podemos nos antecipar e eliminar ou minimizar seus efeitos perversos para as pessoas e para a organização.

As pessoas nunca estarão totalmente preparadas para um movimento em suas carreiras que impliquem em uma mudança de identidade. O aprendizado ocorre ao longo do processo. Com a consciência do processo é possível para as pessoas manejarem melhor suas incertezas e ansiedades e para organização criar o suporte necessário.

Ao analisarmos as diferentes fases do processo de transição de carreira, verificamos algumas experiências bem-sucedidas na mitigação dos efeitos negativos do processo. Para apresentarmos essas experiências, vamos analisar as seguintes situações:

- As pessoas pensadas para o processo sucessório não possuem nenhuma vivência na posição para a qual foram indicadas;
- As pessoas já estão em posição gerencial e estão sendo pensadas para posições que representam uma transição de carreira;
- As pessoas estão iniciando sua experiência e uma nova posição;
- As pessoas estão em fase de consolidação de sua posição.

As pessoas pensadas para o processo sucessório não possuem nenhuma vivência na posição para a qual foram indicadas

Nesse caso podemos ter duas situações:

- Uma pessoa que vivenciou até então somente posições técnicas e/ou funcionais e está sendo cogitada para uma posição gerencial;
- Uma pessoa que vivenciou posições gerenciais de nível tático e está sendo pensada para posições de nível estratégico.

Nas duas situações é importante que a pessoa viva situações profissionais mais próximas das que irá enfrentar. No primeiro caso, seria interessante que a pessoa incorporasse atribuições e responsabilidades que a aproximasse da arena política. Como resultado haveria, por parte da pessoa e de seu gestor, uma percepção mais clara de pontos a serem trabalhados e desenvolvidos em sua preparação.

No segundo caso, a pessoa deveria viver experiências que pudessem aproximá-la do nível de pressão existente no nível estratégico. Acompanhamos duas experiências interessantes em empresas brasileiras onde gerentes do nível tático são protagonistas no desenvolvimento de projetos estratégicos para a organização. Nesse papel, interagem com os presidentes das organizações e com o conselho de administração, percebendo o nível de pressão e o padrão de exigência na arena política do nível estratégico. Ao mesmo tempo, a organização percebe as melhores ações de desenvolvimento para preparar essas pessoas.

As pessoas já estão em posição gerencial e estão sendo pensadas para posições que representam uma transição de carreira

Em algumas situações, temos gerentes que atuam em atividades-fim da organização e são cogitados para atuar em atividades-meio. Essa mudança implica em uma transição de carreira delicada. Normalmente ela é percebida como uma demoção. Se assumirmos que as atividades-fim são mais glamorosas e oferecem mais oportunidades de ascensão que as atividades-meio, um movimento desse tipo deve ser previamente negociado com a pessoa, avaliando-se todas as suas implicações.

Por exemplo, acompanhamos o caso de um diretor industrial em uma grande montadora de veículos. Inicialmente era gerente de operações, depois assumiu a posição de gerente de manutenção e efetuou uma grande revolução nos processos de manutenção, graças aos conhecimentos que tinha das operações. Face ao seu sucesso, a organização o convidou para gerenciar a área de RH, porque ela tinha pouca credibilidade na organização e dificuldades para se articular politicamente. Seu papel era transferir seu conhecimento do negócio para a área e abrir-lhe as portas na organização. Foi muito bem-sucedido, mas em nenhum momento fez uma transição de carreira. Suas referências, amigos e literatura predileta eram relacionados à atividade-fim da organização. Depois de dois anos na posição de gerente de RH, retornou à produção como gerente de processos e posteriormente assumiu a posição de diretor industrial.

Esse relato serve como um exemplo entre diversas mudanças de carreira que não implicam em mudança de trajetória ou de identidade profissional, mas isso necessita estar explicitado na negociação com a pessoa. Caso não esteja, podemos ter sérios problemas de adaptação e nos resultados para a pessoa e para a organização.

Os movimentos de atividades-meio para atividades-fim são mais raros nas organizações, porque em sua maioria esse tipo de mudança implica em conhecimentos técnicos, normalmente não dominados por alguém que atua em atividades meio. Quando esse tipo de movimento é possível, as pessoas os encaram como oportunidades de ascensão mais rápida e de maior visibilidade.

As pessoas estão iniciando sua experiência em uma nova posição

O início da pessoa em uma nova posição oferece desafios interessantes e estimulantes. Normalmente, as pessoas apreciam essas situações. Há necessidade, entretanto, de cuidados. É comum a pessoa manter algumas atribuições e responsabilidades de sua posição anterior porque não conseguiu e/ou não quis delegar. Isso pode ser um problema se a pessoa utiliza essas atribuições como um refúgio e uma forma de não se envolver plenamente em sua nova identidade.

Acompanhamos o caso interessante de um gerente de operações em uma grande siderúrgica que, ao assumir a posição de diretor industrial, teve muitas dificuldades de incorporar seu novo papel. Um aspecto visível era o fato de continuar utilizando a mesma indumentária da usina nos escritórios da diretoria, e os aspectos não visíveis eram suas prioridades e agenda como diretor industrial.

O processo para que a pessoa assuma uma nova posição deve ser negociado, exigindo-se da pessoa que renuncie de forma definitiva ao seu papel anterior. Caso isso não seja possível, deve haver uma negociação sobre o foco principal de suas atividades. Nesse caso, o gestor dessa pessoa tem um papel fundamental. Recomenda-se que a pessoa seja avaliada com maior frequência nessa fase inicial, em termos ideais, pelo menos uma vez a cada mês nos três primeiros meses.

As pessoas estão em fase de consolidação de sua posição

Quando as pessoas incorporam sua nova identidade, começam um processo de desenvolvimento efetivo e podem ser muito contributivas com novas ideias, inovação em processos, novos olhares para a realidade ou contexto em que vivem etc. Esse é o aspecto positivo. Entretanto, vivem também o desconforto da adaptação, sentindo-se como estrangeiros.

Um dos autores deste livro relata que quando assumiu sua primeira função gerencial, era comum sair da organização com a sensação de que não havia feito nada de útil ou relevante, que havia passado o dia em reuniões, discutindo possibilidades, efetuando ajustes em normas e procedimentos etc. Quando, entretanto, realizava um projeto ou alterava um processo, sentia-se realizado. Naquele dia tinha ganhado seu dinheiro honestamente e era exatamente o que não devia fazer. Compreender o nosso novo papel na organização, a lógica de nossa nova posição, sua importância relativa, seu lugar na arena política são questões importantes e que podem ser mais bem esclarecidas através da orientação de pessoas mais experientes.

Acompanhamos o caso de um gerente financeiro recentemente promovido e que tinha muitas dificuldades de se impor nas reuniões, porque tinha um raciocínio muito técnico e assumia um posicionamento inflexível. Ao perceber sua dificuldade, pediu ao diretor de recursos humanos, com quem tinha uma relação de amizade, para que nas reuniões em que estivessem juntos avaliasse seu desempenho. E assim fizeram. Logo após as reuniões, conversavam durante cinco a dez minutos sobre os resultados e gradativamente o gerente financeiro foi percebendo seus erros e equívocos. A mudança não foi instantânea, mas em um período curto de tempo passou a conquistar seu espaço e o respeito dos demais.

Esse caso em que a pessoa percebe a necessidade de ajuda e vai buscá-la não é comum. Muitas vezes o desconforto é um fator de desmobilização e a pessoa busca apoio em uma postura mais técnica e inflexível.

8.4
Preparação de profissionais a serem sucedidos

A literatura e as discussões sobre processo sucessório privilegiam a identificação e preparação de sucessores, entretanto, vemos com grande preocupação o despreparo das pessoas a serem sucedidas para desenvolver seus sucessores.

Cremos que esta questão estará cada vez mais presente em nossas discussões sobre o processo sucessório, já que o desenvolvimento de sucessores está nas mãos das atuais lideranças.

Goldsmith (2009) afirma que, em muitos textos, os autores retratam os executivos como seres absolutamente lógicos, como se fossem vulcanos, em referência à série *Jornada nas Estrelas*, em que Leonard Nimoy interpretava um ser absolutamente lógico e que procurava eliminar suas emoções. Goldsmith (2009) escreve que em sua experiência como *coach* de CEOs, nunca encontrou um CEO vulcano aqui no planeta Terra. Ou seja, de fato os executivos são pessoas com emoções, as quais se manifestam com maior intensidade em situações de grande pressão ou desgaste. O processo sucessório é um desses momentos, tanto para a pessoa que sucede quanto para a pessoa que é sucedida.

Conforme discutimos no Capítulo 1, em situações de grande pressão as pessoas pensam de um jeito e sentem de outro, sem ter consciência disso. Assim, falam uma coisa e fazem outra. Ao analisar várias biografias, tivemos a oportunidade de ouvir vários relatos desse tipo, de pessoas que se sentiram tão humilhadas pela forma como o processo sucessório foi conduzido que passaram a boicotar o desenvolvimento do sucessor sem consciência do fato.

Para aprofundarmos nossa discussão sobre esse tema, agrupamos as informações de nossas pesquisas nas seguintes categorias:

- Dificuldades de escolher e/ou trabalhar a indicação de um membro da equipe para o processo sucessório;
- Trabalhar a si próprio para desenvolver pessoas para posições de maior complexidade;
- Aceitar que o membro de sua equipe está pronto para posições de maior complexidade.

8.4.1 Indicação do sucessor

A dificuldade de indicar alguém para a sucessão está ligada a um processo complexo para o gestor e para a organização. De um lado, o gestor não pode fazer essa indicação isoladamente, mesmo porque quem vai conviver com seu sucessor serão seus pares e seu chefe. De outro lado, ao indicar uma pessoa para ocupar posições de maior complexidade, está entregando um membro valioso de sua equipe para a organização.

Esse quadro gera no gestor um posicionamento ambíguo: sente-se valorizado por desenvolver alguém reconhecido pela organização como uma pessoa diferenciada e, ao mesmo tempo, sente receio de não poder contar com alguém valioso para sua equipe de trabalho.

Um sistema formal e estruturado de sucessão ajuda os gestores a superarem essa dificuldade, mas não os deixam imunes à dor do processo. Por essa razão, os critérios para indicar pessoas para o processo sucessório e, principalmente, a forma de aplicá-los é fundamental para a sua efetividade. O fato de que o primeiro passo para a indicação de uma pessoa para o processo sucessório é dado por seu gestor minimiza a possibilidade de ameaça. A partir desse primeiro passo, será o gestor a defender sua indicação perante seus pares e superiores, conferindo legitimidade à sua indicação e oferecendo-lhe maior segurança em seu posicionamento.

Outro aspecto importante do processo sucessório que minimiza o desconforto do gestor é o fato de não estar indicando alguém para sucedê-lo e sim para ocupar posições semelhantes à sua na organização.

8.4.2 Medo de ser substituído

Uma vez efetuada a indicação, há uma grande dificuldade de o gestor assumir o desenvolvimento de um membro de sua equipe. Essa dificuldade está mais presente quando o gestor necessita criar oportunidades para que a pessoa interaja com seus pares e seu superior. É um momento em que a pessoa começa a entrar no terreno de seu gestor, gerando nele medo, inveja, raiva e outros sentimentos normais nessas situações.

A exposição política é fundamental para desenvolver uma pessoa que nunca frequentou a arena política e está indicada para uma posição gerencial, ou uma pessoa indicada para uma posição na arena política estratégica e nunca a frequentou. Essa exposição só será possível se o gestor da pessoa oferecer espaço e condições concretas para tanto. Nesse momento, o processo de desenvolvimento pode não ocorrer, porque o gestor terá sempre desculpas verdadeiras, tais como: "não tenho tempo neste momento", "você não está pronto para esse nível de exposição", "o contexto atual da organização não aconselha esse tipo de exposição" etc.

Caso o gestor não trabalhe a si próprio, terá sempre grandes dificuldades para encarar o desenvolvimento de pessoas para o processo sucessório. Entretanto, se conseguir, poderá aprender muito com o processo e tirar muitas lições para o seu desenvolvimento.

Um dos autores deste livro relembrou uma experiência vivida quando era um jovem gestor: tinha uma equipe verde e imatura e seu propósito era fazer com que estabelecesse uma comunicação mais direta com os clientes. Para tanto, foi estimulando esse processo e, ao final de um ano e meio, os resultados começaram a aparecer. Na época a comunicação interna em nossas organizações era efetuada através de memorandos e telefonemas e o indicador de sucesso era que sua mesa estava cada vez mais vazia e que recebia cada vez menos telefonemas, porque os memorandos e os telefonemas eram endereçados diretamente para sua equipe. Embora o sucesso do processo fosse evidente, passou a sentir um enorme vazio, porque havia se tornado dispensável e não tinha clareza de seu papel na organização. Nesse caso, o racional dizia que estava tudo bem, o processo era um sucesso, e o emocional dizia que estava tudo errado, o processo tinha sido um grande equívoco e o resultado era perda de espaço. O desconforto durou várias semanas até surgirem novos desafios e novos espaços na organização.

Esse relato mostra o desalinhamento que ocorre entre o racional e o emocional. Quando há uma clareza do que está ocorrendo, conseguimos equilibrar essas duas dimensões e agir de forma adequada, mas quando não há essa clareza, o emocional se impõe e buscamos explicações racionais para justificar o que sentimos.

A organização deve auxiliar os gestores através do acompanhamento do desenvolvimento das pessoas indicadas para o processo sucessório e de uma cobrança sistemática da alta administração nesse sentido. Caso isso não ocorra, as pessoas serão sempre promessas de sucessão e nunca uma realidade, como observamos na maior parte das organizações brasileiras analisadas em 2010.

8.4.3 Aceitar o sucessor

Aceitar que um filho já cresceu e pode trilhar seu caminho sozinho sem depender da interferência e dos conselhos dos pais é muito difícil. Uma situação análoga pode ser observada em admitir que a pessoa esteja pronta para posições de maior complexidade.

Nas organizações brasileiras analisadas, observamos uma grande dificuldade de oferecer desafios maiores para as pessoas internas, havendo, em muitos casos, o direcionamento da posição para o mercado externo. Não foi incomum verificar que as pessoas trazidas do mercado tinham experiência e maturidade profissional semelhante ou em menor nível que as pessoas internas. O que explica então esse receio de apostar na prata da casa?

Uma explicação possível é que o gestor, ao conviver com a pessoa e trabalhar seu desenvolvimento, percebe os pontos fortes e fragilidades apresentados por ela. Tenderá a recear expor a pessoa prematuramente a desafios que podem colocá-la em risco e terá dificuldades em admitir que esteja pronta para enfrentá-los.

Caso a pessoa em questão seja consultada, pode também não se achar pronta para o desafio, ou, ao se aconselhar com seu gestor, ser desestimulada a aceitá-lo. O que fazer? Como podemos ter certeza de que a pessoa está pronta?

Quando olhamos para empresas mais maduras, principalmente a multinacional com operações consolidadas no Brasil, é possível verificar que o foco de nossa atenção está equivocado. O foco é qual o suporte que a pessoa receberá ao assumir uma nova posição, se estará por sua conta ou receberá suporte de suas chefias, da área de RH, ou de programas internos destinado a esse objetivo. A experiência dos gestores das empresas investigadas é a de terem encarado sozinhos os desafios da posição, projetando suas experiências e dificuldades na tomada de decisão sobre as pessoas.

Trabalhar essa questão implica em uma mudança de cultura e de foco no desenvolvimento de novos gestores e no suporte a eles quando assumem suas posições.

8.5
Conclusões

A questão comportamental no processo sucessório é muito importante e começa a ser estudada, mas quanto mais investigamos esse aspecto, mais nos convencemos de sua influência na efetividade dos resultados obtidos e no desenvolvimento da organização e de suas lideranças.

A literatura explora outros pontos sobre o tema, como, por exemplo: a tendência de escolhermos pessoas parecidas conosco para nos substituir; a existência de comportamentos patológicos que tornam o gestor um bloqueador do desenvolvimento das pessoas; gestores que limitam o desenvolvimento de sua área, negócio ou empresa por medo de perder o controle e o poder; sentimento de propriedade em relação às pessoas de sua equipe.

Optamos por não trazer essas questões para discussão neste livro por entendermos que estariam fora do nosso foco, que é oferecer uma visão instrumental e prática sobre o tema. Entretanto, são questões que estão em nosso radar para futuras discussões e aprofundamento.

9 Indicadores de sucesso do processo sucessório

9.1
Introdução

Em várias ocasiões fomos abordados por pessoas querendo discutir com maior profundidade formas de avaliar a efetividade do processo sucessório em sua organização. Nessas situações, discutimos a questão pontualmente, mas percebemos a necessidade de uma reflexão mais estruturada a respeito. Quando consultamos os estudos a respeito do tema, encontramos pouco material.

Um dos trabalhos mais interessantes de Rothwell (2010) procura analisar a efetividade do processo sucessório revisitando conceitos e técnicas de avaliação utilizadas em outras realidades. A fazê-lo, adapta-as para a realidade do processo sucessório. Parte, então, dos quatro níveis de avaliação de ações de treinamento e capacitação de Donald Kirkpatrick (1960), depois busca inspiração no *Balance Scorecard* de Kaplan e Norton (1996) e, finalmente, trabalha as técnicas de controle análogas às de um painel de controles de um automóvel (*dashboard*), onde estão as informações mais relevantes para o motorista. Nesse caso procura discutir quais são as informações mais relevantes para controlar a efetividade de um processo sucessório.

Utilizando os conceitos relacionados à avaliação de processos, podemos incorporar outras propostas, além das sugeridas por Rothwell (2010). Um ângulo de análise são os atores envolvidos no processo sucessório: temos as pessoas que têm ambição de progredir na organização, os gestores envolvidos no processo sucessório e a organização. Nesse caso, a organização pensada como instituição que tem necessidades para viabilizar seu intento estratégico e sua perenidade. Outro ângulo de análise é o impacto e a interface do processo sucessório no intento estratégico da organização. E finalmente, outro ângulo é o processo sucessório em si, o quanto podemos analisá-lo em termos de sua eficiência para alcançar seus propósitos, o quanto podemos pensar em seu contínuo aprimoramento etc.

Quando pensamos em avaliação de um processo, vem à tona a questão de como as informações serão obtidas, com que regularidade e confiabilidade. Podemos ter todo o processo de avaliação ameaçado, porque temos informações que não refletem a realidade ou porque olhamos para o que queremos ver. Por isso, vamos discutir neste capítulo os cuidados para obtenção e análise das informações sobre o processo sucessório.

Neste livro, este capítulo é o espaço para discutirmos também a forma de construção e aprimoramento do processo sucessório.

9.2
Formas para mensurar a efetividade dos processos sucessórios

Para mensurarmos a efetividade e o sucesso do processo sucessório, é fundamental discutirmos primeiramente as expectativas das pessoas, gestores e organização acerca dele, depois discutirmos sua interação com o intento estratégico da organização e seu contínuo aprimoramento.

Essa mensuração é base da avaliação e do aperfeiçoamento do processo sucessório, que é cada vez mais valorizado pelas organizações, frente aos resultados observados e a um ambiente cada vez mais competitivo.

Em nossas pesquisas colhemos alguns questionários destinados à avaliação do processo sucessório para serem aplicados às pessoas e gestores. Tentamos também desenvolver nossos questionários. Em todos os casos, quando os aplicamos nas organizações pesquisadas, obtivemos resultados pobres e pouco confiáveis. Não conseguimos ver sua utilidade para decisões de aprimoramento. Por essa razão decidimos não propor nenhum roteiro de perguntas e sim levantar pontos de atenção, em que cada organização, dentro de sua cultura e momento, possa desenhar seu sistema de monitoramento.

9.2.1 Expectativas das pessoas

O diálogo no processo sucessório é muito importante para alinhar as expectativas das pessoas com as da organização. Como já discutimos, a surpresa é um indicador de insucesso do processo. Em entrevistas e pesquisas com as pessoas que participam de programas sucessórios, verificamos que o aspecto mais reivindicado é a clareza de critérios e a transparência, normalmente, o aspecto mais negligenciado nos programas investigados, não por desleixo da organização ou de seus dirigentes e gestores, mas porque não é algo fácil de obter.

Se fôssemos pensar em um indicador para o atendimento da expectativa das pessoas, seria a qualidade das informações e do diálogo da organização com elas. Essa qualidade pode ser materializada pelo conteúdo, pela velocidade e pela forma como a informação chega à pessoa.

Vamos tratar primeiramente do conteúdo. Podemos agrupá-lo nas seguintes categorias:

- Informações sobre a carreira e políticas de movimentação e ascensão;
- Indicação da pessoa para atribuições e responsabilidades de maior complexidade;
- Acompanhamento do processo de desenvolvimento profissional;
- Ocupação de uma posição de maior complexidade.

Informações sobre a carreira e políticas de movimentação e ascensão

Um grande estímulo para que a pessoa assuma o protagonismo de seu desenvolvimento e de sua carreira é o nível de clareza e transparência de critério para sua movimentação e ascensão na carreira do negócio, da organização ou do grupo econômico. As tentativas das empresas brasileiras nessa direção resultaram em sistemas confusos e que não refletiam a realidade das decisões sobre carreira.

Desse modo, o sistema apresentado foi rapidamente caindo em descrédito e deixado de ser utilizado como uma referência pelas pessoas para pensar suas carreiras.

O exercício da clareza de critérios e transparência é muito exigente. Primeiro, deve ser resultado de um pacto entre as lideranças da organização sobre as políticas e práticas, e depois objeto de contínuo controle sobre a observância dos critérios estabelecidos e seu aprimoramento. O controle é fundamental para garantir a equidade nas decisões e a possibilidade de debatê-las abertamente.

Na medida em que haja clareza e transparência do processo e uma percepção pelas pessoas de justiça em sua aplicação, essas se sentirão seguras para se apropriarem das regras do jogo. Algumas terão interesse em crescer e se desenvolver, outras não, mas isso é uma opção que pode ser exercida em diferentes momentos da vida da pessoa. Caso não haja interesse da organização em manter pessoas que não se interessem em se desenvolver em suas carreiras, isso deve ser explicitado para que a pessoa decida permanecer na organização ou não.

Em pesquisas de clima temos inserido questões a respeito da percepção das pessoas sobre o diálogo com suas lideranças, o nível de conhecimento sobre as possibilidades de crescimento na organização, o estímulo e suporte oferecido pelas lideranças e pela organização, a justiça na indicação de pessoas nas promoções internas etc.

Indicação da pessoa para atribuições e responsabilidades de maior complexidade

Nossa recomendação é que a indicação de uma pessoa para enfrentar realidades organizacionais mais complexas seja compartilhada com ela. Em nossa pesquisa, essa é uma questão que divide as organizações.

A explicitação da situação faz com que a pessoa se torne cúmplice de seu desenvolvimento, consiga tirar o máximo proveito de todas as experiências e isso ajudará no processo de acompanhamento. Atualmente, temos algumas empresas brasileiras que trabalham uma série de indicadores sobre as pessoas que estão sendo indicadas para verificar seu grau de ajuste e sua capacidade de retenção pela organização.

As empresas de capital americano, em nossa pesquisa, foram as que melhor equacionaram esse aspecto. A indicação e o diálogo sobre o assunto são naturais. As pessoas que não foram indicadas verificam esse procedimento como adequado e percebem que, quando forem indicadas, terão um tratamento semelhante. Essa clareza permite que as pessoas insatisfeitas se manifestem e haja uma negociação de expectativas.

Acompanhamento do processo de desenvolvimento profissional

O acompanhamento do processo se dá em diferentes frentes. Uma frente é a relação do gestor com a pessoa, construindo com ela um projeto de desenvolvimento. Outra frente é um monitoramento institucional, verificando a coerência das decisões sobre as pessoas indicadas e seu nível de desenvolvimento e preparação para posições de maior complexidade.

Os indicadores de acompanhamento são amplos e podem ser classificados da seguinte maneira:

- Indicadores da política e prática de gestão de pessoas: posicionamento da pessoa na faixa salarial; valor da remuneração variável; nível da *performance*; ações de desenvolvimento e resultados das avaliações;
- Indicadores de satisfação da pessoa: expectativas das pessoas comparadas com as ações efetuadas; investimentos da pessoa em seu desenvolvimento e sua capacitação; relacionamento interpessoal com pares, subordinados, superiores, clientes etc.; estado de saúde; nível de prontidão para novos desafios;
- Indicadores do processo sucessório: nível de retenção das pessoas indicadas; dinâmica dos conceitos recebidos pela pessoa em processos de avaliação e nos resultados de seus trabalhos; elevação do nível de prontidão para posições de maior complexidade.

O acompanhamento das pessoas e do processo oferecem os indicadores mais importantes sobre o processo sucessório, porém são os mais negligenciados pelas organizações de acordo com nossa pesquisa.

Ocupação de uma posição de maior complexidade

Em 90% das empresas brasileiras pesquisadas, a pessoa, ao ocupar uma posição de maior complexidade, é abandonada. Algumas empresas pesquisadas mantêm entrevistas periódicas com as pessoas na fase de sua preparação para o processo sucessório, porém, quando elas assumem uma posição, passam a ser acompanhadas unicamente por sua liderança imediata.

Um indicador importante nessa fase é a efetividade da pessoa que assumiu uma nova posição. Esse indicador não deve ser quantitativo e sim qualitativo. Qualquer caso de insucesso deve ser analisado profundamente. Esse tipo de equívoco é um grande aprendizado para a organização. Desse modo, nessa etapa o objetivo é não ter nenhum caso de insucesso.

Os casos de insucesso analisados foram, na maior parte das vezes, uma avaliação precipitada por parte da organização, motivada por falta de cuidado em observar as respostas das pessoas escolhidas frente aos desafios recebidos. Nos casos analisados, as pessoas já davam mostras de que não estavam preparadas para situações mais exigentes.

Ao trabalharmos o conteúdo, observamos as quatro categorias e seus indicadores. Vamos agora discutir a velocidade da informação e o cuidado ao transmiti-la.

No processo sucessório todas as atenções estão voltadas para as decisões e movimentos efetuados pela organização. Naturalmente, surgem muitas especulações e boatos sobre possíveis promoções ou indicações. A velocidade da informação é importante para dar credibilidade ao processo.

As decisões tomadas em relação a uma pessoa devem ser rapidamente comunicadas a ela. Para que isso ocorra é importante haver um protocolo sobre quem transmite a informação e como se deve fazê-lo.

Indicadores da adequação da velocidade e da forma de fluir a informação são o teor das comunicações informais, o quanto questões relacionadas ao processo sucessório surgem nos boatos e as especulações no interior da organização.

9.2.2 Expectativas dos gestores

Os gestores são os atores que recebem a maior carga de pressão. Estar atento às suas expectativas é fundamental para ter sua adesão e compromisso com o processo sucessório. O principal indicador é o quanto o processo sucessório é vigoroso, sua robustez e força. Caso o vigor esteja decrescendo, é porque não há o engajamento necessário das lideranças organizacionais.

Os gestores estarão comprometidos com o processo caso vejam sua importância para a organização e sintam seu impacto positivo sobre suas equipes. Algumas das empresas estudadas estavam com o processo instalado havia mais de dez anos. Uma parte da diretoria havia ascendido na organização graças ao processo sucessório e estava sempre atenta em buscar oportunidades de melhoria do processo, criar maior transparência e estimular o engajamento de todos.

Os gestores que se sintam ameaçados pelo processo tenderão a encontrar argumentos para não se engajarem ou demonstrarão engajamento em seu discurso, mas não em sua prática.

Em sua tese sobre processo sucessório, Ferreira (2015) constata que os gestores que estão muito indicados para sucessão são muito mais atentos ao desenvolvimento de sua equipe e valorizam mais o processo do que os que não estão. Essa é uma característica comum nas organizações onde o processo é incipiente, por isso, é um ponto de grande atenção.

9.2.3 Expectativas da organização

As expectativas da organização estão relacionadas, de um lado, em obter maior segurança de perenidade de sua atuação e, de outro, estimular e oferecer suporte ao desenvolvimento das pessoas na organização.

Pessoas preparadas para ocupar posições críticas para o presente e o futuro da organização são a base para assegurar sua perenidade. Esse é um importante indicador, a quantidade de pessoas disponíveis para as posições críticas e a capacidade de retenção dessas pessoas. A questão da retenção é sempre circunstancial, pois depende da dinâmica do mercado de atuação da organização e do mercado de trabalho.

Com relação ao estímulo e suporte ao desenvolvimento das pessoas, o melhor indicador é a verificação periódica do desenvolvimento das pessoas. Um bom momento para constatar esse desenvolvimento é o ritual de avaliação de desempenho.

9.2.4 Relação dinâmica com o intento estratégico

Há uma relação de complementaridade entre a estratégia do negócio ou da organização e a estratégia de gestão de pessoas. Essa é uma visão que cresce a partir do final da década de 1980 nos EUA. Anteriormente, havia uma relação de submissão, ou seja, a estratégia de gestão de pessoas devia ser pensada a partir da definição da estratégia organizacional. Um dos autores que defende, desde essa época, a ideia de um processo de influência mútua é Rothwell, que, em conjunto com Kazanas (1988), levantou essa bandeira em conjunto com outros autores. Rothwell é hoje uma das principais referências na discussão sobre o processo sucessório e traz para esse campo a discussão da relação entre a sucessão e a estratégia.

Não é possível desvincular um processo do outro e ambos se influenciam mutuamente. Em nossas pesquisas, pudemos verificar vários exemplos em que os desenhos de estruturas de negócio e organizacionais foram efetuados a partir das pessoas disponíveis, outros casos nos quais foram criadas posições organizacionais para não perder pessoas importantes, e outros, ainda, em que houveram alterações importantes na dinâmica do negócio influenciada pelo perfil das pessoas que assumiram posições-chave.

Nesse caso, um indicador interessante é a influência do processo sucessório na renovação da organização e em sua capacidade de inovação.

Em nossas pesquisas constatamos um fenômeno que não encontramos relatado em nenhum dos trabalhos que analisamos. Os comitês de sucessão tornam-se um espaço privilegiado para discussão da estratégia da organização. Inicialmente ouvimos o relato sobre esse fenômeno de alguns gerentes estratégicos e, posteriormente, estruturamos essa investigação. Nas organizações brasileiras existem poucos espaços estruturados e/ou rituais para se discutir a estratégia do negócio. Nos comitês de sucessão, essa discussão emerge naturalmente, por ser o futuro da organização o grande foco, mediado pela discussão sucessória.

Verificamos em algumas empresas como a discussão do presidente com o conselho de administração mudou a partir de processos estruturados de sucessão. O relato foi que havia uma visão mais ampla da discussão envolvendo pessoas e o futuro do negócio.

9.2.5 Aprimoramento do processo

O processo sucessório tem algumas etapas típicas de evolução e as questões mais presentes são:

- Como podemos obter os mesmos resultados com menor esforço e mobilizando menos recursos, ou obter mais resultados com o mesmo esforço?
- Como ampliar o nível de satisfação das pessoas e gestores que participam do processo?
- Como podemos ampliar a abrangência do processo sucessório?
- Como podemos integrar melhor o processo sucessório a outros processos da organização e criar mais sinergia?

Observamos que no primeiro e segundo ano os processos contemplam as pessoas para sucessão em suas áreas de atuação. No segundo ou terceiro ano, os processos iniciam a discussão das pessoas como sucessoras em áreas diferentes da sua atuação e, normalmente, expandem a discussão para um ou dois níveis da estrutura de comando. No terceiro e quarto ano introduzem métodos mais sofisticados de acompanhamento e preparação de sucessores e maior suporte aos gestores.

No terceiro ano, principalmente, há uma racionalização do processo. Ele se torna mais simples e mais direto e a discussão do processo sucessório fica mais aberta e transparente.

As primeiras experiências no Brasil foram efetuadas diante da necessidade e com pouco planejamento e preparação. Observamos que as organizações que iniciaram seus processos a partir da segunda metade da primeira década dos anos 2000 foram mais cautelosas, procuraram aprender com outras empresas, abriram a discussão sobre o processo com os gestores e efetuaram uma construção coletiva do processo.

Não conseguimos indicadores confiáveis para dizer quanto deveria custar em média esse processo, qual o percentual de sucessores para cada posição crítica na empresa. Verificamos que há uma grande variedade de situações pelo setor em que a organização atua, pela região geográfica onde está situada, pela cultura organizacional etc.

A partir da segunda década dos anos 2000, o processo sucessório entra na agenda de organizações públicas no Brasil. Essa experiência é muito interessante, frente à especificidade dessas organizações.

9.3
Fontes de dados e informações

Os dados e informações para avaliação do processo sucessório estão muito dispersas na organização. É necessário um esforço para estruturá-las.

Em algumas organizações, a equipe de gestão de pessoas procurou organizar todas as informações relevantes para periodicamente efetuar uma avaliação estruturada do processo sucessório e depois reportar a alta administração. Com isso, foram criadas estruturas de análise, um fluxo de relatórios e indicadores de problemas.

Em outras organizações há reuniões periódicas entre gestores e equipe de gestão de pessoas para avaliar o processo sucessório, nas quais indicadores são propostos previamente e debate-se sobre eles com base em informações estruturadas.

Entretanto, em nossa amostragem, encontramos somente duas organizações que, além de buscarem dados estruturados sobre o processo, efetuam contato regulares com as pessoas e gestores com o objetivo de avaliar o processo.

Em todas as organizações pesquisadas observamos uma evolução a cada ciclo do processo e um maior envolvimento de toda a administração no mesmo. Entretanto, em quase 60% constatamos que é um processo que poderia ser mais bem aproveitado. Nessas organizações não há uma avaliação estruturada, nem um acompanhamento do desenvolvimento das pessoas, e um índice preocupante de perda de pessoas consideradas como futuras sucessoras ou capazes de atuar em posições de maior complexidade.

9.4
Efetividade do processo sucessório

As ações de aprimoramento do processo sucessório estão muito interligadas à sua gênese. Quando o processo é imposto, os gestores e as pessoas não se sentem protagonistas, somente meros coadjuvantes do processo.

A forma de concepção e o envolvimento de todos é vital para a evolução do processo ao longo do tempo. A seguir, apresentamos algumas ideias e cuidados na concepção e implantação do processo sucessório.

Para facilitar a compreensão dessas ideias, agrupamos em etapas para discussão, concepção e implantação do processo:

- Etapa I – Definição dos Parâmetros
- Etapa II – Concepção do Processo Sucessório
- Etapa III – Implantação
- Etapa IV – Monitoramento

Etapa I – Definição dos parâmetros

Engloba atividades para o estabelecimento dos objetivos e premissas que nortearão o processo e dos resultados a serem obtidos com sua implantação. Nessa etapa, a alta administração deve ser envolvida e recomendam-se contatos individuais para verificar as expectativas de cada um e seu entendimento sobre o processo. Devem também ser buscados os seguintes resultados:

- Objetivos, premissas e resultados do processo;
- Abrangência: população envolvida e instrumentos de gestão a serem revistos;
- Delineamento técnico do processo: sistema de avaliação, seleção de pessoas para o processo sucessório, mapa sucessório, indicações de desenvolvimento;
- Instrumental metodológico a ser utilizado e cronograma de atividades para a concepção e implantação;
- Indicadores de sucesso do processo.

As atividades operacionais geralmente desenvolvidas nessa etapa são as seguintes:

- Levantamento de dados através da análise de documentos e entrevistas;
- Reuniões com a direção para estabelecimento de objetivos, premissas e resultados esperados e características do processo de concepção e implantação.

As atividades desenvolvidas nessa etapa são decisivas para o sucesso do processo. Podemos caracterizá-las de forma genérica nos seguintes aspectos:

- **Identificação de necessidades da organização e das pessoas abrangidas:** caracteriza-se pelo levantamento dos motivos que estão levando a organização a estruturar o processo sucessório: os problemas, as necessidades e as oportunidades percebidos pela empresa e pelas pessoas. Nessa etapa são empregadas várias técnicas: questionários, entrevistas individuais ou em grupos e/ou análise de documentos;
- **Levantamento de experiências bem-sucedidas em outras organizações (*benchmarking*):** informações sobre como outras organizações estruturaram seus processos sucessórios. As dificuldades enfrentadas e os resultados obtidos são importantes para analisar a realidade da nossa organização e apoiar a concepção de um processo adequado às nossas necessidades;

- **Avaliação das políticas e práticas de gestão de pessoas existentes na empresa:** em função do alto nível de integração entre o processo sucessório e o sistema de gestão de pessoas, é importante avaliar o diálogo esperado entre ambos e mapear elementos facilitadores e inibidores para a concepção e implantação dele;

- **Análise da cultura organizacional:** avalia, a partir dos padrões culturais e políticos da empresa, com que intensidade uma proposta de estruturação do processo sucessório irá afetá-los, o nível de apoio da direção para as mudanças geradas pelo projeto e o quanto gestores e as pessoas estão dispostas a apoiá-lo;

- **Definição de grupos de trabalho:** para o levantamento das necessidades e, principalmente, para pensar a estruturação do processo sucessório, é fundamental a intensa participação das pessoas que serão responsáveis pela gestão das pessoas por ele abrangidas. É importante lembrar que a questão sucessória está inserida em um ambiente político delicado e sensível. Os critérios, políticas e práticas propostas devem alinhar expectativas de quem detém o poder dentro da organização. Formar grupos de trabalho envolvendo representantes dos diferentes grupos políticos é essencial;

- **Construção de um modelo conceitual:** é o resultado natural da análise das informações colhidas nas atividades anteriores, em que são estabelecidas alternativas técnicas para a construção de um processo sucessório que atenda a necessidade da organização.

Os resultados comumente esperados dessa etapa são:

- **Consciência da necessidade:** esse é o resultado fundamental dessa etapa, a consciência dos resultados esperados e dos motivos pelos quais é importante para a organização estruturar o processo sucessório;

- **Definição das estratégias de concepção do processo:** outro resultado que deve ser buscado nessa etapa é a formação de uma imagem clara do caminho a ser trilhado para a concepção e implantação do processo;

- **Construção de suporte político e técnico para a concepção e implantação do processo:** é nessa etapa em que devem ser construídas tanto a sustentação política para concepção do processo quanto a sustentação técnica. A primeira, traduzida pelo envolvimento da alta administração com os propósitos do projeto, e a segunda, traduzida pelo engajamento dos gestores e das áreas de apoio técnico, como: Gestão de Pessoas, TI e Planejamento, com a proposta de trabalho para concepção do processo.

Etapa II – Concepção do processo sucessório

O ideal é que o processo sucessório estruturado seja fruto de uma concepção envolvendo todos os gestores abrangidos. A ampla participação permite a construção de um processo que obtenha os resultados esperados e, ao mesmo tempo, respeite as necessidades e os anseios específicos de cada negócio ou grupo, garantindo sua legitimidade. Nessa etapa, são gerados os seguintes resultados:

- Princípios e diretrizes do processo sucessório;
- Definição das etapas do processo e sua interligação com o Sistema de gestão de pessoas, particularmente: avaliação de desempenho, práticas de retenção, sistema de remuneração e processos de desenvolvimento e capacitação. As etapas típicas são: indicação de pessoas para o processo sucessório, preparação dos comitês de sucessão, realização dos comitês, desenho do mapa sucessório, indicação e sucessores, plano de desenvolvimento para os sucessores, aprovação do mapa sucessório e acompanhamento do desenvolvimento dos sucessores;
- Definição de papéis no processo sucessório: da alta administração dos gestores e da equipe de gestão de pessoas;
- Definição da composição e funcionamento dos comitês de sucessão;
- Estabelecimento de indicadores de sucesso e resultados do processo sucessório.

As atividades operacionais geralmente desenvolvidas nessa etapa são:

- Reuniões com os grupos de trabalho. Caso o grupo seja maior que de dez pessoas são recomendadas técnicas de *workshops* para concepção do processo;
- Reportes sistemáticos à direção para acompanhamento do processo e seus resultados;

- Estruturação e consolidação das reuniões ou *workshops* com os grupos de trabalho.

De forma genérica, essas atividades podem ser caracterizadas nos seguintes aspectos:

- **Concepção do processo sucessório:** compreende a discussão estruturada entre gestores e direção da organização para a configuração do processo. A essa discussão estruturada vamos chamar de modelagem, na qual são discutidas e rediscutidas alternativas para a configuração de um modelo. Para desenvolver essa modelagem, diferentes técnicas podem ser usadas, isoladas ou combinadas: reuniões de trabalho, *workshops*, clínicas temáticas, painéis de debate etc.; sendo importante que a técnica utilizada estimule e estruture a interação das pessoas;
- **Análise de viabilidade dos modelos:** em paralelo à concepção do processo sucessório, para orientar os grupos de trabalho, são necessários estudos de viabilidade técnica e financeira. Seu objetivo é garantir as condições de operacionalidade dos modelos desenvolvidos nessa etapa;
- **Instalação de um sistema de comunicação entre os grupos de trabalho:** outra atividade, que deve ocorrer em paralelo à concepção, é a instalação de um processo de comunicação para garantir a irrigação contínua de informações entre os vários grupos de trabalho. Naturalmente, a atividade será tão mais complexa quanto maior for a quantidade de grupos envolvidos no projeto.

Os resultados comumente esperados dessa etapa são:

- **Definição do processo estruturado de sucessão:** o resultado não deve ser resumido apenas na definição de instrumentos de gestão e de papéis. É fundamental que os compromissos construídos entre as várias partes envolvidas estejam consolidados nos conceitos que irão reger o processo;
- **Estabelecimento de compromissos:** embora esses compromissos estejam configurados nos conceitos que sustentam o processo, são também traduzidos nas definições de responsabilidades e papéis em

relação à gestão dele e em responsabilidades por sua implantação, manutenção e revisão.

Etapa III – Implantação

Faz parte dessa etapa a preparação dos gestores para a implantação do processo, capacitando-os a selecionar, entre as pessoas de sua equipe, as indicadas para o processo sucessório. Como já vimos, esse é um momento delicado na relação com as pessoas não indicadas, assim como atuar nos comitês de sucessão e oferecer suporte para o desenvolvimento das pessoas indicadas como sucessoras. Nessa etapa, são gerados os seguintes produtos:

- Instrumentos de divulgação do processo;
- Relatórios sistemáticos de avaliação da implantação e resultados;
- Capacitação dos gestores;
- Estabelecimento de cronograma detalhado para realização do processo sucessório.

As atividades operacionais geralmente desenvolvidas nessa etapa são:

- Reunião com a direção para validação do processo e o plano de implantação;
- Reuniões de divulgação e discussão do processo com todos os gestores envolvidos nele;
- Elaboração de material de divulgação do processo;
- Capacitação dos gestores.

As atividades desenvolvidas nessa etapa podem ser genericamente caracterizadas nos seguintes aspectos:

- **Desenho de um plano de implantação:** caracteriza-se pela construção de uma ponte entre a situação presente e o modelo idealizado para gestão do processo sucessório. A atividade será tão mais facilitada quanto mais os gestores estiverem envolvidos e comprometidos. Devem ser pensadas respostas às seguintes questões: quais são as necessidades prioritárias a serem atendidas? Onde existem mais facilidades para a implantação e onde estão as maiores dificuldades? Quais serão as responsabilidades da direção da empresa, dos gestores e das áreas técnicas de apoio (Gestão de Pessoas, TI, Planejamento etc.)? Quais são os recursos disponíveis para a implantação? Quais são os prazos acordados para a obtenção dos primeiros resultados? Quais devem ser as atividades de monitoramento da implantação e do funcionamento do processo sucessório?

- **Implantação:** a implantação propriamente dita será a operacionalização do plano de ação desenhado. Cabe ressaltar, entretanto, que entre o desenho do plano e a sua implantação, geralmente são necessárias atividades preparatórias que envolvem: capacitação de pessoas; revisão de sistemas de informações; adequação de instrumentos de gestão de pessoas; criação de infraestrutura de suporte para gestores e pessoas abrangidas; disponibilização de recursos financeiros, materiais, humanos e de informação etc. Dependendo do âmbito do trabalho, pode ser recomendada uma fase inicial, restrita a um grupo menor ou a um negócio, em que o processo seria testado. Essa etapa é chamada de implantação piloto. Há que se ter cuidado com as questões políticas, pois nossa experiência tem mostrado que, em algumas situações, a implantação piloto pode acirrar diferenças entre áreas já existentes na empresa, ou deixar transparecer privilégios de determinados grupos de pessoas etc.;
- **Definição de indicadores de sucesso:** a atividade é de grande valia no monitoramento da implantação. Os indicadores de sucesso estabelecem um critério de mensuração consensualmente aceito para avaliação dos resultados. A falta desse critério gera grandes disparidades de visões e interpretações quanto aos vários aspectos envolvidos, aos resultados apresentados, ao seu sucesso ou insucesso, à necessidade de revisão do plano de implantação etc.

Os resultados comumente esperados dessa etapa são:

- **Processo sucessório implantado:** o principal resultado dessa fase é o processo sucessório em operação, o que significa que a empresa e as pessoas assumem seus papéis na gestão de pessoas, começa a ser alterado o sistema de comunicação e informação entre a empresa e as pessoas, essas pessoas passam a ter oportunidade para se reposicionar em relação às suas carreiras etc.;

- **Pessoas capacitadas para assumir novos papéis:** outro resultado importante dessa fase é que os gestores e as demais pessoas abrangidas pelo processo se encontrem capacitados para desenvolverem seus papéis;
- **Instrumentos de gestão de pessoas adaptados:** as várias políticas e práticas de gestão de pessoas devem estar coerentes com o processo sucessório implantado.

Etapa IV – Monitoramento

A característica básica dessa etapa é o acompanhamento da implantação e concepção de propostas de reformulação, através do acompanhamento dos fatores decisivos de sucesso previamente estabelecidos. Parte-se do pressuposto de que uma série de fatores concorre para desvirtuar os princípios e objetivos do sistema após sua implantação, quais sejam:

- Impactos provocados no contexto cultural da empresa;
- Diferenças de ritmos de compreensão e incorporação dos objetivos propostos;
- Resistências quanto à reconfiguração das relações internas.

Esses fatores devem ser controlados mediante atividades e instrumentos de monitoramento que propiciam maior agilidade nos ajustes que se mostrarem necessários após a implantação. Nessa etapa, as atividades operacionais compreendem: avaliação da aceitação do processo pela organização e mapeamento de focos de resistência; identificação de aspectos a serem revistos; e condução de reuniões de sensibilização e orientação, a fim de ampliar a receptividade e compreensão por gestores e pessoas abrangidas.

Os aspectos característicos das atividades desenvolvidas nessa etapa, genericamente considerados, são:

- **Monitoramento:** o monitoramento oferecerá maior garantia à consolidação da implantação – uma vez que o processo implica mudanças nas relações entre as pessoas e delas com a empresa – e gera: resistências naturais por desinformação, insegurança, bloqueios pessoais etc.; pessoas e áreas que absorvem as novas formas de gestão em ritmos diferentes, causando descompassos, desarmonia e eventuais atritos entre pessoas; resistências da direção e dos gestores sempre que as mudanças afetem as relações de poder existentes – mesmo as várias partes tendo acordado novas formas de relação, sua prática desperta receios, inseguranças etc.;

- **Definição de objetivos de longo prazo:** pensar o processo sucessório em contínuo aperfeiçoamento justifica-se pelo seguinte: muitas das necessidades percebidas na primeira etapa do trabalho não são atendidas pela primeira versão do sistema, em função das limitações de recursos, tempo, da cultura organizacional, dos instrumentos de gestão etc.; durante o processo de implantação, são percebidas novas necessidades, problemas ou oportunidades que devem ser atendidas por novas versões. Como os recursos são escassos, nem todas as demandas que surgem no decorrer da implantação podem ter resposta imediata, mas é importante dar-lhes prioridade e planejar seu atendimento; os processos sucessórios, como já vimos, apresentam uma evolução que pode ser planejada;
- **Revitalização:** a realização de ações estruturadas para rever o processo sucessório atua na revitalização dos compromissos assumidos. Essas ações podem ser rituais de avaliação da efetividade do processo sucessório, com os objetivos de: avaliar os resultados obtidos; levantar novas necessidades, problemas e oportunidades; anotar sugestões para revisão ou aprimoramento etc.

Os resultados comumente esperados nessa etapa são:

- **Sustentação do processo em longo prazo:** as atividades de revitalização e a fixação de objetivos de longo prazo garantem o envolvimento e o comprometimento das pessoas. Os elementos que asseguram a sustentação do sistema são a fidelidade aos compromissos assumidos de parte a parte, a preocupação com a comunicação e o respeito à individualidade das pessoas;
- **Renovação contínua:** as mesmas atividades que garantem a sustentação também garantem a sua renovação contínua. Esta encerra as premissas, já discutidas, de legitimidade, contínua adequação e suporte ao desenvolvimento das pessoas e da empresa.

9.4.1 Limitações conceituais e metodológicas e pontos para aprimoramento

Em nossos trabalhos de pesquisa, tivemos a oportunidade de auxiliar algumas organizações na implantação de processos sucessórios e conhecer melhor as dificuldades de implantação e aprimoramento. Percebemos que os processos sucessórios tiveram diferentes ritmos de aperfeiçoamento e adaptação às demandas da organização e das pessoas. Procuramos identificar os principais causadores dessas diferenças e levantamos as seguintes hipóteses:

- **Nível de comprometimento da direção e dos gestores da empresa:** na maior parte dos casos, o comprometimento dos gestores está vinculado às facilidades e dificuldades encontradas na concepção e implantação; ao processo de revitalização estabelecido após a implantação; e à permanência das pessoas que fizeram parte dos grupos de trabalho e de sua influência política no processo decisório;
- **Abrangência:** constatamos que a absorção do processo sucessório na organização como um todo não é uniforme. Determinados negócios, áreas geográficas ou atividades têm maior ou menor dificuldade para a absorção. Esse nível de dificuldade geralmente está ligado ao nível de importância dado ao processo, frente aos resultados que gera. Os resultados do processo não se distribuem de forma igual para a organização como um todo. Desse modo, se um determinado negócio sofre grande pressão do mercado em relação ao seu quadro gerencial, é provável que sejam mais atentos e predispostos ao aprimoramento contínuo do processo sucessório;
- **Cultura na gestão de pessoas existente na organização:** quando a organização já tem uma prática mais amadurecida na gestão de pessoas ou já efetuou revisões em aspectos da gestão tradicional de pessoas, ela tende à maior facilidade para absorção do processo sucessório estruturado. Essas empresas têm sido mais pródigas e velozes no aprimoramento do processo sucessório. São essas empresas que nos permitem refletir sobre as possibilidades e limitações do processo sucessório;
- **Abrangência do processo sucessório:** pode ser analisada em duas dimensões. Uma é sua abrangência horizontal, ou seja, o processo envolve todos os negócios da organização e todas suas operações, quando

se trata de uma empresa com atuação global. A outra dimensão é a abrangência vertical. Na maior parte dos casos analisados, a demanda surgiu do conselho de administração e, nesses casos, a implantação inicial abrange até a sucessão do nível tático. Quase 70% dessas organizações, em um segundo momento, ampliaram o processo para a sucessão de todos os níveis gerenciais, envolvendo a sucessão dos gestores operacionais;

- **Tipo ou setor de atividade da empresa:** empresas onde obtivemos mais avanços eram mais comprometidas com as pessoas no longo prazo. Normalmente, têm baixo índice de rotatividade de pessoas e gestores, sistemas de gestão mais consolidados e maior valorização das pessoas em todos os aspectos. Alguns autores vinculam os avanços da gestão de pessoas à turbulência e ao nível de competitividade do tipo ou setor de atividade econômica no qual a organização se insere (MILES; SNOW, 1978; SONNENFELD, 1989). Organizações situadas em setores mais dinâmicos são mais preocupadas com a gestão de pessoas, ao contrário das que estão em setores menos dinâmicos. A competitividade imposta pelo ambiente é fator importante, mas insuficiente. Temos, como exemplo dessa percepção, resultados muito bons em empresas dos setores de siderurgia e mineração. Trabalhos realizados em empresas de diferentes tipos e setores tiveram bons resultados quando a empresa já possuía uma cultura de valorização das pessoas. Em alguns casos, a cultura de valorização era própria da atividade da empresa, como nas empresas de tecnologia, ou estava ligada à sua gênese e desenvolvimento.

9.5
Conclusões

As preocupações com avaliação e o aprimoramento do processo sucessório caminham juntos e são responsáveis pelo crescimento e desenvolvimento da organização. Esse desenvolvimento é favorecido na medida em que os filtros, para escolha das futuras lideranças, estão cada vez mais alinhados com os intentos estratégicos da organização e com as exigências de modernidade e competitividade.

Embora não tenhamos pesquisas e estudos nesse sentido, as análises qualitativas dos processos sucessórios em empresas brasileiras nos permitem intuir que há uma intima relação entre o aperfeiçoamento do processo sucessório e qualidade da liderança da empresa. As evidências foram obtidas a partir dos seguintes fatos:

- Filtros mais exigentes para a indicação de pessoas para posições de liderança;
- Estímulo para que as pessoas que ambicionam posições gerenciais se preparem melhor e avaliem adequadamente sua vocação;
- Acompanhamento e desenvolvimento das pessoas indicadas para assumir posições de maior complexidade;
- Suporte para as pessoas que assumem posições gerenciais;
- Refinamento nas formas de preparar futuros gestores.

Quando olhamos para o futuro do processo sucessório estruturado, podemos vislumbrar muitos aspectos a serem aprimorados, mas, sobretudo, que ele será incorporado como algo normal e do dia a dia da organização. Esse é o tema principal da parte cinco deste livro.

parte V

Tendências e perspectivas para o processo sucessório

Nesta parte do livro, vamos tentar fazer uma projeção do que pode ser o processo sucessório estruturado para as empresas brasileiras, considerando algumas tendências do nosso mercado de trabalho e a inexorabilidade de um ambiente mais competitivo.

Para desenvolver essas reflexões e estimulá-las em nossos leitores, preparamos o Capítulo 10, no qual vamos analisar os desafios já presentes em nossa realidade e os que já conseguimos vislumbrar para o futuro próximo. Para discutir o contexto presente e futuro, utilizamos como base a gestão de pessoas no Brasil e, a partir dessa análise, projetamos o que pode acontecer com o processo sucessório.

Acreditamos que no futuro a escolha de lideranças e sua preparação prévia seja algo incorporado no dia a dia das organizações, e os assuntos trabalhados neste livro sejam coisas naturais. Hoje, entretanto, é necessário estressarmos o tema e sensibilizar nossas organizações para a importância do processo sucessório estruturado.

10 O futuro do processo sucessório

10.1
Introdução

Quando olhamos para o futuro, em função das especificidades demográficas e culturais da América Latina, podemos vislumbrar desafios muito interessantes para as empresas brasileiras na gestão de pessoas e do processo sucessório. São desafios muito particulares quando comparados com os das empresas que atuam na Europa, Estados Unidos e Japão. Mapeá-los é um dos propósitos deste capítulo.

As formas tradicionais de se pensar a gestão de pessoas não permitirão dar conta desses desafios: as organizações que atuam no Brasil, para se adaptarem a um contexto cada vez mais competitivo e exigente, efetuarão, de forma natural e espontânea, ajustes em suas políticas e práticas de gestão de pessoas. O propósito da reflexão apresentada neste capítulo é de oferecer elementos para auxiliar na compreensão desse fenômeno e, com isso, permitir uma adequação mais consciente e efetiva, evitando ou, pelo menos, minimizando a adaptação reativa ou com base na tentativa-erro-ajuste.

A evolução do processo sucessório no Brasil surpreendeu a todos nós que vínhamos observando esse fenômeno desde o final da década de 1990. Sem alarde, nossas organizações foram estruturando seus processos sucessórios. Nesse momento devemos fazer um balanço do estado da arte e da prática e avançarmos. Esse é o propósito deste livro, olharmos de forma crítica para o momento e buscar enxergar o futuro.

Para enxergar o futuro, percorremos dois caminhos. O primeiro, trilhamos tendo como base os desafios presentes e futuros da gestão de pessoas e da liderança. No segundo, trabalhamos nossa experiência na análise de diversos casos bem-sucedidos de processo sucessório.

A análise dos desafios para a gestão de pessoas nos remeteu a desafios já presentes na realidade de nossas organizações:

- Um nível crescente de insatisfação e aumento da exigência das pessoas em sua relação com as organizações;
- Movimento geracional, uma nova geração entrando nas organizações e outra saindo;
- Despreparo de nossas lideranças para enfrentar os desafios impostos por um ambiente cada vez mais competitivo.

Remeteu-nos, também, a descortinar desafios futuros para nossas organizações:

- Carreiras com ciclos cada vez mais curtos;
- Dinâmica do mercado de trabalho em função de nossa realidade demográfica;
- Sofisticação da malha competitiva do mercado de trabalho frente a maior longevidade das pessoas;
- Impacto da tecnologia na organização do trabalho e nos desenhos organizacionais;
- Mudança de valores e da relação das pessoas com seu trabalho.

Nossa experiência com as organizações brasileiras nos apontam algumas tendências interessantes na gestão do processo sucessório:

- Ampliação da abrangência do processo sucessório para carreiras técnicas;
- Envolver clientes, fornecedores e parceiros estratégicos no processo sucessório;
- Parcerias para criar situações de desenvolvimento e/ou para acelerar o processo;
- Novas técnicas para identificação e desenvolvimento de sucessores;
- Trabalho com os sucedidos.

10.2
Desafios presentes na gestão de pessoas

Através de pesquisas regulares efetuadas pela parceria existente entre a FIA (Fundação Instituto de Administração) e a revista *Você S.A.*, da Editora Abril, tem sido possível obter informações regulares das expectativas das pessoas em relação às suas organizações, como é o caso da pesquisa sobre as melhores empresas para se trabalhar, e sobre como os jovens reagem em sua entrada no mercado de trabalho, como é o caso da pesquisa sobre as melhores empresas para se começar a carreira.

Essas pesquisas têm permitido construir uma visão longitudinal do que ocorre nas empresas brasileiras. Além dessas pesquisas, temos realizado pesquisas regulares sobre gestão de carreiras, processo sucessório e liderança que nos permitem analisar os desafios enfrentados pela gestão de pessoas no Brasil. Relacionadas ao processo sucessório, cabem destacar os seguintes desafios:

- Pessoas mais exigentes;
- Diferenças geracionais;
- Despreparo da liderança.

Vamos apresentar esses desafios e sua relação com o processo sucessório.

10.2.1 Pessoas mais exigentes

Nossas pesquisas mostram que, na percepção das pessoas, as organizações estão atendendo cada vez menos as suas expectativas. As notas dadas por elas para suas organizações vêm diminuindo há seis anos de forma sistemática, embora, nesse período, as organizações analisadas tenham investido pesadamente no aprimoramento da gestão de pessoas.

Nossa hipótese para explicar esse fenômeno foi a mudança do mercado de trabalho. De 1978 a 2005 tivemos uma oferta de mão de obra maior que a demanda, situação que se inverte a partir de 2006. As pessoas, a partir de 2006, passam a ter maior facilidade de mobilidade no mercado de trabalho e se tornam mais exigentes em relação às suas organizações.

Observamos, também, que nesse período as pessoas mudam seu foco de atenção. Até 2009 as pessoas nos diziam que uma boa empresa para se trabalhar era aquela onde podiam se desenvolver e aprender, e a partir de 2010 passam a nos dizer que uma boa empresa para se trabalhar é onde se sentem satisfeitas e motivadas. Essa mudança nos chamou a atenção e aprofundamos nossa análise. Recebemos todos os anos respostas à nossa pesquisa de 120 mil pessoas. Recortamos nossa pesquisa por região geográfica, faixa etária, classe social, nível de instrução e gênero. Em todos os recortes observamos a mudança de foco.

As pessoas estão mais exigentes e valorizam as organizações que satisfazem suas necessidades e expectativas e as motivam. Esse quadro gera uma grande pressão sobre a gestão de pessoas e sobre a qualidade da liderança.

Quando pensamos na contribuição do processo sucessório estruturado para esse desafio, vemos a importância de se estabelecer filtros mais adequados para se escolher e preparar lideranças e de definirmos com maior precisão o perfil do líder e gestor requerido pela organização.

10.2.2 Diferenças geracionais

Uma das peculiaridades de nossa realidade, resultante de nossas características demográfica e histórica, é o aspecto geracional. Os estudiosos da questão geracional procuram caracterizar uma nova geração quando há mudança significativa na forma de pensar e agir das pessoas. Nesse sentido, nos Estados Unidos e Europa, são consideradas as seguintes gerações: *baby boomers*, nascidos entre o final da década de 1940 e o final da década de 1960; geração X, nascidos do final da década de 1960 e ao longo da década de 1970, e geração Y, nascidos ao longo da década de 1980 e início da década de 1990. No Brasil, estudos realizados por Silva et al. (2011) e Veloso et al., (2011) confirmam a geração dos *baby boomers* como a das pessoas nascidas de 1946 a 1965; a geração X, como a das pessoas nascidas de 1966 a 1985, e uma nova geração, que pode ser chamada de Y ou Z, como as pessoas nascidas a partir de 1986.

A geração Y sofreu grandes transformações vividas pelos Estados Unidos e Europa na década de 1980, tais como ambiente mais competitivo, com a entrada de novos *players*; consolidação da globalização, com sua ampliação para mercados e sistemas produtivos; alterações geopolíticas, caracterizadas com a queda do muro de Berlim; e transformações culturais, com o crescimento do *ser* em detrimento do *ter*. No Brasil, na década de 1980, vivíamos a continuidade do ambiente vivido na década de 1970, com um governo militar, restrições a importações, ambiente protegido e com baixa competitividade e uma inflação alta, que camuflava a incompetência na gestão das organizações. Em todas as nossas pesquisas (VELOSO; DUTRA; NAKATA, 2008), as pessoas nascidas na década de 1980 apresentavam as mesmas características das pessoas nascidas na década de 1970. Com uma pesquisa mais profunda realizada por Silva et al. (2011), confirmamos que as nossas marcas geracionais são muito particulares.

Notamos uma alteração geracional, ou seja, alterações na forma de pensar e agir, nas pessoas nascidas a partir do ano de 1986. Essas pessoas cresceram em um ambiente bem diferente do vivido no início da década de 1980: ambiente econômico aberto e competitivo, tecnologia de informação acessível, transformações culturais intensas e estabilidade econômica e política. Essas pessoas começaram a entrar no mercado de trabalho no final da primeira década dos anos 2000 e de forma maciça na segunda década.

Essa geração caracteriza-se pelos seguintes aspectos positivos: a generosidade e a intransigência com a incoerência e com a inconsistência. Inicialmente ela encontrou as organizações despreparadas para recebê-la, principalmente pelo fato de, em sua maioria, as organizações oferecerem para esses jovens um ambiente incoerente e inconsistente. Observamos que as diferentes gerações são complementares e as organizações que conseguirem integrá-las, trabalhar bem com a diversidade, terão vantagens competitivas importantes.

O desafio geracional exige uma liderança capaz de lidar com a diversidade. Um processo sucessório estruturado permite o estabelecimento de um perfil, para as futuras lideranças, capaz de lidar com a diversidade geracional, e orientar o trabalho de desenvolvimento da atual liderança.

10.2.3 Despreparo da liderança

A realidade brasileira é muito particular no que se refere à forma como nossas lideranças organizacionais foram desenvolvidas. Desde o início do século XX temos uma participação ativa na construção de nossa cultura, política e economia (CARONE, 1977 e 2001; DEAN, 1971), mas ao mesmo tempo têm-se como característica um comportamento autoritário e paternalista (DA MATTA, 1978; VELHO, 1981). Nossas características culturais e econômicas foram historicamente voltadas para dentro, por um lado em função do isolamento (oceano a leste e floresta a oeste), e da geografia (hemisfério sul) e, por outro, em função da forma de colonização (FURTADO, 1977). O resultado foi o desenvolvimento industrial suportado por um modelo, adotado na segunda metade do século passado, de substituição de importações (FURTADO, 1977; TAVARES, 1976) e abraçado pelo governo militar como forma de reservar o mercado para as organizações brasileiras nascentes e de atrair capital internacional de investimento. Nesse contexto, de reserva de mercado e baixa competitividade, o perfil da liderança em nossas organizações foi, predominantemente, de conhecimento técnico para assumir posições gerenciais e de direção e de empreendedorismo para iniciar e desenvolver negócios.

Em meados da década de 1990, com a abertura econômica e a estabilidade da economia e das instituições, as organizações brasileiras passam a viver um ambiente mais competitivo, comparável a padrões internacionais. A partir desse momento, há necessidade de um perfil de liderança organizacional diferente. O líder deve agregar valor para uma organização mais efetiva e competitiva em padrões globais. Muitas pessoas, atuando em nível gerencial e de direção, foram buscar seu aprimoramento em gestão de negócios dentro e fora do país, e há um crescimento de cursos de pós-graduação e de extensão universitária para dar conta de uma nova demanda.

Temos acompanhado a liderança em nossas organizações de forma mais próxima desde o início dos anos 2000. Foi possível observar que atualmente nossas lideranças têm uma boa formação técnica e em gestão de negócios, entretanto, em muitas organizações brasileiras há uma excessiva valorização do técnico como líder e de um comportamento autoritário e paternalista.

O ambiente econômico brasileiro entra em uma nova fase, com condições favoráveis de crescimento dentro de um contexto de grande transformação e insegurança, caracterizando-se pelo aumento da volatilidade e da ambiguidade. Diante das pressões impostas às nossas organizações e de um futuro mais exigente, verificamos que nossas lideranças necessitam ampliar sua capacidade para gerenciar pessoas, criando e sustentando equipes de alta *performance*. Para tanto, as mesmas têm como principal ponto de desenvolvimento suas habilidades comportamentais.

Esse é outro ingrediente importante na construção de perfis de liderança capazes de enfrentar os desafios já existentes em nossas organizações.

10.3
Desafios futuros na gestão de pessoas

Em nossas pesquisas procuramos identificar tendências na gestão de pessoas e mudanças no contexto que podem provocar a necessidade de repensarmos a forma de gerir pessoas. Quanto às tendências, um grupo de professores da FEA-USP criou um observatório onde, desde 1998, desenvolvem pesquisas sistemáticas e longitudinais para acompanhar a evolução da gestão de pessoas no Brasil e no mundo. Esse trabalho nos permite verificar que a evolução da gestão de pessoas nas empresas brasileiras caminhou a passos largos, mas ao mesmo tempo apresenta um caráter eminentemente reativo. Um exemplo recente foi a mudança no mercado de trabalho, a partir de 2006, de um mercado ofertante de mão de obra para um mercado demandante de mão de obra. Nesse caso as organizações continuaram a agir em relação ao mercado de trabalho do mesmo modo que agiam, e passaram a sentir os efeitos rapidamente, como, por exemplo: manter os mesmos filtros utilizados em um mercado ofertante, com perda de competitividade na captação de pessoas; manter carreiras lentas, com dificuldade de retenção de pessoas talentosas etc.

Esse acompanhamento nos permite antever o mesmo comportamento no futuro e um aprendizado no confronto com os problemas, não através de um trabalho de preparação.

Nesse quadro, o processo sucessório estruturado pode ajudar a organização a refletir sobre futuros problemas na gestão de pessoas que podem colocar em risco seus intentos estratégicos.

Quanto às mudanças no contexto, temos observado a dinâmica do mercado de trabalho, os impactos da tecnologia na organização do trabalho e mudanças de comportamento das pessoas em relação ao seu trabalho. Esse acompanhamento nos permite antever alguns desafios a serem enfrentados pelas organizações. Agrupamos esses desafios nas seguintes categorias:

- Ciclos de carreiras;
- Demografia;
- Maior longevidade das pessoas;
- Impacto da tecnologia;
- Mudança de valores.

10.3.1 Ciclos de carreiras

Na década de 1990 investigávamos no Brasil se as carreiras estavam se tornando mais rápidas, a exemplo do que era possível constatar na Europa e EUA, através de inúmeros trabalhos acadêmicos. Constatamos que aqui também as carreiras estavam mais rápidas, porém assumimos uma posição mais crítica em relação aos resultados de nossa pesquisa, porque a realidade do mercado brasileiro da década de 1990 era muito diferente da de 1980, por conta da abertura do mercado. Ao assumirmos essa postura mais crítica, descobrimos algo que não estávamos pesquisando, porém muito interessante. Essa é sempre a parte fantástica da pesquisa: quando você descobre acidentalmente algo importante.

O que descobrimos foi o que chamamos de ciclo de carreira. Verificamos que as pessoas vão crescendo em suas carreiras, lidando com situações cada vez mais exigentes e complexas, até que, em um determinado momento, constatam que adoram o que fazem, mas conseguem ver mais horizontes profissionais à frente. Se utilizássemos uma metáfora, poderíamos dizer que a pessoa bateu com a cabeça no teto. Esse ciclo na geração dos *baby boomers* (pessoas nascidas do final da década de 1940 ao final da década de 1960) foi de 20 a 25 anos. Essas pessoas estavam próximas da aposentadoria quando o ciclo terminou, e a aposentadoria foi um movimento natural. As pessoas da Geração X (nascidas no Brasil de 1966 a 1985) que entraram no mercado de trabalho ao longo da década de 1990 têm um ciclo de 15 a 18 anos, estão fechando seu ciclo por volta dos 40 anos e vivendo uma crise de carreira, na medida em que não visualizam com facilidade alternativas para a ausência de horizonte profissional.

Ao mesmo tempo em que observamos um número crescente de pessoas vivendo o que chamamos de crise da "meia carreira" (uma analogia com a crise da meia idade), observamos pessoas chegando ao topo de suas carreiras muito jovens e criando um problema novo para as organizações. O que fazer quando pessoas jovens chegam ao final de suas carreiras? Caso as mantenhamos em suas posições, ficarão insatisfeitas e funcionarão como obstáculos ao desenvolvimento de outras pessoas, e caso as removamos de suas posições, se sentirão traídas pela organização e perdidas, porque não refletiram sobre o que estão vivendo.

Conversando com organizações que já estão vivendo esse drama, descobrimos que as soluções não são simples e que não há uma fórmula mágica.

Em uma das organizações investigadas, onde a carreira é lenta porque se trata de uma empresa de base tecnológica em química fina, havia várias portas de entrada para o pessoal técnico de nível superior gerando um gargalo nos níveis seniores. A solução encontrada foi ter apenas uma porta de entrada, que é a área de operações, quando a pessoa chega ao nível sênior e tem a opção de caminhar pela área comercial, de tecnologia ou gerencial. Dessa forma, é uma única carreira que depois se abre em uma árvore de possibilidades. Outro caso é o de um banco que tem em sua área de TI uma carreira técnica com horizonte muito curto. Como sua principal necessidade não é de geradores de tecnologia de informação, mas de gestores de tecnologia de informação, atualmente contratam jovens profissionais que tenham condições para enfrentar os desafios técnicos e com perfil para assumir posição de gestão.

Nos últimos três anos, observamos um crescimento intenso de casos dessa natureza e temos um reporte mais frequente da preocupação das organizações com esse fenômeno.

10.3.2 Demografia

O Brasil apresenta outra particularidade em relação à Europa e EUA, além da questão geracional, que é a sua demografia. Temos um grande número de nascimentos de 1970 a 1985. As pessoas nascidas nesse período pertencem à Geração X brasileira. Essas pessoas começaram a entrar no mercado de trabalho ao longo da década de 1990 e, no final da década, começaram a assumir posições de liderança. Naquele momento as organizações viviam o seguinte dilema: ficar com as pessoas mais maduras e perder as mais jovens ou tirar as pessoas mais maduras para dar lugar às mais jovens. As organizações fizeram a segunda opção e as pessoas da geração dos *baby boomers* começaram a ser aposentadas precocemente. No final dos anos 1990 e início dos anos 2000, uma pessoa com mais de 50 anos tinha dificuldades para se movimentar no mercado e as grandes organizações do setor privado estabeleceram 60 anos como idade alvo para aposentadoria.

Após 1986, observamos no Brasil uma redução relativa dos nascimentos. No futuro, os nascidos entre 1970 e 1985 envelhecerão e não terão reposição no mercado de trabalho. Provavelmente haverá uma maior permanência dessas pessoas no mercado de trabalho e um retardamento da aposentadoria.

Ao longo da década de 2020 observaremos grandes transformações no mercado de trabalho e a preparação de pessoas para o futuro da organização será uma questão cada vez mais crítica.

10.3.3 Maior longevidade das pessoas

O aumento da longevidade das pessoas no mercado de trabalho é uma realidade. Estimamos que as pessoas no Brasil devam permanecer no mercado de trabalho em média durante 60 anos. Embora as organizações tenham adotado como idade alvo para aposentadoria os 60 anos, as pessoas estão com muita vitalidade nessa fase e, normalmente, não sairão do mercado de trabalho. Provavelmente, buscarão alternativas para fazê-lo: prestando serviços, atuando como consultores e/ou profissionais liberais, atuando em organizações filantrópicas etc.

Com a maior longevidade, emerge a preocupação com a carreira da família. Para exemplificar, há um grande escritório de advocacia onde trabalham em conjunto o fundador, o seu filho e o seu neto. Os pais do fundador estão vivos e o neto do fundador tem filhos; temos, portanto, cinco gerações vivendo em conjunto e três trabalhando juntas. O que parece algo pitoresco tende a se tornar cada vez mais comum em nossa sociedade, em que os pais e os avós estarão cada vez mais envolvidos na carreira de seus filhos e netos.

Vamos viver algo nunca vivido em nossa sociedade e no mercado de trabalho: várias gerações trabalhando juntas. O avô vai ver seu neto entrar no mercado de trabalho enquanto ainda atua no mercado. Teremos uma malha de disponibilidade de mão de obra mais ampla e oferecendo possibilidade de trabalho presencial e a distância.

Como preparar a sucessão e a gestão de conhecimentos em uma realidade de mercado de trabalho mais ampla e mais diversa será um grande desafio para as nossas organizações.

10.3.4 Impacto da tecnologia

A tecnologia vem exercendo grande impacto na organização do trabalho. Um exemplo é a importância da flexibilização nas condições e organização do trabalho como forma de obter melhores condições de atração e retenção e, também, de favorecer o desenvolvimento profissional. Uma forma de flexibilizá-lo é o trabalho a distância, o qual tem crescido no Brasil. Em pesquisa de 2009, 104 entre as 150 melhores empresas para se trabalhar relatavam oferecer trabalho a distância – e gerar economias importantes: em algumas empresas, a redução de espaço físico foi de 70%. Entretanto, constatamos que a maior parte das empresas não está preparada para gerir o trabalho realizado à distância.

Outra tendência importante na reorganização do trabalho é o crescimento dos serviços compartilhados. Os serviços compartilhados caracterizam-se pela concentração de atividades de mesma natureza, gerando economia de escala. Inicialmente, foram concentrados trabalhos repetitivos na empresa, tais como: folha de pagamentos, contabilidade e contas a pagar e a receber, para, posteriormente, envolverem também atividades ligadas a questões fiscais e tributárias, caixa único, serviços de contratação e treinamento e a cadeia de suprimentos (*supply chain*). Os serviços compartilhados podem gerar uma economia de 20% a 30% das despesas operacionais, em função da redução de custos que geram. Esse processo é inexorável, com grande disseminação no setor privado e, neste momento, estendendo-se para o setor público.

O trabalho a distância e os serviços compartilhados têm o potencial para gerar grandes transformações na forma de organização do trabalho e para ampliar a complexidade na gestão de pessoas. Entretanto, outro aspecto vem se mostrando relevante: o questionamento da organização funcional do trabalho e das estruturas organizacionais. As estruturas matriciais, por processo e por projetos mostram-se muito mais efetivas do que as funcionais na busca de economia de escala em nível global e uso mais racional da capacidade humana instalada. As estruturas matriciais criam um posicionamento diferente para as pessoas, que passam a pertencer a diversas estruturas de trabalho e de comando ao mesmo tempo; com isso, desenvolvem diversos papéis e ocupam diversos espaços políticos. As estruturas por processo abandonam a lógica funcional e todas as pessoas estão focadas nos resultados e intentos estratégicos do processo. Independentemente de sua formação, a expectativa é que as pessoas tenham condições de assumir trabalhos diversos, transitando entre atividades-fim e atividades-meio. As estruturas por projeto organizam as pessoas em torno de projetos e a expectativa é, também, que a pessoa esteja focada nele, podendo assumir diferentes papéis.

Essas mudanças implicam uma forma diferente de olhar as pessoas na organização. Atualmente, elas são referenciadas através de seus cargos ou de sua posição no organograma, mas fica a questão: na medida em que cargos e organogramas perdem seu valor como referência, o que será utilizado para ajudar as pessoas na estruturação da relação com seu trabalho, com sua carreira e com a empresa? O impacto no processo sucessório é a dificuldade de construir um mapa sucessório efetivo. Por essa razão cresce a ideia de preparar as pessoas para posições de maior complexidade.

Outro desafio decorrente dessa tendência é o fato de termos um ambiente mais exigente em relação às lideranças. Será comum a pessoa ter mais de uma chefia e o subordinado do líder não ser somente dele, ou seja, o líder terá que compartilhar os membros de sua equipe com outras lideranças.

10.3.5 Mudança de valores

Nos próximos anos, teremos um crescimento gradativo da carreira subjetiva em detrimento da carreira objetiva (HALL, 2002). Ou seja, cada vez mais, as pessoas tomarão decisões sobre suas vidas profissionais a partir de valores, família e compromissos sociais e, cada vez menos, a partir de salários e *status* profissional. Temos duas evidências importantes. A primeira vem da experiência vivida por jovens nos Estados Unidos na primeira década dos anos 2000, em que o casal decide buscar empregos menos glamorosos e com menores salários para poder cuidar dos filhos. Nos anos 1990, a mulher tinha sua carreira truncada por conta dos filhos, e os homens, uma carreira linear; agora, cada vez mais, o casal busca se organizar para cuidar dos filhos de forma a preservar a carreira de ambos. Esse movimento, que foi chamado de "*opt out*" (MAINIERO; SULLIVAN, 2006), tomou uma grande proporção na sociedade norte-americana, a ponto de estimular as organizações a apresentarem formas mais flexíveis de organização do trabalho.

O movimento "*opt out*" ainda não está completamente instalado no Brasil, mas acreditamos que a geração que está entrando no mercado de trabalho tem esses valores na sua relação com o cônjuge e com os filhos. Essa é a segunda evidência: é provável que essa geração, associada aos movimentos sociais, cristalizados nos Estados Unidos e Europa, influencie uma grande transformação cultural em que, cada vez mais, as pessoas subordinem seu projeto profissional ao projeto pessoal e familiar.

O desafio posto é como construir relações com as pessoas alinhadas com a tendência da valorização crescente por parte delas de sua vida pessoal e familiar.

10.4
Tendências na gestão de processos sucessórios

Nas organizações onde o processo sucessório estruturado está em fase de consolidação, são percebidas necessidades naturais para sua sofisticação e ampliação. Essas necessidades podem ser agrupadas nos seguintes conjuntos:

- Processo sucessório para carreiras técnicas;
- Participação de clientes, fornecedores e parceiros estratégicos;
- Parcerias para criar situações de desenvolvimento;
- Técnicas inovadoras;
- Trabalho com os sucedidos.

Como já vimos, a ampliação do processo sucessório se dá em duas direções: ampliando o processo verticalmente, envolvendo todos os níveis de comando e liderança, e ampliando o processo horizontalmente, envolvendo todos os negócios e localidades. Observamos, entretanto, sua ampliação em outras direções.

Uma delas é o envolvimento de profissionais técnicos, particularmente em empresas de base tecnológica. A sucessão de profissionais técnicos tem uma dinâmica com diferenças importantes quando a comparamos com a sucessão de lideranças que vamos abordar mais adiante.

Outra é o envolvimento no processo sucessório de profissionais de outras organizações com as quais existe uma parceria estratégica, podendo ser empresas controladoras ou controladas, clientes, fornecedores, parceiros tecnológicos etc. Processos sucessórios com essas características demandam cuidados adicionais, como veremos a seguir.

Outro conjunto de necessidades exige uma sofisticação dos instrumentos de identificação e desenvolvimento de sucessores e o trabalho com os sucedidos que vamos analisar a seguir neste capítulo.

10.4.1 Processo sucessório para carreiras técnicas

Quando nos referimos à sucessão em carreiras técnicas, normalmente não estamos falando de sucessão de pessoas ou de posições, mas sim de sucessores capazes de absorver o conhecimento técnico e dar continuidade aos projetos estratégicos da organização.

Nesse caso, quando olhamos para o mapa sucessório pensamos em pessoas capazes de crescer tecnicamente em áreas críticas de conhecimento para os negócios ou estratégias da organização. O mapa sucessório pode ser organizado por tecnologias críticas, áreas de conhecimento, por projetos de desenvolvimento ou outros critérios críticos.

A identificação de pessoas para o processo sucessório se dará em função do ritmo de desenvolvimento e dedicação delas, e de sua disposição para investir na carreira técnica. Essas pessoas necessitarão de incentivos para aperfeiçoamento em seu conhecimento técnico e de uma estrutura de reconhecimento e valorização desse conhecimento. Uma prática que cresce nesse tipo de organização são os trabalhos de mentoria ou tutoria técnica, nos quais o pessoal sênior transmite de forma estruturada seu conhecimento e experiência.

A ocupação de posições ou acesso a desafios de maior complexidade é essencial para o desenvolvimento dessas pessoas. Verificamos que isso não ocorre de forma natural, e que é necessário estruturar esse processo para que, no momento em que a organização necessitar, tenha à sua disposição pessoas preparadas.

10.4.2 Participação de clientes, fornecedores e parceiros estratégicos

Essa questão nos chamou a atenção quando, em uma empresa brasileira controlada por uma australiana e outra inglesa, um dos seus gerentes, cogitado para uma posição de diretoria, foi convidado a trabalhar por dois anos em uma das controladoras para ampliar sua visão do negócio e vivenciar uma experiência internacional. Esse movimento foi muito importante na preparação desse gestor.

Desde então, temos investigado situações análogas vividas por empresas brasileiras e internacionais. Registramos algumas situações interessantes de trabalhos com fornecedores ou parceiros tecnológicos em que há troca de executivos e profissionais técnicos com o objetivo para prepará-los para situações de maior complexidade. Houve contextos em que se permitiu à pessoa envolvida vivenciar situações profissionais que a organização não poderia proporcionar.

Uma situação mais rara – registramos apenas um caso – é a de pessoa cedida ao cliente para proporcionar seu desenvolvimento e, ao mesmo tempo, equacionar a implantação de um sistema. O resultado foi interessante no sentido de criar um desafio para a pessoa. Nesse caso, o cuidado foi deixar esse processo claro para o cliente e a pessoa em questão ter dois orientadores formais de seu desenvolvimento, uma no cliente e outro na organização.

Esses processos são análogos ao que temos nas universidades. Estimulamos nossos alunos de pós-graduação, principalmente os de doutorado, a efetuar uma parte de seus créditos em outro país. Esse aluno tem seu orientador no país de origem e um coorientador no país de destino. Essas experiências, além de proporcionarem grandes ganhos para o aluno, estreitam a relação entre universidades e grupos de pesquisa acadêmica.

A utilização das redes de relacionamento da organização pode ser uma alternativa interessante à preparação de pessoas para o processo sucessório.

10.4.3 Parcerias para criar situações de desenvolvimento

Além do uso das redes de relacionamento para criar situações de desafios e de vivência profissional, podem ser utilizadas para propiciar situações de desenvolvimento profissional com que a organização isoladamente teria mais dificuldades, ou que teriam um custo maior. Um exemplo de situações cooperativas nessa direção é a formação de grupos de estudo ou de trabalho para resolver problemas conjuntos entre organizações. Observamos casos interessantes de empresas brasileiras no desenvolvimento de soluções na relação com fornecedores e/ou clientes, mas observamos, também, ações de cooperação entre concorrentes para obter em conjunto diferenciais competitivos.

Um caso interessante é trabalhado por pesquisadores franceses preocupados com a questão de competências coletivas (RETOUR et al., 2009), que relatam a experiência de um grupo de empresas francesas. Ao verificarem que isoladamente não conseguiriam competir com o desenvolvimento tecnológico de organizações sediadas em outros países, uniram suas forças em projetos de desenvolvimento tecnológico. O resultado em termos de amadurecimento da gestão e da tecnologia foi muito além das expectativas iniciais.

Observamos, também, como já relatamos neste livro, a experiência de dois grandes grupos de empresas brasileiras que criaram grupos compostos por gerentes de diferentes negócios para ajudar um dos negócios a desenvolver um projeto estratégico. Com esse tipo de experiência há uma troca entre os vários negócios, desenvolve-se uma visão crítica em relação à realidade analisada ao se trazer visões externas, há o desenvolvimento das pessoas envolvidas e o equacionamento de problemas que, de outro modo, a organização não conseguiria solucionar.

As organizações têm muita dificuldade de pensar em alternativas desse tipo, porque há necessidade de quebrar uma série de barreiras culturais, mas em um ambiente cada vez mais competitivo soluções de cooperação e parceria serão cada vez mais demandadas.

10.4.4 Técnicas inovadoras

Uma tendência que vale a pena destacar é o uso de novas técnicas para identificar e desenvolver pessoas para o processo sucessório. Essas técnicas poderiam ser agrupadas em função de seu uso. Técnicas para identificar futuros sucessores e para desenvolvê-los.

Das técnicas de identificação, cabe destacar a observação estruturada. Normalmente, as pessoas são indicadas em colegiados voltados para discutir o processo sucessório, onde a base para decisão são as avaliações formais e informações de testes e entrevistas efetuadas por especialistas. Na medida em que um gestor identifica uma pessoa que pode ser pensada para o processo sucessório, passa a observá-la de forma diferenciada e pode solicitar a um par ou mais para observá-la também. Nesse caso, é muito útil um roteiro de observação que será utilizado nos comitês de avaliação e sucessão.

A observação estruturada, além de oferecer informações importantes sobre a pessoa analisada, permite ao gestor avaliar a forma como conduz o desenvolvimento dela. Essa mesma técnica pode ser utilizada para acompanhar o desenvolvimento das pessoas indicadas para o processo sucessório.

Das técnicas para acompanhar o desenvolvimento das pessoas indicadas para o processo sucessório, gostaríamos de destacar a orientação cruzada, onde para cada pessoa haveria um responsável por orientar e acompanhar o desenvolvimento, além de sua chefia. A escolha desse orientador poderia utilizar dois critérios distintos ou combinados: um é a afinidade com os projetos de desenvolvimento da pessoa, e outro é a capacidade de desenvolvimento do orientador. Essa técnica tem um grande potencial de uso, porque nem todos os gestores estão preparados ou têm condições objetivas de gerenciar o desenvolvimento das pessoas indicadas para o processo sucessório.

10.5
Impacto sobre a forma de pensar carreiras

Além das tendências no processo sucessório, é importante destacar os impactos na forma de pensar a gestão de carreiras. Frente aos desafios que se apresentam para a gestão de pessoas, teremos grande pressão sobre a forma de pensar os parâmetros para estabelecer a movimentação, o desenvolvimento e a valorização das pessoas pela empresa. Podemos visualizar de imediato algumas pressões, descritas a seguir.

10.5.1 Transparência nos critérios

Atualmente, na maior parte das empresas do setor privado, os sistemas de carreira são inexistentes ou herméticos, ou seja, a maior parte das pessoas não sabe exatamente o que necessita fazer para ascender na carreira ou fazer jus a um diferencial no seu padrão de recompensa. Um sistema de gestão de pessoas transparente pressupõe coerência de critérios e equidade em sua aplicação. Há uma clara tendência de associação entre os sistemas de recompensa e os critérios de ascensão na carreira. Na medida em que ficam claros os critérios de ascensão profissional, o mesmo ocorre com os critérios de recompensa.

A pressão por maior transparência advém de um ambiente extremamente competitivo pela mão de obra. Atrair e reter pessoas interessantes para a empresa ou para o negócio pressupõe oferecer perspectivas claras de ascensão profissional e, por consequência, crescimento salarial.

10.5.2 Recompensa em diferentes padrões de relação de trabalho

Os novos padrões de relações de trabalho são aqueles advindos do trabalho a distância, da atuação em estruturas matriciais e em estruturas por processos ou por projetos. Em todos esses casos, a lógica da organização funcional desaparece. As questões que se colocam se configuram em desafios importantes: como referenciar a pessoa em termos de sua evolução profissional e de seu processo de valorização quando não existe mais o referencial funcional ou de cargo, quando o organograma é algo extremamente volátil?

Nesses casos, preponderará a lógica da contribuição da pessoa para o negócio ou para a empresa. A forma de medir essa contribuição é analisar o nível de complexidade com que a pessoa trabalha, ou seja, o nível de complexidade de suas atribuições e responsabilidades, independentemente da nomenclatura de seu cargo ou posicionamento no organograma da empresa.

10.5.3 Fidelização da pessoa com a empresa

Em um ambiente extremamente competitivo, as pessoas terão diferentes ofertas de trabalho com diferentes formas de organização e relações de trabalho. As empresas conseguirão uma relação de compromisso das pessoas a partir de um conjunto de pequenas ações que, em seu conjunto, farão a diferença. A construção do comprometimento das pessoas com a organização estará, cada vez mais, nos detalhes. Cada vez mais, as pessoas estarão atentas a aspectos subjetivos da carreira e da valorização. O simbólico e o subjetivo na valorização ganharão importância e estarão de mãos dadas com os aspectos mais objetivos da valorização.

10.5.4 Diferentes vínculos empregatícios

As organizações trabalham com ações para otimizar a sua massa salarial. Uma forma de fazê-lo é a terceirização de atividades que não sejam ligadas à sua atividade-fim. Terceirização implica cuidar da equidade de tratamento do terceiro, principalmente no que tange à criação de situações de trabalho que propiciem o desenvolvimento e crescimento na carreira. Há necessidade de equalização dos aspectos remuneratórios e de valorização dos terceiros em relação aos praticados para o pessoal da casa. As pessoas estarão trabalhando lado a lado, executando atividades e responsabilidades de mesma complexidade e natureza e com recompensas, eventualmente, diferentes.

Garantir a equidade nas possibilidades de desenvolvimento e valorização entre o pessoal da organização e o pessoal da empresa que presta serviços é um grande desafio. Novamente, a análise da complexidade das atribuições e responsabilidades do pessoal próprio e de terceiros será fundamental para garantir a equidade.

10.6
Conclusões

O propósito das reflexões apresentadas neste livro não se encerra em apontar desafios. É importante pensar que o mais importante, no contexto atual do processo sucessório, é que esses desafios se convertam em oportunidades, tanto para pessoas quanto para organizações (VELOSO; DUTRA; NAKATA, 2012).

Ao olharmos os vários temas tratados nos capítulos que compõem esta obra, percebemos que eles, ao mesmo tempo em que representam desafios importantes, impulsionam a sociedade brasileira a uma evolução necessária, tanto em termos de gestão de pessoas das organizações, quanto em termos de comportamento das pessoas em relação ao seu desenvolvimento e à sua carreira.

O Capítulo 1 mostrou como podemos estruturar o processo sucessório e as vantagens competitivas para organização e, ao mesmo tempo, como é complexa sua estruturação, principalmente em termos políticos. O Capítulo 2 apresenta como o processo sucessório está intimamente atrelado ao processo de avaliação, em que há uma relação sinérgica de desenvolvimento entre os processos. No Capítulo 3, verificamos a mecânica de funcionamento dos comitês de sucessão, sua formatação, funcionamento e as etapas de preparação. O Capítulo 4 mostra a dinâmica de operação dos comitês de sucessão e a geração do mapa sucessório, enquanto no Capítulo 5 são apresentados os desdobramentos e a consolidação do mapa sucessório. No Capítulo 6, apresentamos uma crítica ao *feedback* e propomos a ideia do diálogo de desenvolvimento como forma de comprometer a pessoa com seu próprio desenvolvimento. No Capítulo 7 são discutidas as ações gerenciais de desenvolvimento e seus desdobramentos para a organização, gestores e pessoas. No Capítulo 8, o desafio é apresentar os aspectos comportamentais envoltos no processo sucessório, enquanto, no Capítulo 9, o desafio é propor indicadores de sucesso e avaliação da efetividade do processo sucessório.

De forma geral, ao pensarmos a gestão do desenvolvimento organizacional e das pessoas através das lentes oferecidas pelas experiências e conceitos envolvidos no processo sucessório, podemos observar com maior argúcia novas perspectivas e ângulos para efetivá-lo. As especificidades de nossa realidade obrigarão uma adequação da experiência internacional no processo sucessório para nossa realidade. O propósito deste livro foi o de privilegiar as experiências bem-sucedidas em empresas brasileiras e proporcionar uma reflexão mais profunda e a busca de referenciais conceituais que possam orientar o aprimoramento desse processo em nossas organizações.

Enfatizamos nosso propósito de não esgotarmos o tema neste livro, mas de abrir discussões sobre o processo sucessório e, por decorrência, sobre o aprimoramento da gestão estratégica de pessoas e da gestão do desenvolvimento organizacional.

Referências

AGUINIS, H. *Performance management.* 2. ed. New Jersey: Pearson/Prentice Hall, 2009.

ANTONELLO, Cláudia S. Alternativa de articulação entre programas de formação gerencial e as práticas de trabalho: uma contribuição no desenvolvimento de competências. Tese de doutorado apresentada no programa de Pós-Graduação da Universidade Federal do Rio Grande do Sul, 2004.

_____. A metamorfose da aprendizagem organizacional: uma revisão crítica. In: RUAS, R.; ANTONELLO, C. S.; BOFF, L. H. *Aprendizagem organizacional e competências.* Porto Alegre: Bookman, 2005.

_____. Desenvolvimento de projetos e aprendizagem nas organizações. In: ANTONELLO, C. S.; GODOY, A. S. *Aprendizagem organizacional no Brasil.* Porto Alegre: Bookman, 2011.

CARONE, E. B. *O pensamento industrial no Brasil (1880-1945).* Rio de Janeiro: Difel, 1977.

CHARAN, Ram. *O líder criador de líderes.* Rio de Janeiro: Campus, 2008.

_____; DROTTER, S.; NOEL, J. *The leadership pipeline.* São Francisco: Jossey Bass, 2001.

CSIKSZENTMIHALYI, Mihalyi. *Beyond boredom and anxiety.* São Francisco: Jossey Bass, 1975.

DA MATTA, R. *Carnavais, malandros e heróis.* Rio de Janeiro: Zahar, 1978.

DALTON, Gene; THOMPSON, Paul. *Novations*: strategies for career management. Provo: edição dos autores, 1993.

DEAN, W. *A industrialização de São Paulo.* Rio de Janeiro: Difel, 1971.

DUTRA, Joel S. *Competências*: conceitos e instrumentos para a gestão de pessoas na empresa moderna. São Paulo: Atlas, 2004.

_____; FLEURY, M. T. L.; RUAS, R. *Competências*: conceitos, métodos e experiências. São Paulo: Atlas, 2008.

_____. Processo sucessório. In: DUTRA, J. S. (Org.). *Gestão de carreira na empresa contemporânea*. São Paulo: Atlas, 2010.

FERREIRA, Marcos A. A. Processo sucessório em empresas brasileiras: um estudo com uso de *ground theory*. Tese de doutorado apresentada no Departamento de Administração da Faculdade de Economia, Administração e Contabilidade (FEA) da Univerdidade de São Paulo (USP), 2015.

FERRIS, G. R.; DAVIDSON, S. L.; PERREWÉ, P. L. *Political skills at work*. California: Davis Black, 2010.

_____; TREADWAY, D. C. *Politics in organizations*: theory and research considerations. New York: Routledge, 2012.

FRIEDMAN, S. D. Sucession systems in large corporations. *Human Resource Management*, v. 25, n. 2, p. 191-213, jan. 1986.

FURTADO, C. *Formação econômica do Brasil*. São Paulo: Companhia Editora Nacional, 1977.

GUINN, Stephen L. *Succession planning without job titles*. Career Development International, 5, 7 (2000) 390.

GOLDSMITH, M. *Succession*: are you ready? Boston: Harvard Business Press, 2009.

GROVES, K. S. Integrating leadership development and succession planning best practices. *Journal of Management Development*, v. 26, n. 3, p. 239-260, 2007.

HALL, D. T. Dilemmas in linking succession planning to individual executive learning. *Human Resource Management*, v. 25, n. 2, p. 235-265, 1986.

_____. *Careers in and out of organizations*. London: Sage Publications, 2002.

HIPÓLITO, J. A. M. *Administração salarial*: a remuneração por competência como diferencial competitivo. São Paulo: Atlas, 2001.

_____; REIS, G. G. A avaliação como instrumento de gestão. In: FLEURY, M. T. L. (Coord.). *As pessoas na organização*. São Paulo: Gente, 2002.

_____; FERNANDES, B. H. R. Dimensões da avaliação de pessoas e o conceito de competências. In: DUTRA, J. S.; FLEURY, M. T. L.; RUAS, R. *Competências*: conceitos, métodos e experiências. São Paulo: Atlas, 2008.

JAQUES, Elliott. *Equitable payment*: a general theory of work, differential payment and industrial progress. Londres: Pelican Books, 1967.

_____. *Requisite organization*. Arlington: Cason, 1988.

_____. In praise of hierarchy. *Harvard Business Review*, jan.-fev. 1990.

_____; CASON, Kathryn. *Human capability*. Falls Church: Cason, 1994.

KAPLAN, R. S.; NORTON, D. P. *The balanced scorecard*: translating strategy into action. Boston: Harvard Business School Press, 1996.

KIRKPATRICK, Donald. Techniques for evaluating training programs. *Journal of the American Society for Training and Development*, 14.1, p. 13-18, 1960.

KOLB, D.; RUBIN, I.; McINTYRE, J. *Psicologia organizacional*. São Paulo: Atlas, 1990.

LEIBMAN, M.; BRUER, R. A.; MAKI, B. R. Succession management: the next generation of succession planning. *People and Strategy*, v. 19, n. 3, p. 16-30, 1996.

LOMBARDO, Michael M.; EICHINGER, Robert W. Dfyi. *For your improvement, a guide for development and coaching*. Minneapolis, Lominger International, a Korn/Ferry Company, 1996.

_____. *The leadership machine*. Minneapolis, EUA, Lominger International, a Korn/Ferry Company, 2001.

MABEY, C.; ILES, P. The strategic integration of assessment and development practices: succession planning and new manager development. *Human Resource Management Journal*, v. 3, n. 4, p. 16-34, 1992.

MAINIERO, L. A.; SULLIVAN, S. E. *The opt-out revolt*: why people are leaving companies to create kaleidoscope careers. London: Nicholas Brealey Publishing, 2006.

METZ, E. J. Designing succession systems for new competitive realities. *People and Strategy*, v. 21, n. 3, p. 31-38, 1998.

MILES, R. E.; SNOW, C. *Organizational strategy, structure and process*. Nova York: McGraw-Hill, 1978.

NONAKA, I.; TAKEUCHI, H. *Criação de conhecimento na empresa*. Rio de Janeiro: Campus, 1997.

OHTSUKI, C. H. A gestão sucessória em empresas não familiares no Brasil: um estudo de caso. Dissertação para obtenção de título de mestrado apresentada na Faculdade de Economia, Administração e Ciências Contábeis da USP, 2012.

REIS, G. G. *Avaliação 360 graus*: um instrumento de desenvolvimento gerencial. São Paulo: Atlas, 2000.

RETOUR, D.; PICQ, T.; DEFÉLIX, C.; RUAS, R. *Competências coletivas*: no limiar da estratégia. Porto Alegre: Bookman, 2009.

RHODES, D. W.; WALKER, J. W. Management succession and development planning. *Human Resource Planning*, v. 7, n. 4, p. 157-175, 1987.

ROTHWELL, William; KAZANAS, H. C. *Strategic human resources and management*. New Jersey: Prentice-Hall, 1988.

_____. *Effective succession planning*. 4. ed. New York: AMACOM, 2010.

_____ et al. *Career planning and succession management*. Westport: Praeger, 2005.

ROWBOTTOM, R. W.; BILLIS, D. *Organizational design*: the work-levels approach. Cambridge: Gower, 1987.

RUAS, Roberto. Desenvolvimento de competências gerenciais e a contribuição da aprendizagem organizacional. In: FLEURY, M. T.; OLIVEIRA, JR. M. (Org.). *Gestão estratégica do conhecimento*. São Paulo: Atlas, 2001.

_____. *Gestão das competências gerenciais e a aprendizagem nas organizações*. Documento preliminar preparado como material de apoio aos Cursos de Extensão do Programa de Pós-Graduação e Pesquisas em Administração da UFRGS, 2002.

_____. *Gestão por competências*: uma contribuição à estratégia das organizações. In: RUAS, R.; ANTONELLO, C. S.; BOFF, L. H. *Aprendizagem organizacional e competências*. Porto Alegre: Bookman, 2005.

_____ ; ANTONELLO, Cláudia S. Repensando os referenciais analíticos em aprendizagem organizacional: uma alternativa para análise multidimensional. *Revista de Administração Contemporânea*, Curitiba: Anpad, v. 7, n. 3, 2003.

SILVA, R. C.; DIAS, C. A. F.; SILVA, M. T. G.; KRAKAUER, P. V. C.; MARINHO, B. L. Carreiras: novas ou tradicionais? Um estudo com profissionais brasileiros. 2011. Disponível em: <http://www.progep.org.br/MelhoresEmpresas/InfoDocs/GPR400%20-%20Carreiras%20novas%20ou%20tradicionais.pdf>. Acesso em: 18 jul. 2012.

SONNENFELD, Jeffrey. A career system profiles and strategic staffing. In: HALL, Douglas T.; ARTHUR, Michael B.; LAWRENCE, Barbara. S. *Handbook of career theory*. Nova York: Cambridge University Press, 1989.

STAMP, Gillian. The individual, the organizational and the path to mutual appreciation. *Personnel Management*, p. 1-7, jul. 1989.

STAMP, Gillian. *The essence of levels of work*. Documento interno da Bioss – Brunel Institute of Organization and Social Studies, jun. 1993.

_____; STAMP, Colin. Wellbeing at work: aligning purposes, people, strategies and structure. *The International Journal of Career Management*, v. 5, n. 3, p 2-36, 1993.

_____. *Making the most of human capital for competitive advantage*. Documento interno da Bioss – Brunel Institute of Organization and Social Studies, jun. 1994.

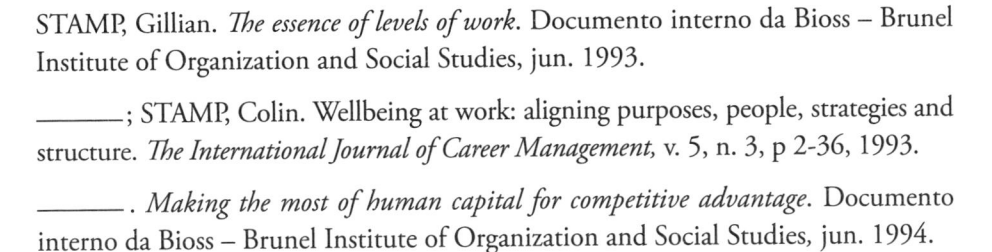

_____; *Key relationship appreciation*. Documento interno da Bioss – Brunel Institute of Organization and Social Studies, ago. 1994.

TAVARES, M. C. *Da substituição de importações ao capitalismo financeiro*. Rio de Janeiro: Zahar, 1976.

TAYLOR, T.; McGRAW, P. Succession management practices in Australian organizations. *International Journal of Manpower*, v. 25, n. 8, p. 741-758, 2004.

VELHO, G. *Individualismo e cultura*. Rio de Janeiro: Zahar, 1981.

VELOSO, E. F. R.; DUTRA, J. S.; NAKATA, L. E. Percepção sobre carreiras inteligentes: diferenças entre as gerações Y, X e baby boomers. 2008. Disponível em: <http://www.progep.org.br/MelhoresEmpresas/InfoDocs/VELOSO%20E_2008_Percep%C3%A7%C3%A3o%20sobre%20carreiras%20inteligentes_diferen%-C3%A7as%20entre%20as%20gera%C3%A7%C3%B5es%20Y,%20X%20e%20baby%20boomers.pdf>. Acesso em: 18 jul. 2012.

_____; DUTRA, J. S.; FISCHER, A. L.; PIMENTEL, J. E. A.; SILVA, R. C.; AMORIM, W. A. C. Gestão de carreiras e crescimento profissional. *Revista Brasileira de Orientação Profissional*, v. 12, n. 1, p. 61-72, 2011.

_____. *Carreiras sem fronteiras e transição profissional no Brasil*: desafios e oportunidades para pessoas e organizações. São Paulo: Atlas, 2012.

WALKER, J. W. Perspectives: do we need succession planning anymore? *People and Strategy*, v. 21, n. 3, p. 9-12, 1998.

Impressão e Acabamento:
Geográfica editora

2016